Herbert Bonewitz

Mein Kabarett-Menü

Impressum

Texte & Zeichnungen:

Herbert Bonewitz

Fotos*) und Seitenzahl:

Klaus Dietrich: 34, 43, 91

Michael Bonewitz: 18, 74, 94, 103, 115, 119, 150, 175, 185, 196, 204, 211, 212

Werner Feldmann: 56, 63, 64, 86, 100, 158, 169, 178, 224

Herausgeber:

Michael Bonewitz

Titelbildgestaltung:

Fiona Lenssen

Satz & Layout:

Bonewitz Communication GmbH / Fiona Lenssen

Druck & Herstellung

gzm – Grafisches Zentrum Mainz Bödige GmbH

Verlag & Vertrieb:

Bonewitz Communication GmbH

Obergasse 14 * 55294 Bodenheim

Tel: 06135-6005 * E-Mail: michael@bonewitz.de

ISBN 978-3-9811590-3-5

Copyright © 2008 Herbert Bonewitz

Nachdruck nur mit Genehmigung des Autors

*) Die Fotos stammen alle aus dem Privatarchiv von Herbert Bonewitz.
Da sie in Alben eingeklebt sind, lässt sich der Fotograf leider nicht immer feststellen.
Wer jedoch sein Urheberrecht belegen kann, der möge sich wegen einer entsprechenden Abgeltung
an den Verlag wenden.

Herbert Bonewitz

Mein Kabarett-Menü

Pikante Leckerbissen und regionale Spezialitäten

Verlag Bonewitz Communication GmbH

Danksagung

Dieses Buch ist meiner geliebten „Gemahlsgattin" Barbara gewidmet, die mein langjähriger „Tournee-Roadie" gewesen ist.

Sie war von Anfang an nicht nur meine unermüdliche „Motivatorin", sondern auch gleichzeitig meine schärfste Kritikerin. Und das ist sie im Grunde auch heute immer noch.

Das Foto unten stammt aus dem Jahre 1975, als meine Karriere als Kabarettist begann. Zunächst nur mit Auftritten im Mainzer „unterhaus" als Amateur und danach als Profi in der ganzen Bundesrepublik.

Achtzehn Jahre lang hat sie mich auf all meinen Tourneen begleitet und dabei tatkräftig unterstützt: als Fahrerin, Betreuerin, Helferin beim Bühnenaufbau und Organisatorin.

Sie hätte ja auch sehr gerne noch ein paar Jahre so weitergemacht. Aber weil ich nicht mehr wollte, hat sie halt auch darauf verzichtet.

Ihr gilt mein ganz besonderer Dank für ihre wertvolle Unterstützung.

Man nehme..

..ein Blatt Papier und einen Stift. Dann lege man sich aufs Sofa, mache es sich gemütlich und warte in aller Ruhe auf möglichst viele gute Einfälle für ein originelles Kabarettprogramm.

Ja, ja – schön wär's! Aber so etwas funktioniert leider nur bei einem Genie. Und wer ist das schon. Nein, dem Normalsterblichen bleibt nichts anderes übrig, als systematisch vorzugehen: wie jemand, der ein Menü zubereiten will, das möglichst abwechslungsreich und gehaltvoll sein soll.

Genau so bin ich vorgegangen. Und von Anfang an habe ich immer ohne jegliche fremde Hilfe gearbeitet: beim Texten, beim Komponieren oder beim Inszenieren. Alles wurde am eigenen Herd zubereitet, nach der Devise: „Viele Köche verderben den Brei".

Dieses Arbeiten im so genannten „kollektiven Ein-Mann-Ensemble" hatte außerdem noch einen überaus erfreulichen Nebeneffekt: Die Gage brauchte nie mit anderen geteilt zu werden.

Der Fachausdruck für solche Selbstversorger lautet: „Autorenkabarettist". Aber nicht jeder, der im Kabarett auftritt, ist auch einer. Die meisten sind auf fremde Hilfe angewiesen: auf Texter, Komponisten, Regisseure und – falls sie singen (wollen, können, müssen) auch auf Musiker.

Bei mir jedoch war schon immer alles „hausgemacht". Was keinesfalls „hausbacken" bedeutet. Im Gegenteil: Viele „Leckerbissen" sind sogar sehr „pikant gewürzt", wobei man die Schärfe oft erst im Nachhinein spürt.

Wie geht man am besten vor bei der Zubereitung eines kabarettistischen Menüs? Im Prinzip wie jede Hausfrau (oder neuerdings auch Hausmann). Zunächst muss man sich die dafür notwendigen Nahrungsmittel und die erforderlichen Zutaten beschaffen. Am besten auf dem Markt. Da findet man alles, was man für ein anspruchsvolles Zusammenbrauen benötigt.

Auf gar keinen Fall habe ich dabei „Fertiggerichte" oder geschmacklose „Fastfood" (auf deutsch: „fast Nahrung") verwendet. Alles musste immer ganz frisch zubereitet sein. Besonderer Wert wurde dabei auf möglichst viele und qualitativ hochwertige Inhaltsstoffe gelegt.

Bei der Auswahl der Gerichte für dieses Buch mussten jedoch Abstriche gemacht werden. Alle aktuellen Kommentare zu Politik und Zeitgeschehen die damals zubereitet und serviert wurden, sind auch nur frisch zu genießen. Es würde umfangreiche Erklärungen erfordern, um diese Texte heutzutage verständlich zu machen. Mittlerweile ist ihr Verfallsdatum leider abgelaufen.

Daher habe ich für die vorliegende Menü-Auswahl auf „Früchte der Saison" verzichtet und zeitlos Schmackhaftes ausgewählt. Größtenteils wurden hierbei mehr die „rustikalen Gerichte", teils auch deftige Hausmannskost, überwiegend „regionale Spezialitäten" bevorzugt.

Die Garzeit für ein komplettes Menü, von denen ich in 25 Jahren insgesamt siebzehn zusammengestellt habe, dauert etwa sechs Monate. Serviert und gegessen ist das Ganze dann innerhalb von nur zwei Stunden. Aber dieses bedauerliche Gefühl kennt jede Köchin und jeder Koch.

Mein Bestreben war schon immer, die einzelnen Geschmacksnoten meiner Gerichte vielfältig zu variieren, aber sie mussten stets im Rahmen bleiben und durften nie ins Geschmacklose abgleiten.

Natürlich gibt es kein Patentrezept für ein rundum gelungenes Menü. Wichtigste Ingredienzien dafür sind: Allgemeinwissen, Lebenserfahrung, kritische Beobachtungsgabe, Kreativität und nicht zuletzt eine optimale Bühnenpräsens. Wenn man seine Gerichte allerdings ideologisch überwürzt, dann besteht die Gefahr, sein Publikum in die Flucht zu kochen.

Es gibt ja die unterschiedlichsten Publikum.. Publikümer.. oder sagt man Publikumse? Egal, die Erfahrung hat mich gelehrt: Es gibt Lach-Chaoten und Ein-Hand-Klatscher, Stimmungsfreaks und Reaktionsmumien, aber auch Langzeit-Reaktoren und stille Brüter.

Die Einen rufen schon gleich zu Beginn: „Zugabe!" Die Anderen dagegen wirken bis zum Schluss wie bewusstlos. Entscheidend jedoch für einen Kabarettisten ist nicht nur, was beim Publikum ankommt, sondern dass es überhaupt ankommt.

Ich hatte nie den Ehrgeiz ein 3-Sterne-Koch zu werden, mir genügt ein einziger, den man mir 2006 in Mainz verliehen hat: ein „Stern der Satire". Meine Spezialität waren nie die exotischen Kreationen, sondern immer nur die bodenständige „rheinische Küche". Im großen Club der Meisterköche habe ich stets mein eigenes Süppchen gekocht – aber nie eins aus der Tüte.

Und nun wünsche ich Ihnen guten Appetit bei diesem vor Ihnen liegenden „18-Gänge-Menü" (in welchem Restaurant gibt's das schon!) – verbunden mit der Hoffnung, dass für jeden Geschmack etwas dabei sein möge.

Ein freundlicher Gruß aus der Küche von

Einstiege:
„Appetitanreger"

In guten Restaurants ist es üblich, zu Beginn eines umfangreichen Menüs nicht gleich die Vorspeisen servieren, sondern zunächst nur eine Kleinigkeit – sozusagen zum „Anwärmen" des Magens. Einen solchen Einstieg in eine Vorstellung nennt man daher auch „Warm up".

Dadurch will man das Publikum etwas „auflockern" und damit für das Thema des Programms „aufnahmefähig" machen. Man könnte auch sagen (natürlich nur im übertragenen Sinne) „empfängnisbereit".

Zum Anwärmen für mein Menü habe ich vier verschiedene Arten von „Appetitanregern" ausgewählt. Beispielsweise beginnt das Programm, das sich mit der Aktualisierung von Theater-Klassikern befasst, mit dem von mir vorgetragenen (leicht umgedichteten) Prolog „Zueignung" aus dem „Faust".

Dagegen wurden die Einstiege bei meinen Tourneeprogrammen von einer Kunstfigur durchgeführt: dem „Bühnenmeister". Er erschien stets im grauen Arbeitskittel und mit Batschkapp (flache Mütze) und kommentierte in der „Sprache des Volkes" die örtlichen Gegebenheiten.

In der einen vorliegenden Version überprüft er diese mit Hilfe seiner überaus kuriosen Checkliste. In einer anderen plagt er sich ab mit einer kompliziert abgefassten Gebrauchsanweisung. Und in der letzten Version kontrolliert er mit einen Laptop den Bevölkerungszuwachs in China.

Er würde jetzt sagen: „Genug gebabbelt! Alla dann.. en gude Appetit!"

Prolog: „Zueignung"

(frei nach „Faust" von Johann Wolfgang von Goethe)

Das Saallicht wird langsam abgeblendet.

Es wird eingespielt: „Brandenburgisches Konzert" von Johann Sebastian Bach.

(Im Dunkeln betritt der Protagonist die Bühne und steigt auf einen Stuhl,
der auf Bühnenmitte steht.)

Ein Spot wird aufgeblendet und auf ihn gerichtet.

(Er fängt an dramatisch gestikulierend zu deklamieren)

> Ihr naht Euch wieder.. schawankende Gestalten,
>
> die früh sich einst dem trüben Blick gezeigt?
>
> Versuch ich wohl, Euch diesmal festzuhalten?
>
> Fühl ich mein Herz noch jenem Wahn geneigt,
>
> dass Ihr nicht interessiert seid nur
>
> an schnödem Spiel aus Unterhaltung..
>
> nein, dass Euch gelüstet nach Kultur,
>
> nach des Theaters heutiger Gestaltung?
>
> Ihr drängt Euch zu? Nun gut, so mögt Ihr walten,
>
> wie Ihr aus Dunst und Nebel um mich steigt.

(hält die Hand vor Augen und blinzelt in Saal)

> Mein Busen fühlt sich jugendlich erschüttert..

(umfasst mit beiden Händen seine Brust, stutzt und guckt zweifelnd hin)

> ..vom Zauberhauch, der Euren Zug umwittert.

(schnuppert und kräuselt die Nase)

Volles Bühnenlicht wird aufgeblendet

(steigt vom Stuhl und fährt fort in normaler Umgangssprache)

> Sehen Sie, das ist das Schöne bei so einem klassischen Thema..
>
> da kann man Zuschauer.. die umständlich nach ihrem Sitzplatz suchen..
>
> auch entsprechend „klassisch" begrüßen.. zum Beispiel mit einem
>
> bekannten Zitat aus dem „Wallenstein":
>
>> „Spät kommt Ihr, doch Ihr kommt..
>>
>> der weite Weg entschuldigt Euer Säumen!"
>
> Man kann sich auch etwas galanter ausdrücken.. wie die „Jungfrau von
>
> Orleans" zum Beispiel:
>
>> „Wie kommt solch Glanz in unsre Hütte?"

Oder mit „Wilhelm Tell".. wenn beispielsweise jemand Schwierigkeiten hat, sich mit seinem dicken Bauch durch die Reihen zu zwängen:

„Seht hin! Durch diese kahle Hose.. hohle Gasse..

muss er kommen!"

Na, hoffentlich! Am kürzesten und am prägnantesten drückt sich der Mainzer aus.. der sagt in solchen Fällen schlicht und einfach:

„Wenn mer de Deibel nennt.. kimmt er gerennt!"

Überblende zur nächsten Szene

(aus dem Kabarettprogramm: „Faust im Sack" – Klassiker werden geliftet – 1985)

Die Checkliste

Saallicht wird abgeblendet

(kommt auf die Bühne und beginnt im Dunkeln zu sprechen)

Na also.. ich hab ja sehr viel Verständnis dafür.. dass heutzutage überall „gespart" werde muss.. sogar hier.. bei einer so „kulturell hochstehenden" Veranstaltung.. abber doch nit ausgerechnet beim Licht.

(Man hört ihn polternd stolpern)

Auwaaah! Mist! - Vor lauter Dunkelheit.. da sieht mer ja noch nit emal soi eigene Füß.. ääh.. vor Auge. Hallo.. Technik! Mach doch endlich emal einer es Licht an!

Bühnenlicht wird aufgeblendet

(steht als „Bühnenmeister" im grauen Kittel und mit Mütze blinzelnd im Licht, in der Seitentasche steckt ein Zollstock. In der Hand hält er eine Klemmtafel mit der Checkliste und einen Kuli)

Na also! Warum nit gleich so? Alla dann! – In meiner Eigenschaft als professioneller „Bühnenmeister" obliegt mir nun mal die überaus wichtige Aufgabe des obligatorischen „Check-in".. und zwar mit Hilfe dieser so genannten „Checkliste".

(geht zur Mitte, nimmt Kuli und hakt in der Checkliste jeweils die Punkte ab)

Punkt eins der Checklist lautet: „Wo is die Checklist?" Also, wo isse? – Ach so.. da isse ja. Sehr gut.. abgehakt.. zack!

Punkt zwei.. das ist der so genannte „Light-Check".. dadebei geht's nit etwa um Sie hier.. um die „Leit".. ob Sie all auch „hell" genug sinn.. es is mir egal. Nein.. um das Licht geht's hierbei.. ums „Light". Ob's funktioniert.. unn wenn nit.. an was es „leit".

Na ja.. des hat mer ja schon vorhin gemerkt.. an was es hier leit.

(tippt sich an die Stirn) Offenbar am Techniker seiner lang Leitung.

Alle Spots gehen kurz hintereinander mehrmals aus und wieder an

Na.. na.. na! – Wie kann mer nur so empfindlich soi? So.. das könne mer jetzt auch abhake.. zack!

Punkt drei: das ist der „Sound-Check".. des is nix Ordinäres.. ganz im Gegeteil.. des hat was zu tun mit dem gute Ton.

(brüllt lauthals los) Uwaaah! – Na.. was is? – Können Sie mich alle gut hören?

Jaaa? – Auch Sie da hinten? Das ist nämlich ganz wichtig: Vor allem ganz hinten.. da müssen Sie was hörn könne.

Warum? Ei, wenn Sie hinne nix mehr hörn.. dann sinn Se nit gesund.

Ja.. gut hören.. das ist es Allerwichtigste.. vor allem im Kabarett.

Ob Sie auch alles verstehe.. dafür bin ich nit zuständig.

So.. wir kommen zu Punkt vier: das is der so genannte „Level-Check".
Das hat nix zu tun mit „Leffel".. wie „Messer unn Gabbel".. nein.. das
„Level" muss ich prüfe.. das „Niveau". Keine Angst.. nit Ihne Ihr's. Beim
Publikum.. da weiß mer sowieso „nie.. wo".. also, wo mer des feststelle kann.

Nein.. das hier muss ich prüfe: das Niveau der Bühne.

(nimmt den Zollstock, klappt ihn auf und misst die Höhe der Bühnenrampe)

Weil: wenn de Bonewitz mal von der Bühne fallen sollte.. zum Beispiel:
vor Lache über sei eigene Witz.. dann darf das Niveau nit allzu hoch sein.
Wie hoch isses denn hier? - Na ja.. genau 78 Zentimeter.. des is völlig
ausreichend.. für hiesige Verhältnisse.

(klappt Zollstock zusammen, steckt ihn weg und schaut auf die Checkliste)

Also: auch abgehakt.. zack! – So.. was gibt's hier noch zu checke?

Ah ja! Punkt fünf: das ist der „Bar-Check"! Der is das Erfreulichste vom
ganze Abend.. allerdings gibt's den erst später.. nach Ende des Programms..
an de Bar.

So.. jetzt steht hier als Letztes: Punkt sechs: „Abgang Bühnenmeister".

Na ja.. des is meine Aufgabe. - Moment.. da steht noch was.. in Klammer:

„Danach ist langanhaltender Applaus vorgesehen."

(guckt auffordernd ins Publikum)

Na.. was is? Das is schließlich Ihre Angelegenheit. Dann zeige Se emal..
was Sie so drauf habbe! – Alla dann!

(wartet Applaus ab, nickt zufrieden und geht ab)

Blackout

(aus dem Kabarettprogramm: „Na denn, viel Spaß!"
    – Typisch Bonewitz – das erste Tourneeprogramm 1984)

Ein Restrisiko ist immer dabei

Saallicht geht aus und Bühnenlicht an

*(kommt als „Bühnenmeister" auf die Bühne, mit Mütze und grauem Kittel,
geht zum E-Piano, drückt auf den Tasten herum, aber es erklingt kein Ton.
Er verschwindet hinter dem Instrument und kommt dann langsam wieder hoch)*

Entschuldige Se bitte die Störung.. aber die Veranstaltung kann leider noch nit beginne.. weil: Es gibt hier nämlich noch ein Problem.

(guckt in den Saal und hebt beschwichtigend die Hände)

Nit mit Ihne.. noch nit! Aber das kann ja noch komme.

(steht wieder auf und geht zur Mitte)

Nein.. Schwierigkeite hab ich am Anfang immer bloß mit de Technik. Also, wenn ich widder mal uff die Welt komme sollt.. dann wird ich auch Künstler.. und wenn's bloß Kleinkunst is.

Ei, gucke Se doch mal de Bonewitz.. der hat's doch gut: sitzt ganz gemütlich da hinne in de Garderob.. und trinkt ein Bier nach dem andern.. Kleine natürlich.. aber des is doch keine Kunst.

Und ich kann mich hier alsfort abrackern.. mit dieser verflixten Technik.. in meiner Eigenschaft als „Bühnenmeister". Denn das obliegt nun mal meinen Händen.. und da drin befindet sich die ganze Verantwortung.

Ich will's Ihne mal zeige.. komme Se mal all hier rüber!

(winkt und geht zum E-Piano)

Wisse Se, was des is? Das ist ein elektronisches Piano. Und was is das?

(hebt seine Arme und zeigt seine gespreizten Hände)

Das sind meine nicht-elektronischen Hände. Und jetzt passen Sie auf: Wenn ich damit jetzt diese Tasten hier anschlage..

(drückt die Finger auf die Tasten)

Na, was hören Sie da? – Wie? Nix? Na, sehen Sie.. das hörn selbst Sie.. ohne musikalische Ausbildung.. dass Sie nix hörn.

Aber an was liegt der Fehler? Da hilft meist nur eins: ein Blick in die Gebrauchsanweisung. Natürlich is das keine Garantie.. dass man den Fehler auch findet. Sie kenne des ja sicher aus eigener Erfahrung.. mit Ihrm Wäschespüler.. oder mit Ihrm Gefriertrockner.. oder auch mit Ihrm Videotoaster: Nur wenn man genau weiß, wie so ein technisches Gerät funktioniert.. erst dann kapiert mer auch die Gebrauchsanweisung.

(holt Gebrauchsanleitung aus der Tasche und liest daraus vor)

Es fängt eigentlich ganz gut an:

„Herzlichen Glückwunsch! Mit diesem neuartigen E-Piano besitzen Sie ein ausgefallenes Instrument!"

(guckt zum E-Piano)

Also.. da is ja was dran. Aber wo findet man denn da drin was über mögliche Fehlerquellen? – Nix.. oder? Doch.. da steht: „Tonausfall".

Na ja.. den habbe mer schon.

„Folge.. Doppelpunkt: Sie hören nichts!"

Guck emal da.. das hätt ich nit gedacht!

„Gegenmaßnahme: Überprüfen Sie die Anschlüsse!"

(geht zum Piano und hantiert an Kabeln und Steckern herum)

Also, so weit ich das sehe.. is alles da. Und was steht da noch drin?

(guckt abwechselnd in die Gebrauchsanleitung und auf das E-Piano)

„Befindet sich die Klinke A 2.. des roten Steckers F 8.. von Modul B 5.. in ihrer Buchse?"

(prüft den Sitz seiner Hose)

Nä.. in meiner Buchs befindet sich nix.. also nix elektronisches.

Dann probiern mer's halt emal.. mit dem Umstecken eines Kabels..

(Es ertönt ein laut kreischendes Geräusch)

Aaaaa! Schnell wieder raus damit! – Offenbar handelt es sich hier um einen akuten Störfall. Und jetzt habbe Se's mal selber erlebt.. am eigene Leib.. was das bedeutet: ein vorübergehend eingetretenes Restrisiko.

An sich is des ja nix Schlimmes. Denn auch Sie alle sind ja hier nur „vorübergehend eingetreten".. ohne dass irgend ein nennenswerter Schaden eingetreten wäre.. zumindest bis jetzt.

Und Ihr einziges „Restrisiko" .. des is de Bonewitz.. der personifizierte „Störfall" des heutigen Abends.

Wenn mir hier in Bonn wärn, dann würde in so einem Fall dieser berüchtigte Krisenstab in Aktion.. geraten. Und dann? Dann wird geraten.. und geraten.. bis endlich der jeweilige Regierungssprecher vor die Presse getreten.. wird.

Und der verkündet dann salbungsvoll: „Wir wissen zwar nicht genau .. was für eine Katastrophe passiert.. worden ist.. aber ein gewisses Restrisiko ist ja immer und überall dabei. Es besteht jedoch keinerlei Gefahr.. dass wir das bewältigen können."

Und wenn das ganze Ausmaß einer solchen Katastrophe partout nicht mehr zu vertuschen ist.. was setzt man dann ein? – Nein.. nit den Verstand.. ganz im Gegenteil: einen Untersuchungsausschuss.

Der heißt so, weil: monatelang läuft die Untersuchung.. und was kommt danach heraus? Na? – Ausschuss? Richtig! Sie warn sicher auch schon mal in so was drin.. oder?

Und wenn sich dabei etwas äußerst Unangenehmes herausstellen sollte.. dann verlieren die Betroffenen ganz plötzlich was.. nein, nit die Fassung.. viel schlimmer noch: ihr Gedächtnis.

Auf einmal isses weg. Und dann sage se: „Wie heiß ich noch schnell? Komisch.. gestern hab ich's noch gewusst!"

Das ist auch so eine Art „Restrisiko".. was immer dabei is.. wenn jemand versucht, irgendwie sein Gehirn zu benutzen Der Fachmann nennt so was einen „Blackout".: der berüchtigte „Oggersheimer Kurzschluss".

Des is nix Schlimmes.. ach wo.. nur ein vorübergehender Gehirnausfall. Eigentlich erstaunlich.. dass bei so einem Gehirn überhaupt was.. äh.. ausfallen kann.

Einfallen tut mir ja manchmal einiges.. nur ausgerechnet hier jetzt nicht.. bei diesem elektronischen Störfall.. das ist ein sogenannter „E-Piano-Gau".

Ich komme mir vor wie ein Kernkraftdirektor.. bei einem akuten Ernstfall.. infolge eines vorübergehend eingetreten Restrisikos. Der hat dann ja auch nix Besseres zur Hand als die Gebrauchsanweisung.

(nimmt die Gebrauchsanleitung und liest vor)

Und was für ein banales Zeug da drin steht.. hier zum Beispiel:

„Bevor Sie anfangen zu spielen, achten Sie unbedingt darauf,
dass der Schalter rechts außer auf ON gestellt ist."

(stutzt, geht zur Orgel, schaltet auf ON, schlägt lauten Akkord an und erschrickt)

Tatsächlich.. es funktioniert! – Sehn Se? Gewusst wie! – Nix: hahaha!

Es is ja nit damit getan.. das Gerät einfach nur einzuschalte.. mitnichten. Vorher muss dieser Schalter rechts außen erst mal auf ON gestellt werden.

Ja.. für so was braucht man halt einen Fachmann. Ein Künstler wär da glatt aufgeschmisse. Ja, ja.. da sieht mer doch widder mal ganz deutlich: Bildung schützt vor Klugheit nicht!

In diesem Sinne: Viel Spaß noch.. und einigermaßen gute Unterhaltung! Obwohl.. ein Restrisiko is da ja auch immer dabei!

(geht ab)

(aus dem Kabarettprogramm: „Nur keine Panik"
– Eine real-satirische Beruhigungstherapie – 1987)

Probleme mit der Technik

Das Saallicht geht aus, und das Bühnenlicht wird aufgeblendet
(kommt als „Bühnenmeister" auf die Bühne, mit Mütze und grauem Kittel
und geht prüfend hin und her, alle Utensilien in Augenschein nehmend.
Dabei beschwichtigt er den Auftrittsapplaus)

Schon gut.. schon gut! Ihr „stürmischer Applaus" ist durchaus berechtigt.. aber ich befürchte: Es trifft den Falschen.. weil: Ich bin's garnit. Ehrlich!

Ich seh vielleicht so aus wie de Bonewitz.. aber auch nur stellenweise.. rein äußerlich. Innerlich jedoch.. da unterscheiden wir uns äußerst.. äh.. unterschiedlich.

Denn im Gegensatz zu ihm hab ich en wirklich „ernsthafte" Beruf: Ich bin ein langjähriger „mehrfach selbst-gelernter Bühnenmeister".. von ihm engagiert.. für seine ganzen „technischen" Probleme.. die muss ich dann hier auf der „Bühne meistern".

Ob auch immer genug Zuschauer im Saal sinn.. das geht mich garnix an. Vor allem.. wenn mir auftrete in „auswärtse Gegende".. dann mach ich für ihn sozusage de „Tournee-Rowdy".

Mer kann auch sage: de „Stä-itsch-Händ".. und das bedeutet:
(deutet auf Bühnenboden) – des hier.. des is die „Stä-itsch"..
(zeigt seine Hände) ..unn dadefür.. da brauch ich mei „Händ".

Aber heut.. da brauch er ausnahmsweis auch emal mein Kopp.

Eigentlich seltsam.. weil: Der is eigentlich sonst noch nie benutzt worn.. also, auf so ner Bühn.

Ich soll ihm nämlich helfe.. bei der Lösung von seine aktuelle „geistige Probleme".. die ihm momentan zu schaffe mache. Demnächst droht ihm nämlich etwas.. was ganz was „Feierliches": ein sogenanntes „Jubiläu-um".

Da wird er nämlich fünfzig Jahre...Moment.. fünfzig Jahre wird er dann auf der Bühne stehn. Natürlich nit ununterbroche.. mit Pause dezwische.

Das heißt: eigentlich sinn's sogar zwei „Jubiläu-um-se".. weil: Vor 25 Jahren.. da hat er nämlich zum allererste Mal ins Kabarett.. äh.. gemacht.. und somit kann er insgesamt sogar sein „75-jähriges" feiern.

Also, höchste Zeit für ihn.. jetzt schon mal zu beginnen.. mit seiner „Abschiedstournee".. weil: so was dauert ja bekanntlich ein paar Jahre.. damit er dann rechtzeitig widder dehääm is.. um dann feierlich seinen sogenannten „Ruhestand".. äh.. zu betreten.

Deshalb will er heut Abend hier schon mal eine Art „Jubiläu-ums-Programm" zusammestelle.. mit all den Sketchen und Liedern.. die wo bisher immer am beste angekomme sind.. also zumindest bei ihm.

Allerdings: ob das auch bei Ihne hier auch so gut ankomme wird.. na ja.. das wird sich ja erst noch erausstelle.

(geht zum Tisch und setzt sich)

Obwohl: im Grund genomme is des ja eigentlich völlig egal.. wie der heutige Abend ausgehe wird.. denn das ist grad das Schöne.. an so ner Abschiedstournee.. weil: hier her.. da komme mir garantiert nie mehr.

Also. .wie gesagt: ein sogenanntes „Jubiläu-ums-Programm" will er im Lauf des Abends hier zusammestelle.. und dabei soll ich ihm helfe.. aus seim Repertoire ein paar geeignete Themen dafür eraus zu suche.

(prustet lachend und deutet auf ein paar Leitz-Ordner)

Hier.. hähä.. aus seim „umfangreiche Archiv".. aber ich glaube: Das geht wahrscheinlich „arch schief".. weil: so eine „satirische Inventur".. des is für mich mehr eine „tierische Tor-tour".

All seine fuffzehn Programme.. die er bisher geschriebe hat.. die sinn nämlich garnit da drin.. in dene Ordner.. nein.. da sinn nur e paar einzelne Texte unn Note abgeheftet. All sei Programme.. die solle hier drin sein.

(zeigt auf den Laptop auf dem Tisch)

Tatsache! In dem kleine Dingelche.. da drin sinn se all „digital" gespeichert.. hat er gesagt.. in diesem „Mini-Computerche".. all da drin. Kaum zu glaube! Schön und gut.. nur: wo sinn se?

(klappt ihn auf, guckt hinein, hebt ihn hoch und zeigt ihn dem Publikum)

Ich seh nix. Oder sehn Sie vielleicht was? – Sehn Se. .das sehn selbst Sie als Laie.. dass Sie nix sehe.

Das einzige.. was mer ganz deutlich sieht: Das hier ist ein sogenannter „Läp-top".. auf deutsch: ein „Labb-topp".. kään „Topplabbe".. ein „Laptop".. so eine Art „Flachmann".. mit Taste drauf.

(stellt den Laptop auf den Tisch und hantiert unbeholfen damit herum)

Aber ich komm mit dem Ding da nit klar.. nit ums Verrecke. Ich will Ihne auch gern emal zeige.. warum. Gucke Se mal: Das ist dieser „digitale Computer".. und das hier sind meine „nicht-digitalen Finger"..

(drückt die Finger auf die Tastatur)

..und die sind absolut nicht „kompatibel".

Dabei hat er mir vorhin draußen gesagt: Ich bräucht das Programm hier drin bloß „ab-zu-rufe".. aber passe Se mal auf:

(brüllt in den Laptop hinein) – Huu-huu!!

Na und.. was passiert? – Richtig! Nix! – Hundskniddele!

Er wollt mir sogar zumute.. das Ding hier mit einer „Maus" zu bediene. Fui Deibel! Das ging ganz einfach.. hat er gesagt.. per „Maus-Klick".

Da kann des Vieh abber froh sein.. dass ich des nit in die Finger kriege.. da hat abber die „Maus Glick".

Das Einzige.. was bei mir funktioniert.. das is hier.. dieses eingebaute „Rechenprogramm". Ja.. dademit kann mer nit nur rechene.. sondern sogar „addieren".. und darüber hinaus auch noch „kumulieren".

Wisse Sie nit, was des is? Kumuliern? Ich will's Ihne mal zeige.. an eme praktische Beispiel: die so genannte vielzitierte „Bevölkerungsexplosion". Wenn Sie also wisse wolle.. wie schnell so eine Bevölkerung explodiert.. dann gebe Sie hier die aktuellen Daten ein.. sage mer mal.. zum Beispiel: von China. Dort werden in jeder Minute vierzig Kinder geborn. Tatsache!

Pro Minute.. vierzig Bobbelcher! – Verstehn Se nit? Mini-Hominiden!

(drückt verschiedene Tasten)

Sehn Se.. das geht ganz einfach: zack-zack-zack.. da muss mer nit neun Monate warte.. schwupps.. schon sinn se da.

Und seit Sie hier erumhocke.. seit etwa.. ner halb Stund? – Na ja.. sage mer lieber dreißig Minute.. das lässt sich besser rechene. – Also 40 mal 30.. das sind? – Na? Wieviel? – Richtig! 1200! Woher wisse Sie des? Habe Sie auch so en Läptop debei?

(guckt auf den Bildschirm)

Aber das stimmt. 1200 neue Chinese gibt's mittlerweile. Stelle Se sich das emal bildlich vor: 1200 klääne „Chinesier".. auf einem großen Haufe.. wie des zappelt.

Und die kumuliern alsfort weiter: Jetz sinn's schon 1202. Die hörn garnit mehr auf.. zu kumuliern: schon 1204. Ein fleißiges Völkchen: 1206. Ich hab immer gedacht: die Japaner.. das wärn die fleißigste.. aber die mache offenbar nur Autos.

Aber die Chinese? Alsfort bloß Kinner: 1210. Also ich glaube mittlerweile: die Chinese.. die explodiern am schnellste.

Aber des werrn mir jetzt doch zu viele.. ich mach des lieber Ding zu.. sonst quillt der Läptop hier noch übber.

(klappt Deckel zu)

So.. Schluß.. aus! Deckel zu! Jetz is Ruh! – Hoffentlich kumulieren die im Dunkele nit noch schneller weiter.

Was es aber auch alles gibt. Unglaublich! Alleins in de letzte Jahrzehnte.. da hat die Technik enorm ver.. äh.. „ver-technisiert". Was da noch alles auf uns zukommt.. digitalisierte Klone.. mit „integrierter Babbel-Automatik". Obwohl: dadevon gibt's ja jetzt schon jede Menge.

Schöne Aussichten! Aber das alles werde ich wohl nit mehr erlebe.. also „beruflich" gesehe.. weil: bis dahin.. da bin ich längst Rentner.. und dann kann ich endlich emal überall hinmache.. wo ich will.. im Urlaub. Zum Beispiel vielleicht sogar mal.. äh.. nach China.. ei, warum denn nit?

Da wer ich emal gucke.. ob's dort auch irgend was zu „kumuliern" gibt. Getreu der alten Bauernregel:

„Kaum bezieht der Erpel Rente..

geht's ab.. nach Peking.. zu ner Ente!"

Blackout

(aus dem Kabarettprogramm: „Blick zurück nach vorn"
– Eine sati(e)rische Invent(o)ur – gespielt auf der Abschiedstournee 1999)

Einleitungen zum I. Teil:
„Grüße aus der Küche"

Bei einem exquisiten Menü darf natürlich ein kleiner Vorgeschmack auf die voraussichtlichen Leckerbissen nicht fehlen. Der erfahrene Gourmet bezeichnet diese kulinarische Eröffnungszeremonie als „amuse gueule" (ausgesprochen: „amüs göije") – was auf Deutsch so viel bedeutet wie „Schnabel-Jux" oder etwas vornehmer: „Mund-Spaß".

Meistens wird es serviert mit einem Kommentar des Obers (oder der Oberin) über die genaue Rezeptur der lukullischen Winzigkeit und mit dem erläuternden Hinweis: „Ein Gruß aus der Küche!"

In meinen Programmen nenne ich das „Einleitung", in der das Publikum mit dem jeweiligen Thema vertraut gemacht werden soll. Das geschieht sowohl im ersten Teil der Vorstellung, als auch nach der Pause, womit dann auf den zweiten Teil eingestimmt wird.

Bei dem Programm, das sich mit den „gelifteten" Theater-Klassikern befasst, habe ich das ursprüngliche „Vorspiel auf dem Theater" aus dem „Faust" dafür verwendet. Die spezielle Zubereitung erfolgte mit klassischen Formulierungen, mit denen die problematische Situation unserer Theater (aus dem Jahre 1985) satirisch geschildert wird.

Eine weitere Version der Menü-Eröffnung schildert das Dilemma des Kabaretts, auf das Thema „Realsatire" zu reagieren. Schließlich bringen die Politiker und Vertreter der Wirtschaft, der Kirchen und anderer relevanten Gesellschaftsgruppe die Kabarettisten durch ihre diversen Äußerungen immer wieder mal in Verlegenheit, weil diese oft satirisch gar nicht mehr zu überbieten sind.

Vorspiel auf dem Theater

(im Anschluss an den Prolog „Zueignung"
stellenweise frei nach „Faust" von Johann Wolfgang von Goethe)

Ja.. so anspruchsvoll und ehrerbietig wie in diesem Prolog zum „Faust".. so werden die Theaterbesucher heutzutage nicht mehr begrüßt.. leider.

Kein Wunder, dass Goethe immer noch zu den beliebtesten Dichtern unseres Landes gehört. Es gibt zwar Leute, die halten Achternbusch für eine Gartenpflanze, Kroetz für eine Hautkrankheit und Botho Strauß für den Sohn des bayrischen .Ministerpräsidenten.

Aber Goethe ist nach einer aktuellen Umfrage für 85 Prozent unserer Bevölkerung der absolute Inbegriff deutscher Kultur – also noch vor Simmel und Konsalik.

Von Helmut Kohl mal ganz zu schweigen. Dabei denkt die Mehrheit spontan an den Götz.. wenn von Goethe die Rede ist!

Dennoch besuchen nur 12 Prozent der Leute regelmäßig das Theater. Dagegen gehen 86 Prozent Abend für Abend ins Fernsehen.

Das lässt uns doch stutzen und führt zwangsläufig zu der Feststellung:

> „Es dient die Kultur uns doch nur zum Schmucke:
> von Goethe reden – aber Dallas gucke!"

Kein Wunder.. dass die Theaterdirektoren überall nur lamentieren:

(setzt Brille mit goldnem Rand auf und geht dozierend auf und ab)

> „In Thalias Tempeln herrscht die Krise der Kunst. Im Gegensatz
> zur Politik, da herrscht die Kunst der Krise.
> Die deutschen Theaterunternehmen haben im vergangenen Jahr
> 200 Millionen Mark eingenommen, aber ausgegeben haben sie
> davon 1.600 Millionen – also achtmal so viel!
> Das bedeutet: Von einer Mark, die wir einnehmen,
> geben wir acht Mark wieder aus.. und davon müssen wir leben.
> Das ist ein Defizit von 1,4 Milliarden Mark im Jahr.

(wendet sich ans Publikum)

> Natürlich muss dafür der Steuerzahler aufkommen.. also Sie alle.
> Umgerechnet zahlt demnach jeder von Ihnen mit seinen Steuern
> rund 80 Mark in Form von Subventionen an uns. Da erhebt sich
> doch zwangsläufig die Frage: Warum gehen Sie eigentlich nicht
> öfter ins Theater, wo Sie doch schon 80 Mark angezahlt haben?"

(setzt Brille ab und geht wieder zur Mitte)

Statistiker haben ausgerechnet: Unsere Theater kämen völlig ohne Subventionen aus, wenn so viele Leute rein gingen.. wie eigentlich reingingen. Aber offenbar gingen sie nicht.. nit ums Verrecke!

Die sollten sich mal ein Beispiel nehmen an der erfolgreichsten Schaubühne der Welt: am Vatikan mit seinem Superstar.. dem überaus „eiligen Vater".. in seinem Papamobil. Da kommen die Leute in Massen geströmt.. auf allen Kontinenten.. wenn er auftritt.. dramaturgisch perfekt inszeniert vom Reisebüro „Urbi et Orbi".

Nach jeder Landung des Flugzeugs kniet er zuerst mal nieder und küsst dankbar den Boden. Kein Wunder.. er fliegt mit „Allitalia". Mittlerweile kennt er bestimmt jeden Flughafen der Welt, allein schon am Geschmack.

Vor allem die Autoren würden sich darüber freuen, wenn die Leute ebenso in ihre Stücke geströmt kämen und nicht jeden Abend vor der Glotze hockten wegen diesem profanen „3-D-Fernsehprogramm" mit: „Dalli-Dalli" und „Die Schwarzwaldklinik". Deshalb sind unsere modernen Dichter ja mittlerweile auch so frustriert.

(setzt Brille mit grünem Rand auf und geht deklamierend hin und her)
> „Oh, sprich mir nicht von jener bunten Menge,
> bei deren Anblick uns der Geist entflieht!"
> Entschuldigen Sie bitte.. aber so steht es wörtlich im Faust.
> „In ihren Köpfen herrscht Gedankenenge, die nur Spektakuläres
> sieht. Was glänzt, ist für den Augenblick, nur Schein.
> Das Wahre.. Echte.. *(schluchzend)*.. interessiert kein Schwein!"

(setzt Brille ab und geht zur Mitte)
> Die einzigen, die garantiert regelmäßig ins Theater gehen, das sind die
> Kritiker. Aber die müssen ja auch da hin, und wie die manchmal müssen..
> das merkt man ihren Kritiken dann auch meistens an.

(setzt Brille mit schwarzem Rand auf und setzt sich auf den Stuhl)
> „Dieses Elaborat ist von einem subtilen Antipathos geschwängert..
> wobei die transzendale Radikalität durch die subtile Inkarnation
> der Karthasis systematisch sublimiert wurde!"

(setzt Brille ab und geht zur Mitte)
> Da weiß man doch wenigstens Bescheid. Aber Goethe wusste damals
> schon ganz genau, was beim Publikum am besten ankommt.. wer der
> eigentliche Favorit ist auf der Bühne: Das ist die lustige Person.. also etwa
> die Rolle, die der Norbert Blüm momentan in Bonn spielt.

Ja, der Spaßmacher steht immer noch am höchsten in der Gunst des Publikums. Früher war das mal der Narr, dann kam der Clown und heute sagt man dazu: der Entertainer.

(setzt rote Nase auf und hockt sich grimassierend auf die Stuhllehne)

> „Lasst uns ein echtes Sau-Spiel geben.. ööh.. Schauspiel geben.. greift nur hinein.. ins volle Menschenleben!

(greift mit beiden Händen, guckt angeekelt und schüttelt sie ab) – Uwääh!

> Ein jeder lebt's, obwohl man's oft vergisst, und wo Ihr's packt.. da oder da.. ist's stets der gleiche Mist!
> Drum lasst Phantasie mit allen ihren Chören, doch – wohlgemerkt – nicht ohne Narrheit hören!

(spricht vornehm betonend) – Bum-tää.. bum-tää.. bum-tää!"

(legt Nase ab und geht auf Mitte)

Man beachte die bewusst distanzierte Wiedergabe dieses bundesweit bekannten Sounds, aber gerade als Kulturschaffender muss man da immer sehr vorsichtig sein.

Dabei ist die einst so elitäre Kultur längst schon Allgemeingut geworden. Wie sonst könnte ein so alltäglicher Gegenstand wie ein einfacher Behälter für Kamm, Seife und Zahnbürste ausgerechnet „Kultur-Beutel" heißen? Oder eine Fernsehsendung über Kultur „Aaasch-pekte"?

Die Politiker unterstützen ja überall die Kultur.. wo sie nur können.. zumindest verbal. Wie Hamlet schon erkannte:

> „Worte, Worte, nichts als Worte!"

Ja, da hat er schon recht.. der gute alte Mephisto, wenn er sagt:

(deklamiert mit beiden Zeigefingern als „Hörner" am Kopf)

> „So lehrt und schwätzt man ungestört,
> wer will sich mit den Narr'n befassen?
> Gewöhnlich glaubt der Mensch, wenn er nur Worte hört,
> es müsse sich dabei auch etwas denken lassen!"

(tippt sich von beiden Seiten an den Kopf)

Denken? Ha! Denkste! – Zwar ist allen Menschen das Denken erlaubt.. aber glücklicherweise bleibt es auch vielen erspart.

Blackout

(aus dem Kabarettprogramm: „Faust im Sack" – Klassiker werden geliftet – 1985)

Ein real-satirisches Dilemma

Das Bezeichnende am Kabarett ist ein umfassendes idealistisches Anliegen: die Menschen zum Nachdenken zu bringen, die Gesellschaft zu verändern und damit die Welt zu verbessern. Und man kann dabei alles sagen, was man will. In der Tat: Man kann sagen.. was.. man.. will.. *(schüttelt den Kopf und winkt ab)* .. es ändert sich ja doch nix!

Kein Wunder, dass die Kritiker seit Jahrzehnten schon steif und fest immer wieder behaupten: „Das Kabarett ist tot!" Als ich im Jahre 1975 mein erstes Kabarettprogramm aufgeführt habe, da hieß es sogar: „Das Kabarett wird immer toter!" Natürlich nicht wegen mir.. obwohl.. wegen mir!

Und heute, im Zeitalter der „Comedy, Comeda, Comedum-dum-dum".. da heißt es: „Das Kabarett? Das ist doch am totesten!" *(schaut prüfend ins Publikum)*

Allerdings: Wenn ich mich hier so umgucke.. dann muss ich feststellen: Eigentlich lebt es sich ganz gut in so einer Gruft. Zumal: So viel Tote sind eigentlich gar nicht hier.

Also kann man durchaus hoffen, dass er auch in Zukunft noch eine Chance haben wird: der „real-existierende Kabarettismus".

Zugegeben: Es wird immer schwieriger.. hier im Kabarett Satiren zu bringen über das Thema „Politik", denn die machen inzwischen die Politiker alle selber.. ein so genanntes „real-satirisches Dilemma".

Früher gab's ja noch richtige Staatsmänner unter den Politikern: knorrige Charaktere, eigenwillige Persönlichkeiten, die Großes geleistet haben – stellenweise. Aber heute? Überwiegend sind das alles doch nur noch „Polit-Funktionäre", die zwar auch allerhand leisten.. vor allem sich.

Dabei verdienen die oft gar nicht das, was sie eigentlich verdienen. Das heißt jedoch nicht, dass überhaupt nichts mehr getan wird in der Politik. Die tun ständig was.. zum Beispiel..ääh.. Besprechungen abhalten.. aber das am laufenden Band. Da jagt oft ein Gipfel.. denselben. Das ist manchmal wirklich der Gipfel!

Hauptsächlich in dieser so genannten „E-U".. das ist eine Abkürzung für „Eigennützige Uneinsichtigkeit". Obwohl da eigentlich alles fabelhaft läuft.. sogar wie geschmiert. Die Spezialität dieser „Eurokraten" ist die „familien-adäquate Ökonomie".. auf deutsch: „Vetternwirtschaft".

Das Einzige, was bei solchen Gipfeln meist herauskommt, das sind die Politiker aus den Konferenzräumen. Die treten dann würdevoll vor die Kameras und verkünden offiziell: „Dieses Problem als solches ist ein äußerst problematisches. Hier müssen wir unbedingt sofort etwas tun!"

Und wenn sie dann endlich was tun, dann tun sie meist nur besorgt.. und zwar „rück-grat-los".

Und allenthalben überwiegen diese professionellen „Phrasenmäher". Das sind meist reibungslos funktionierende „Sprechblasen-Produzenten" mit dialektisch gesteuerter Leerlauf-Automatik.

Bei denen geht alles direkt von der Zunge ins Ohr.. ohne den Verstand irgendwie zu belästigen.

Viele von denen können zwar nicht druckreif reden, aber dafür lügen sie wie gedruckt. Oder politisch korrekt ausgedrückt: „Sie argumentieren stellenweise lediglich etwas wahrheitswidrig!"

Man nennt das auch „verbale Umweltverschmutzung". Manche Reden, die im Bundestag gehalten werden, müssten anschließend eigentlich sofort entsorgt werden: als „Sondermüll".

Jetzt habe ich mich tatsächlich doch etwas verquasselt. Eigentlich sollte ich schon längst damit angefangen haben, mein Programm zu beginnen. Aber vielleicht habe ich das mittlerweile bereits getan.. oder? Sehen Sie.. jetzt geht es mir wie all den Politiker, auf die das Bibelwort gemünzt ist: „...denn sie wissen nicht, was sie tun!"

Am besten fange ich noch mal ganz von vorne an.. diesmal aber ohne diesen Kommentar.. über das „real-satirische Dilemma".

Blackout

(aus dem Kabarettprogramm: „Blick zurück nach vorn"
    – Eine sati(e)rische Invent(o)ur – gespielt auf der Abschiedstournee 1999)

♪ Ouvertüren:
„Vorspeisen mit Musik"

Jetzt wird es etwas schwieriger, denn es werden hohe Anforderungen gestellt an Ihre Vorstellungskraft, vor allem in musikalischer Hinsicht. Nach der verbalen Einstimmung auf das jeweilige Thema eines Programms (in der Fachsprache oft auch „Opening" genannt) folgte danach bei mir die erste Vorspeise und zwar mit Musik, das bedeutet: mit Klavierspiel und Gesang (oder was man landläufig darunter versteht).

Diese Art der Einführung in das Programm nenne ich „Ouvertüre", weil darin die Thematik des behandelten Stoffes erklingt, mit Deklamationen, meist untermalt mit Akkorden oder Melodiefolgen und gereimten Passagen.

Drei Versionen habe ich für dieses Menü ausgewählt: eine überwiegend gesellschaftspolitische Ouvertüre: „Nur keine Panik" aus dem Jahre 1987.

Dann eine mehr persönlich gehaltene Einführung in eines meiner letzten Kabarettprogramme im „unterhaus" unter dem Titel „Ich bin so frei" hauptsächlich über die Begriffe „Freiheit" und „Alter".

Und schließlich die Ouvertüre zu meinem letzten Tourneeprogramm mit dem Titel: „Blick zurück.. nach vorn!", was auch als eine Art Bilanz meiner kabarettistischen „Kochkunst" angesehen werden kann.

𝄞 Nur keine Panik

(setzt sich ans Klavier und spielt die ersten Takte aus der 9. Sinfonie von Ludwig van Beethoven)

Nur keine Panik, meine Damen und Herren!

Bleiben Sie ruhig auf Ihren Plätzen! Das ist zwar Beethoven.. auch noch die so genannte „Schicksalssinfonie".. aber das ist ja bereits die Fünfte. Die ersten vier habe ich schon mal übersprungen.. aus Zeitgründen.

Es besteht also keinerlei Grund.. zur Veranlassung.. vorzeitig die Flucht zu ergreifen. Oder wie Politiker in solchen Fällen immer zu sagen pflegen:

„Es gibt zwar erhebliche Sachzwänge..

zur Zeit.. jedoch keinerlei Handlungsbedarf."

Ja.. die hatten schon immer ihre spezielle Art von Beruhigungstherapie:

𝄞 „Nur keine Panik, denn noch leben wir.

Nur keine Panik, denn noch streben wir.

Was dabei stört, wird ausgesessen,

was peinlich ist, wird schnell vergessen.

Wenn etwas droht, wird abgelenkt,

ist was passiert, wird es verdrängt.

Nur keine Panik – egal, was sich auch tut,

nur keine Panik – Hauptsache, uns geht's gut!"

Und es geht uns doch auch tatsächlich gut. Hoch lebe die Konjunktur! Der wirtschaftliche Aufschwung ist deutlich erkennbar: am Wachstum.. der Müllberge.. an der Zunahme.. der Luftverschmutzung.. und an der Expansion.. des Ozonlochs.

Dafür stirbt in jeder Stunde auf unserem Planeten eine Tiergattung aus.. und eine Pflanzenart.. und zwar nur durch die Schuld des Menschen.

Aber eines Tages wird es auch für uns alle heißen:

„Damen und Herren.. Feierabend!"

Und das Letzte.. was wir dann hören werden.. das wird mit Sicherheit die Stimme eines Experten sein, der uns empört versichert:

„Das ist doch alles nur Panikmache!"

Und dann macht's „Schwupps!" – und weg isser.

Sehen Sie.. und das gönn ich dem!

𝄞 „Nur keine Panik, denn noch leben wir.

Nur keine Panik, denn noch streben wir.

Was dabei stört, wird ausgesessen,

was peinlich ist, wird schnell vergessen."

Dafür wird ständig die Parole verkündet: „Wohlstand für alle!"
Aber nur für alle, die auch genug verdienen.. egal womit.

Vor allem, um sich auch die derzeitig hohen Mieten leisten zu können..
zum Beispiel für ein so genanntes „Wohnklo mit Kochnische".

Und wenn das Geld dafür nicht reichen sollte, dann müsste man sich
doch zumindest noch die kleinste Wohneinheit leisten können, die es gibt:
einen Schlafsack.. mit Munddusche.

(wendet sich nach links)

> „Ach, entschuldigen Sie bitte, werter Herr.. wie kommt man denn
> wohl am schnellsten ans große Geld?"

(wendet sich nach rechts)

> „Ja, also.. ich würde mal so sagen:
> Ehrlich.. währt's am längsten!"

(steht auf und wendet sich abwechselnd an beide Seiten)

> „Ach, hören Sie doch auf damit, meine Herren! Was soll denn das?
> Sie sind wohl neidisch.. wie? Geld, Geld.. immer nur Geld.. uwää!!
> Eins kann ich Ihnen versichern: Geld.. das ist das Letzte..
> an was ich denke.. bevor ich einschlafe.
> Und Reichtum.. das ist doch nichts anderes als eine ganz
> natürliche Weiterentwicklung der Armut. So isses doch!"

(setzt sich wieder)

Ist das nicht merkwürdig? Leute, die viel Geld haben.. also wirklich sehr
viel Geld.. die werden von der Polizei entweder geschützt.. oder gesucht.

𝄞 „Nur keine Panik, denn noch leben wir.
> Nur keine Panik, denn noch streben wir.
> Wenn etwas droht, wird abgelenkt,
> ist was passiert, wird es verdrängt."

Aber das geschieht doch nur alles zu Ihrem Wohl. Ja.. zum Wohl..
allerseits! – Wohl bekomm's!

Hoch lebe unser Wohlstand.. in unserm schönen Kohl-Land!
Es geht uns immer wohler, je mehr wir ver-kohlt werden.

Dennoch sind wir alle sooo stolz auf unseren Wohlstand.. wohlgemerkt:
auf unseren!

Bei uns gibt's doch keine neue Armut.. oh nein.. höchstens im Geiste..
dieser so genannten „Sozial-Fanatiker".. abgekürzt: die „Sofas".

Bei uns ist doch alles überaus gerecht verteilt: Die einen sitzen auf dem
Trockenen, dafür steht den anderen das Wasser bis zum Hals.

Offiziell wird zwar immer wieder beteuert:

"Der Mensch steht bei uns im Mittelpunkt!"

Ja.. aber in Wirklichkeit ist er meistens nur noch Mittel.. Punkt.

𝄞 "Nur keine Panik! Egal, was sich auch tut.

Nur keine Panik! Hauptsache, uns geht's gut."

Und das verdanken wir vor allem dem Fortschritt der Wissenschaften. Früher diente sie mal der Abwehr von Katastrophen. Heute dagegen mehr zu deren Beschleunigung.

Allein nur der Mensch konnte die gefährliche Atomenergie entwickeln. Keine Maus der Welt wäre doch je auf die Idee gekommen.. eine Mausefalle zu konstruieren.

Aber bis jetzt ist ja noch alles relativ gut gegangen.. bis jetzt. Jedoch in Zukunft.. da wird es uns allen noch viel besser "gut gehen".. wenn erst mal die Gen-Technologie voll zum Tragen kommt. Dann heißt eines Tages:

"Gott hat endgültig ausgedient..

und wurde vorzeitig in Pension geschickt."

Dafür übernimmt der Mensch in Zukunft die Schöpfung. Hoffentlich übernimmt er sich nicht dabei. Denn als er sprach: "Es werde Licht!".. entstand die Atombombe.

Aber was soll man dagegen machen? Früher.. da verließen die Ratten ein sinkendes Schiff. Heute dagegen.. da stehen sie am Ruder.

𝄞 "Es leben Konzerne, es leben die Banken,

es leben die Hüter von Dollars und Franken.

Es leben die Schieber und Kriegsprofiteure,

es leben die Waffengerät-Konstrukteure.

Es leben die reichen Parteispenden-Stifter,

es leben die Umwelt- und Nahrungsvergifter.

Sie alle, sie leben – und finden das recht –

auf andrer Leut' Kosten, da lebt man nicht schlecht.

Und die Moral von der Geschicht?

Nur keine Panik! Es gibt keine.

Leider..

nicht."

Blackout

(aus dem Kabarettprogramm: "Nur keine Panik!"
– Eine real-satirische Beruhigungstherapie – 1987)

🎼 Ich bin so frei

(am Piano sitzend)

Ja, wir leben schon in einem „goldenen Zeitalter". Begonnen hat alles damals in der Steinzeit.. dann kam die Bronzezeit.. danach die Eisenzeit.. und heute? Da herrscht zweifellos die Ära der „Freizeit".. denn überall regiert der „Frei-Zeitgeist".

🎼 „Das Motto lautet hier:
Die Freiheit nehm ich mir!
Ich bin so frei, das heißt schon was,
ich bin so frei und leist' mir was!
Das funktioniert, nur so geht das,
denn haste was, dann biste was!
Doch haste nix, gibt's keine Tricks:
Wo sie nicht ist, die Kooohle..
da is auch nix zu hooole!"

Ist das nicht herrlich? Von sich selbst sagen zu können: „Ich bin so frei"? Man kommt sich ja fast schon „allmächtig" vor. Ich könnte mir jetzt zum Beispiel ohne weiteres wünschen: „Es werde Licht!" Und schon...

Bühnenlicht geht aus

Nun ja.. äh.. aber das ist überhaupt kein Problem, dann wünsche ich mir halt das Gegenteil: „..und Finsternis komme über das ganze Land!"

Bühnenlicht geht wieder an

Sehen Sie? Per Saldo sind damit beide Wünsche in Erfüllung gegangen. Nun ja, warum auch nicht?

🎼 „Die Gedanken sind frei,
man kann sich daran laben.
Welch Gedanke es auch sei,
man muss nur einen haben."

Zum Beispiel habe ich mir schon oft mal Gedanken darüber gemacht: Woher stammt eigentlich unsere Freiheit? Ganz klar: aus den USA.. symbolisiert durch die Freiheitsstatue. Ich frage mich nur: Warum ist die innen hohl?

Oder ein anderer Gedanke: Wie wäre es zum Beispiel mit einem neuen Text für eine „zeitgemäßere" Nationalhymne?

🎼 „Einigkeit und Recht auf Freizeit
sind des Lebens Elixier.
Freiheit, die ich meine, ist das freie Bier.
Wenn auch das Essen frei wär', ja, so was lob' ich mir."

Für viele bedeutet „Freiheit": endlich frei sein, zum Beispiel frei von Skrupel, frei von schlechtem Gewissen und vor allem frei von dieser lästigen Solidarität – nach der Devise: „Erfülle dir deine Wünsche.. ganz egal, wer darunter zu leiden hat!"

     𝄞 „Wenn jeder denkt nur noch an sich,

       dann gibt es nur eins: mitgemacht!

       Wenn alle das tun, sicherlich,

       ist am Ende an alle gedacht."

Davon profitieren würden ja nicht nur die Sozialhilfe-Empfänger, Asylanten und Flüchtlinge, sondern auch Millionen Arbeitslose.. oder politisch korrekter ausgedrückt: „freigesetzte Erwerbs-Urlauber".

Aber denen bliebe dabei immer noch als Trost:

     𝄞 „Geld macht glücklich nicht allein,

       Spaß muss Lebensinhalt sein!

       Deshalb haben auf der Welt:

       die einen den Spaß..

       und die andern das Geld."

Aber wirklich frei, das wird man eigentlich erst im hohen Alter: Ich zum Beispiel bin mittlerweile zwar schon 65.. aber ich habe immer noch die Energie eines 64-jährigen.

Alle früheren Zwänge jedoch, die fallen nun weitgehend weg. Man braucht so vieles gar nicht mehr zu brauchen. Zum Beispiel: bangen.. um einen Ausbildungsplatz. Oder Angst haben.. vor Arbeitslosigkeit. Oder sich gar fürchten.. vorm Heiraten.

Jetzt endlich kann man sich in Ruhe darauf vorbereiten.. eines Tages mal das „Freizeitliche" zu segnen.

     𝄞 „Ich bin so frei! – So frei bin ich?

       Bin ich so frei? – Dann frei ich mich!

       Nur wenn einst alles vorbei, dann erst.. befürchte ich..

       erst dann ist man wirklich frei."

       Na ja.. wollen wir's wenigstens hoffen!

dabei allmähliche Ausblende bis zum Schlussakkord

(aus dem Kabarettprogramm: „Ich bin so frei" – Zeitgeistliche Experimente – 1998)

Suche nach dem „Opening"

Nachdem ich nun schon über zwanzig Jahre Kabarettprogramme
schreibe und aufführe, müsste ich eigentlich wissen, wie man einen guten
Anfang findet. Aber heute, für dieses „Jubiläumsprogramm" hier.. da will
mir partout kein passender Beginn einfallen.

Also, da hilft nur noch eins: systematisches Vorgehen.

(geht zum Tisch und prüft die Aufschriften der Archiv-Ordner)

Zunächst einmal braucht man dazu unbedingt erst mal eine „Einleitung"..
auf Neudeutsch: ein sogenanntes „Opening". Hier in meinem Archiv müsste
doch was Geeignetes zu finden sein.. und zwar unter O.. O.. Oooh.. da ist
was: „Ooofäng".. „Ooopening-se".. „Ooovertüren"!

(nimmt Ordner und holt ein paar Notenblätter heraus)

Sehr gut! Das nehmen wir: ein paar musikalische „Begining-se".
Erfahrungsgemäß ist das nämlich immer am schwierigsten: der Anfang für
so ein Programm. Denn wenigstens zu Beginn sollte man eigentlich immer
mit irgendwas anfangen.

Zur Not muss man halt einfach nehmen, was man findet. Tja, und wenn
man mal garnix findet? Na gut, dann nimmt man einfach was anderes.

Hauptsache, man findet immer sein Publikum. Für einen so genannten
„Alleinunterhalter" ist das zweifellos das Allerwichtigste.. dass auch genug
Leute im Saal sind. Sonst kann er sich hier auf der Bühne ganz „allein
unterhalten."

Tja.. aber wenn eines Tages mal gar keiner mehr kommen sollte? O weh!
Das wäre das Ende.. für einen Alleinunterhalter.

Aber was soll's? Dann mach ich in Zukunft halt nur noch Hausbesuche.

(geht zum Piano gehen, legt Noten auf und setzt sich)

𝄞 Blick zurück.. nach vorn

Das Einzige, was schon feststeht von meinem Programm, das ist der
Titel: „Blick zurück.. nach vorn!"

Das ist schon mal sehr gut.. und vor allem ist es sehr gesund..

(dreht den Kopf zurück und wieder nach vorn)

..zumindest für die Nackenmuskulatur.

Und in so einer Ouvertüre, da muss die Aussage eines Programms immer
erst mal „thematisch-konzeptionell" präsentiert werden – wie es heutzutage
angesagt ist: möglichst mit „Irritationen und Brechungen".

Das ist heute sehr modern. Es bedeutet aber nicht, dass das Publikum dabei „irritiert brechen" soll.. nein.. aber die „Messetsch".. die muss unbedingt raus. Ich weiß zwar nicht genau, was das ist, aber sie muss einfach raus.. egal wohin! Vielleicht so:

      ♪ „Blick zurück – doch nie im Zorn!

      Richt' die Augen auch nach vorn!

      Wenn du sie nicht offen hältst,

      du dann auf die Schnauze fällst."

Na ja.. die intellektuelle Aussage in diesem Text, die wird sich vielleicht nicht jedem von Ihnen sofort erschließen, aber damit muss man bei mir halt immer rechnen. Mittlerweile arbeiten ja die meisten Kleinkünstler bereits nach dieser Methode:

      ♪ „Na denn: viel Spaß, denn das ist wichtig

      und konjunktur-politisch richtig.

      Denn nur Kritik, die pessimistisch,

      die findet keiner humoristisch."

(steht auf und ruft lauthals)

      „Wir fordern mehr Unterhaltung.. ohne Problemballast..

      jedoch mit Nonsensgarantie! Frohsinn allerorten..

      bis hin zu den Abor.. ab.. ab.. aber bis überall hin!"

(setzt sich wieder)

Und das ist auch ganz gut so.. dass die Leute mittlerweile nicht mehr alles so ernst nehmen. Zum Beispiel früher, da haben die Menschen noch gezittert.. vor jedem Weltuntergang.

Heute dagegen, da würden die höchstens mal fragen: „Na und? Was zieht man denn eigentlich an bei so einer Gelegenheit?" Oder: „Wann wird das denn im Fernsehen übertragen?" Ja.. das ist heute die Hauptsache:

      ♪ „Spaß muss sein, heißt die Devise.

      Spaß befreit aus jeder Krise!

      Wir sitzen all in einem Boot

      und sind vom Untergang bedroht.

      Da kann der Einzelne garnix machen

      da hilft nur eins: Gemeinsam lachen!"

(guckt auffordernd ins Publikum)

Na? – Na? – Jetzt sehn Sie mal selbst, wie schwer so was ist. Ja, spontanes Lachen.. das will geübt sein.

Obwohl man denkt: Lachen, das müsste doch eigentlich jeder können. Von wegen! Aber steht das nicht schon in der Bibel? „Der Mensch denkt.. Gott lenkt. Der Mensch dachte.. Gott lachte!" – Aber was soll's:

    𝄞 „Nur keine Panik! Egal, was sich auch tut.

    Nur keine Panik! Hauptsache, uns geht's gut.

    Das ist die Hauptsache: Uns geht's gut!"

Sind wir doch mal ehrlich: Uns geht's doch auch wirklich gut. Und selbst wenn ausnahmsweise mal nicht? Kein Problem! Für alles gibt es ja heutzutage Pillen, Säfte und Tabletten. Viele Leute sind mittlerweile so mit Medikamenten zugedröhnt, die merken nur am Geräusch, wenn sie sich mal ein Bein gebrochen haben.

Dabei hat doch jeder seine Aufstiegschancen in dieser Gesellschaft:

(steht auf, schaut nach oben und ruft)

    „Du, Mutti, ich habe gehört, über uns wird eine Kellerwohnung frei!"

(setzt sich wieder hin)

Schön und gut.. aber all das, was Sie eben gehört haben, das waren nur ein paar nostalgische Takte aus meinen früheren Ouvertüren. Für ein neues Programm, da müsste man was ganz was Anderes schreiben: vor allem „zeitgeist-gerechter" und „cool" muss es sein.. sogar noch viel „coolerer".. wenn möglich sogar am „coolersten".

    𝄞 „Blick zurück.. nach vorne auch,

    sonst liegst schnell du auf dem Bauch.

    Glück ist dir erst dann beschieden,

    wenn du endlich ruhst in Frieden.

    Unter deinem Namen.. nach Möglichkeit.. Amen!"

Aber bitte.. lassen Sie sich damit ruhig noch ein bisjen Zeit!

Blackout

(aus dem Jubiläumsprogramm: „Blick zurück.. nach vorn"
    – Eine sati(e)rische Invent(o)ur über „20 Jahre Kabarett" – 1995)

Seit nunmehr 33 Jahren (Stand 2008) ist die Bühne im großen Keller vom Mainzer „unterhaus" eine Art zweites „Wohnzimmer" für mich geworden.
Das obere Bild stammt aus dem Kabarettprogramm „Wahn-sinnig.. komisch!"
von 1981 und das untere aus der „Medien"-Satire „Total im Bild" von 1983.

Szenen im I. Teil:
„Regionale Spezialitäten"

Und damit kommen wir zu den eigentlichen Hauptgerichten des Menüs. Begonnen wird mit so genannten „Szenen". Das sind Sketche, bei denen außer mir als Rollen-Figur noch eine oder mehrere Personen „mitspielen" – allerdings unsichtbar. So etwas ist natürlich nur im Kabarett problemlos möglich. Im alltäglichen Leben bekäme man bei solchen „Gesprächen" garantiert Empfehlungen, einen Psychiater aufzusuchen.

Da die Texte für diese Szenen meist im Dialekt geschrieben und auch in der mir eigenen Art und Weise serviert werden, nenne ich sie „regionale Spezialitäten". Eingeleitet werden sie meisten durch eine Anmoderation, die in einem satirischen Kommentar die Basis liefert für die danach folgende Szene.

So bereitet zum Beispiel eine ironische Betrachtung über „die lieben Nachbarn" den Boden vor für eine Type, mit der fast jeder mal zu tun bekommen hat – falls es sich um die unangenehme Ausgabe dieser Spezies handelt – der „Hausmeister".

In einem der Sketche aus meiner Anfangszeit muss sich ein „stets loyaler Staatsbürger" von dem „himmlischen Untersuchungsausschuss" rechtfertigen für seinen absolut opportunistischen Lebenslauf.

Ein Thema aus den 80er Jahren waren die Bemühungen der globalen Friedensbewegungen, die gegen die Aufrüstung demonstrierten. Allerdings stießen diese Bemühungen im Kreise kleinbürgerlicher Familien seinerzeit noch weitgehend auf Ablehnung.

Ebenfalls eine damals bereits vieldiskutierte Problematik betrifft das „Altern in unserer Gesellschaft". Die Szene mit der Vorstellung einer „Senioren-Residenz" ist noch heute von bedrückender Aktualität.

Unterhaltsamer geht es dagegen zu bei einer Satire über „Werbung" in unseren Theatern, wobei in einer kurzen Vorschau auf eine Aufführung des „Faust" die bekanntesten Figuren daraus „auftreten".

Den Abschluss dieser „regionalen Spezialitäten" bildet ein Rundgang zweier Besucher über einen Friedhof mit satirischen, teils reichlich makabren Kommentaren über das „Theater mit dem Tod"

Die lieben Nachbarn

Was hat man aber auch schon für Leute kennen gelernt in seinem Leben. Bei uns daheim sagt man dazu: „Leit, was Leit.. was tut mer des so leid!" Weil: bei manchen, da hat sich's gar nicht rentiert.

Mit meiner Familie bin ich im Lauf der Jahre insgesamt schon achtmal umgezogen, das ist so viel wie viermal abgebrannt. Und jedes Mal hat man sich dabei wieder an neue Leute gewöhnen müssen, vor allem an neue „Nachbarn". Gewiss lauter „liebe Leut".. stellenweise.. darunter manchmal ganz nette, aber auch weniger schlimme.

Ja, seine Freunde kann man sich ja immer aussuchen.. aber Nachbarn? Das sind Schicksalsschläge.

Meine Mutter hat mich früher immer gewarnt: „Bub, sei vorsichtig!", hat sie gesagt. „Der liebe Gott sieht alles!" Ja.. von wegen.. die Frau hatte keine Ahnung.. weil: Nachbarn.. die sehn noch viel, viel mehr.

Und was noch weitaus schlimmer is.. die erzählen's dann auch noch weiter. Sie sind sozusagen die „irdischen Vertreter des jüngsten Gerüchts".

Und das ist mittlerweile die einzige Kultur, für die sich die „Leit" wirklich interessieren. Sehen Sie.. das ist die wahre „Leit-Kultur".

Die wissen einfach alles.. vor allem über ihre Nachbarn.. und selbst wenn sie mal überhaupt nichts wissen.. sie erzählen's trotzdem weiter.

Ein Wunder.. dass da mit der Zeit nicht überall das totale Chaos ausbricht.. vor allem in diesen riesigen Wohnblocks.. diese moderne Form der „senkrechten Bestattungsweise".

Wohlweislich achten die Vermieter dort sehr streng auf Zucht und Ordnung, indem sie ständig detaillierte Anweisungen erteilen an den jeweiligen Hausmeister, damit der die Probleme im „Haus meistert".

Dabei soll er immer höflich und taktvoll vorgehen.. und sich dabei auch noch um die Menschen und ihre Probleme kümmern.. sozusagen als „professioneller Kümmerling".

Man könnte es auch anders formulieren: als pflichtbewusster und stets aufmerksamer „Wohn-block-wart".

Überblende: Bühnenlicht geht aus und Spots auf Mitte an
(geht zum Garderobenständer, zieht grauen Kittel an, setzt Brille und Hut auf und stellt sich mit Briefkuvert in der Hand auf Mitte

Der Hausmeister

(öffnet das Kuvert, nimmt den Brief heraus und beginnt zu lesen)

Aah.. en Brief.. für mich.. von de Hausverwaltung.. sogar „persönlich". Sicher ein Anerkennungsschreibe.. für jahrelange treue Pflichterfüllung.. im Dienste der.. bla.. bla.. bla..

(stutzt und schüttelt den Kopf)

Na so was! Da hat sich einer beschwert.. über mich.. auch noch in so eme schriftliche Brief.. über mein Ton. Das ist doch eine bodenlose Unverschämtheit! Ich hab gar kein Ton.

So gutmütig wie ich immer bin.. und niemals ein böses Wort über meine Lippen kimmt.. wie..

(schaut nach rechts oben und ruft mit lauter Stimme)

Wollt Ihr wohl emal ruhig soi da obbe.. im Treppehaus?

Ihr dreckische Bagaasch! – Was is des für'n Spektakel?

Des is doch hier kää Juddeschul! – RUHE!!!

Bei dem Krach.. da kammer ja soi eigen Geschrei nit mehr hörn.

Mir sinn doch hier nit in Russland.. bei de Hottentotten.

Noch nit.. zum Glück.. noch nit!

(wendet sich wieder nach vorne)

Is doch wahr! Nix wie Ärcher hat mer mit dem Zores. Keiner hält sich an die Hausordnung.. keiner. Jeder macht hier grad was er will.. unn sagt mer mal was.. im ruhigste Ton.. so wie ebe.. dann beschwern se sich.. auch noch schriftlich. Dabei bin ich doch die Friedfertigkeit in Person.. denn..

(winkt aufgeregt nach rechts)

Sie.. Herr Klammer.. des ääne sag ich Ihne: Wenn Ihne Ihrn dreckische Sauköter noch ein Mal da drauße en Haufe uff unser Trottwa scheißt.. Sie.. dann nemm ich die Sach persönlich in die Hand.

(wendet sich wieder nach vorne)

Des is eine schweinische Sauerei is des. Dem dreh ich noch emal de Krotze rum.. dem verlauste Mistvieh.. dem dreckische.

(ruft laut nach rechts)

En Köter in de Wohnung gehört verbote. Dafür wird ich schon sorge.

(wieder nach vorne)

Dazu auch noch so en verrasste.. wie der schon aussieht. Uwääh!

Wie selbstgestrickt. Ich tät mich was schäme.. dem soin Vadder zu soi.

Also werklich.. nää! Mer määnt, bei uns täte die letzte Zischeuner hause. Des is ja noch weitaus schlimmer als wie in dem Ausländerverdel da drübbe.. mit dene ganze Kameltreiber unn Dattelschütteler.

Dadebei geht mir Gerechtigkeit über alles.. Hand uffs Herz.. ich mach da keine Unnerschiede. Fer mich sinn die Leut hier alle gleich.. manche sogar noch e bisje gleichenerer.. weil..

(dreht sich nach links und verbeugt sich mehrmals)

Ah.. guten Tag.. Frau Dokter Müller-Oberhausen! Na.. wie geht's denn? Geht's gut, Frau Dokter? – Unn was macht de Fiffi?

(guckt abwechselnd nach unten und dann wieder nach oben)

Ein Häufchen macht er! – Wie lieb.. unn so lang.

Nää, wie goldisch! Ein wohlerzogener Hund is des.. und vor allem so stubenrein.. der macht niemals in die Stube rein.. hähä... bloß immer in de Hausgang.

Da kann döch kääner was dagege habbe.. des bisje Häufelche.. von der winzige Portion Hundelche.

Lasse Se nur.. Frau Dokter.. lasse Se nur! Ich mach's Ihne schon weg.

Wenn Sie wolle.. Frau Dokter.. ich heb's Ihne auch gern auf.. falls Sie..?

Nää.? Is auch recht. – Ja.. auf Wiedersehn, Frau Dokter.. und alles Gute!

(wieder nach vorne)

Eine foine Dame is des. Ja, ja... zum Glück habbe mer auch noch so e paar anständige Mieter im Haus. Annerster als wie der afrikanische Necher da drunne in dere Kellerwohnung.. der arbeit sicher bloß schwarz.

Oder der vergammelte Student aus em sechste Stock.. dieser chinesische Asylant.. mit seine Schlitzaage.. der koreanische Fleehbutz.. der japanische.

Wisse Sie, was der macht? Nix wie Lese.. de ganze Tag nix wie Lese. Stelle Se sich das emal vor! Sooo schee möcht ich's auch emal habbe. „Biologie" tät der studiern.. hat er gesagt.. ha... von wege.. Studienfach „Bafög".. des glaub ich eher wie nit.

(tut geheimnisvoll)

Außerdem.. abber sage Se's nit weiter: Der hat's sogar mit zwei Weiber.. ehrlich.. mit zwei. Auch noch gleichzeitig! Andauernd erzählt der was von einer gewissen „Flora".. und dann widder was von einer ominösen „Fauna".

Dass der sich nit schämt. Eine geschlechtliche Sauerei is des.

Wenn's mir nach ging: in hohem Boge enaus mit dene drei.. nix wie enaus! Ja.. wenn ich nit so en gutmütige Mensch wär.. dann..

(dreht sich um und brüllt nach hinten)

Was is denn da widder los? Geht emal sofort von dere Wies erunner..
ihr dreckische Bankert! Abber e bisje dalli! Des is doch kein Spielplatz.
Macht Eich doch enaus.. uff die Gass.. wo ihr hingehört!
Also nää.. mer määnt.. mer wär hier unner lauter Polacke.

(schaut nach oben und ruft)

Was.. was.. was wolle denn Sie schun widder?
Och.. halte Sie sich doch da raus.. grad Sie! – Was heißt da:
„Es sinn doch bloß Kinder". Das weiß ich auch.. dass des Kinner sinn.
Was soll's denn sonst soi? Hä? En Wurf Dackel?
Ich war früher auch emal Kind.. jawoll.. vielleicht mehr wie Sie.

(wendet sich wieder nach vorne)

Das is doch widder mal typisch. Eine Unverschämtheit! Da rackert mer
sich auf.. und opfert sich ab.. will für Ruhe und Ordnung sorche.. unn dann
krieht mer auch noch e frech Maul angehängt.

Mir kann kääner was vorwerfe.. mir nit. Ehrlich! Ich zahle immer pünktlich
mei Steuern.. ausgenomme ab unn zu.. bei so e bisje Schwarzarbeit.

Ich hab auch noch niemals eine Versicherung betroge.. wenn's nit
unbedingt nötig war.

Ich hab auch keine Vorurteile gege Anderswoherige.. werklich nit. Sofern
en Mensch sauber angezoge is.. unn e ordentlich Frisur hat.. unn nit grad
schwul is.. bitte schön.. ich komme mit jedem aus.

Frage Se nur unser Hausbewohner.. also.. die anständige. Die sinn mir
all lieb und wert.. manche sogar noch lieber.. und noch werter. Aber ich bin
dene bestimmt all mitennaner am liebste.. am Allerwerteste.

Mahlzeit!

Blackout

(aus dem Kabarettprogramm „Spaß muss sein" – Ein Humoratorium – 1977)

Der Lebenslauf eines loyalen Staatsbürgers

Spot auf Mitte geht an / Ton mit Echohall
(steht auf Stuhl und ruft mit lauter Stimme)

Hiermit eröffne ich die heutige Plenarsitzung des himmlischen Untersuchungsausschusses. Auf der Tagesordnung steht zunächst die Prüfung eines Antrags auf Einreiseerlaubnis in die paradiesischen Gefilde – Abteilung „mitteleuropäische Christenheit".

Bei dem Antragsteller handelt es sich um einen gewissen Adam B. – nach eigener Aussage: männlich. Er begründet sein Gesuch mit seiner stets loyalen Einstellung zu Staat, Kirche und Gesellschaft im Laufe seines Lebens und zwar auf christlicher Basis.

Der Kandidat möge Platz nehmen und seinen Lebenslauf schildern

Spot auf Mitte geht aus / Echohall wird abgeschaltet
(wechselt im Dunkeln vom Stuhl und setzt sich rechts an den Tisch)
Spot auf Tisch rechts geht an

(stellt einen Klappständer neben sich und erzählt etwas nervös)

Ja.. also.. mein Name heißt.. äh.. Adam B. – Senior. Meines Wissens wurde ich geboren.. und zwar im Jahr 1899 zufällig.. an Kaisers Geburtstag.

(klappt die schwarz-weiß-rote Flagge auf)

Ich war damals der einzige männliche Sohn.. einer ansonsten recht kinderlosen Familie. Von Anfang an galt ich als „Wunderkind".. denn ich war bereits mit fünf Jahren so intelligent.. wie heute.

Schon als Schüler half ich fleißig in der väterlichen Druckerei bei der Herstellung von farbenprächtigen Kaiser-Wilhelm-Bildern. Dabei stand ich bereits stets loyal zur monarchistischen Regierung unseres – damals noch – heißgeliebten Vaterlandes.

Als Kriegsfreiwilliger zog ich dann mit 18 Jahren als blühender Idiot.. pardon.. als glühender Patriot ins Feld der Ehre.. hinein.

(klappt die Reichskriegsflagge auf)

Ich wurde dreimal verwundet.. davon zweimal tödlich.. also: fast. Kaum hatte ich das Schlachtfeld verlassen.. da musste die deutsche Armee entmutigt die Waffen strecken. Als ich nach Hause zurückkehrte.. war die so genannte „Republik" ausgebrochen.. aber keiner konnte mir sagen.. wohin.

(klappt die schwarz-rot-goldene Flagge auf)

Als klassenbewusster Proletarier arbeitete ich als – mittlerweile sozialdemokratisch gesinnter – Geselle in unserer Druckerei.

Da ich stets ein überzeugter Gegner jeder Art von Hurra-Patriotismus war.. machte ich keinen Hehl aus meiner zutiefst republikanischen Gesinnung.. und zwar aus vollem.. äh.. Herzen.

Ich spezialisierte mich auf den Druck von Friedrich-Ebert-Bildern und stand stets loyal zur Weimarer Republik.

Nach der Machtergreifung 1933 heiratete ich eine reinblütige Arierin.. weiblichen Geschlechts.. aus einer bodenverbundenen bäuerlichen Familie.. mit nationalsozialistischer Gesinnung.

(klappt die Hakenkreuz-Flagge auf)

Meinen Lebensunterhalt verdiente ich als Druckereibesitzer.. allerdings von geschäftstüchtigen Juden durch Wucherzinsen fast an den Rand des Ruins gebracht. Zur Unterstützung der völkischen Bewegung im Dritten Reich trat ich daher in die NSDAP ein.. ..aber nur, um das System von innen heraus zu bekämpfen.

Dafür trat ich aus der Kirche aus.. natürlich nur äußerlich.. innerlich bin ich selbstverständlich dringeblieben.

Im Krieg kämpfte ich an der Heimatfront.. mit meinem Glauben an den Endsieg.. wobei ich es riskierte.. durch Erzählen politischer Witzen.. die Wehrkraft heimlich zu zersetzen. Leider ist mir das nicht ganz gelungen.

Als Kreiswart der Fachschaft „Druckereigewerbe" hatte ich mich auf den Druck von Adolf-Hitler-Bildern spezialisiert.. und stand stets loyal zur Regierung des Dritten Reiches.. aber nur offiziell.. was ich intern natürlich völlig ablehnte.

Doch es handelte sich ja damals immerhin noch um einen so genannten „Rechts-Staat".. wenn ich mich.. mit Recht.. an diesen Staat erinnere.

Nach Kriegsende 1945 gab ich mich dem wohlverdienten Zusammenbruch in der amerikanischen Zone hin.

(klappt die US-Flagge auf)

Dabei machte ich keinen Hehl aus meiner schon von Anfang an zutiefst antifaschistischen Überzeugung.. sowie aus meiner Ablehnung jeder Form von Diktatur und Militarismus.. zumindest stellenweise.

Ich spezialisierte mich auf den Druck von Eisenhower-Bildern.. und stand stets loyal zur alliierten Militärregierung.

Meine Druckerei baute ich wieder auf.. mithilfe von Marshallplan-Geldern und mit staatlichen Fördermitteln.. die mir schließlich auch zustanden.. als ehemaliger politisch Verfolgter.. und als heimlicher Widerstandskämpfer.

Nach Gründung der Bundesrepublik und nach der Machtübernahme..

(klappt die Bundesflagge auf)

..durch die christlich-demokratische Union.. trat ich als tiefgläubiger Katholik wieder in die Kirche ein.. gleichzeitig auch in die CDU.. was ja in etwa auf das Gleiche hinausläuft.

Ich dachte mir halt: Doppel genäht hält besser. Spezialisiert hatte ich mich auf den Druck von Adenauer-Bildern.. und stand stets loyal zur Bundesrepublik Deutschland. Im Zuge der politischen Entspannung wurde ich ein überzeugter Anhänger der großen Koalition.

Da ich schon von jeher ein ausgesprochenes soziales Verhältnis hatte.. zu mir selbst.. wechselte ich spontan zur SPD. Dafür trat ich wieder aus der Kirche aus.. diesmal allerdings aus weltanschaulichen Gründen.. wegen der hohen Kirchensteuer.

Ich spezialisierte mich auf den Druck von Willy-Brandt-Bildern und stand stets loyal zur neuen sozial-liberalen Koalition. Aber die zunehmende Radikalisierung der Jugend.. und die drohende Sozialisierung unserer Gesellschaft durch die 68er Revolution..

(klappt die Mao-Flagge auf)

.. brachte mich zum mutigen Bekenntnis meiner eigentlich zutiefst christlich-konservativen Gesinnung heraus.. dank Strauß. Aus der mittlerweile längst von Agenten Moskaus unterwanderten SPD trat ich aus.. und in die Kirche wieder ein.

Ich spezialisierte mich auf den Druck von Formularen und von Datenerfassungsbögen für staatliche Gesinnungsprüfer.. im Rahmen der Notstandsgesetze.

Dabei stand ich stets loyal zum Verfassungsschutz.. den ich mit Anzeigen von verdächtigen Subjekten tatkräftig unterstützte.

(klappt Flaggenständer zu)

Da ich nun mein erfülltes Lebens jetzt leider aus Altersgründen.. äh.. aufgeben muss.. bitte ich um Einreiseerlaubnis in den christlichen Himmel.. denn schließlich war ich stets ein loyaler Staatsbürger gewesen.. für das jeweilige System.. und zwar von jeher.. jeweils.. je nachdem..

dabei langsames Verlöschen des Lichtes

(im Dunkeln hört man eine Stimme)

Heute morgen gegen acht Uhr dreißig erlitt der stets loyale Staatsbürger Adam B. beim Rasieren einen tödlichen Schock.

Als er nämlich in den Spiegel blickte, musste er mit Entsetzen feststellen, dass sein Gesicht völlig verschwunden war.

Das hat er ausnahmsweise mal nicht überlebt.

(steigt auf den Stuhl / Ton mit Echohall)

Der himmlische Untersuchungsausschuss erteilt hiermit dem stets loyalen Staatsbürger Adam B. die offizielle Einreiseerlaubnis in den christlichen Himmel. Begründung: Es konnte ihm – wie Millionen seiner ehrenwerten Mitbürger – keine nennenswerten Normabweichungen im Lauf seines Lebens nachgewiesen werden.

Der offizielle Eintrag in seine Personalakte lautet:

„Er wurde geboren, passte sich an und starb. Friede seiner Masche!"

Blackout

(aus dem Kabarettprogramm „Alles nur halb so wild"
– Lebenshilfen für den Alltag – 1980)

Aufrüstung oder Entrüstung

Wissen Sie, wofür auf der ganzen Welt die meisten Gelder ausgegeben werden? Nicht zur Bekämpfung der Armut.. auch nicht zur Bekämpfung des Hungers.. nein.. für Waffen.. also zur Bekämpfung von Menschen.

Mittlerweile hat die weltweite Aufrüstung die höchsten Zuwachsraten. Zur Zeit beträgt die so nett bezeichnete „Overkill-Kapazität" der beiden Supermächte etwa 16 zu 12. Das bedeutet: Ost und West könnten allein mit ihrem nuklearen Waffenarsenal die Welt mehr als ein Dutzend mal vernichten. Ein bisjen viel.. oder? Einmal würde doch völlig genügen.. weil: toter als tot kann man ja wohl nicht sein.

Sage und schreibe 550 Milliarden Dollar werden jährlich auf der Welt allein für die Rüstung ausgegeben. Das sind pro Tag etwa 1.500 Millionen.. und pro Stunde rund 60 Millionen. So viel verdienen Sie und ich zusammen nicht mal im ganzen Monat.

Dabei könnte man sich diese ganzen Rüstungskosten sparen.. sie sind völlig überflüssig und sinnlos.. denn früher oder später müssen wir alle ja sowieso sterben.. auf ganz natürliche Weise.. wozu also dieser Aufwand?

Die Frage ist ja nur: Welche Wege gibt es zur Erhaltung des Friedens? Durch Aufrüstung? Oder durch Abrüstung? Jedenfalls steht am Anfang zunächst mal die Entrüstung.

(geht zum Garderobenständer, zieht Weste aus und Jacke an)
Bühnenlicht geht aus und Spots auf Tisch an)

Friede fängt zu Hause an

(setzt sich an den Tisch)

Lisbeth! Wo bleibt denn widder mein Kaffee? Es is doch schon halber acht. Ich muss doch ins Büro. In aller Herrgottsfrüh kann mer sich hier schon en Grindkopp ärgern.

(fingert auf dem Tisch herum)

Außerdem: Des Brot is zu trocke.. unn der Käs is zu nass.. unn des Ei is viel zu hart. Wenn ich's doch sag: viel zu hart. Fühl doch emal selber: da is ja die Schal noch dran.

(wendet sich nach links hinten)

Ah.. es Frollein Tochter kommt ja auch schon. Na.. ausgeschlafe? Haste widder mal gelumpt die ganz Nacht? – Wo warste? – Demonstrieren? Ach was! Demonstriert hat's Kind.. wie fein! – Für den Frieden! Großartig! Der wird's auch nötig habbe. Unn Propagandamaterial haste mir auch noch mitgebracht.. vielen Dank. Wunderbar!

(nimmt Flugblatt auf und liest darin)

„Aktion für den Frieden" – „Gegen die atomare Aufrüstung in aller Welt"
Was ein Quatsch. Die habbe doch nit mehr alle Tasse in ihrm bleede Kopp..
diese pazifistischen Spinner. Als ob die was von Friede verstehe täte..
ausgerechnet die! Noch nie eine Knarre in der Hand gehabt.. und dann
von Friede schwätze. Des hammer gern!

Früher hieß so etwas mal Landesverrat.. jawoll: Wehrkraftzersetzung!
Dadegege müsst unsern Staat viel energischer durchgreife.. unn diesem
ganze anarchistische Treibe da ein Ende setze. Dene Pazifiste mal endlich
es Maul stoppe.

Da könnte se auch ruhig diese altbewährte Institution widder einführe..
wie damals kurz nach em Krieg. Wie hieß des noch? Entnazifizierung!
Richtig! Heutzutag hieße das „Entpazifizierung".. jawoll.. entpazifiziern
müsst mer die all mitenanner.. diese Pazis!

Da fordern die alsfort „Friede". Die habbe doch glatt en Schlag mit
de Wixberscht. Mir habbe doch Friede.. seit über 37 Jahr. Wie? Was soll's
gegebe habbe? – 50 Millionen Kriegstote? Seit wann denn? – Seit 45?
Du spinnst doch. Wo soll denn des gewese soi? – Wie? In Korea.. Chile..
Vietnam.. Libanon.. Afghanistan.. El Salvator..? Hör mer uff! Des weiß doch
kään Deibel.. wo des all liegt!

Merk dir eins: Für mich is Friede.. wenn woanderst geschosse wird.
Hauptsach: hier is Ruh. Voraussetzung für den wahren Frieden in der Welt
ist Vertrauen und Toleranz. Jawoll.. Toleranz! Kapierst du denn des immer
noch nit.. du doll Dippche?

(wendet sich nach rechts hinten)

Ach.. guck emal da! De Herr Sohn hat ja auch schon ausgeschlafe.
Warst du auch gestern demonstriern? Abstreite nutzt gar nix. Bestimmt
bist du auch bei dem närrische Umzug mitmarschiert. Du hast ja noch es
Zugplakettche am Revers stecke.

Wie bitte? Was heißt da: Frieden schaffen.. ohne Waffen! Bist du denn
vom wilde Watz gebisse? Jetzt fängt der ja auch noch mit dem Blödsinn an.
Von wege: Frieden schaffe! Nit in meim Hause.. gell. So lang du doi Fieß
noch unner mein Tisch streckst.. in meim Haus nit.

Des hat mer devon: zwei Kinner.. so jung.. und schon durch und durch
verpazifiziert! Aber das kommt davon.. wenn mer wo mitrede will.. von dem
mer kei Ahnung hat. Friede! Ha! – Friede.. das fängt bereits dademit an..
dass mer Respekt hat vorm Alter. Jawoll! Respekt vor ältere Leut!

(wendet sich nach links)

Och, Opa.. halt du dich doch da raus! Du immer mit deim saudumme Gebabbel. Musst du dich denn auch noch da enoihänge. Was verstehst du denn von Frieden.. hä? Ausgerechnet du! Zwei Weltkriege haste mitgemacht. Na und? Alle beide haste verlorn! – Also.. kannste auch nit mitrede!

(wieder nach rechts)

Wer wirklich Friede schaffen will.. der darf in erster Linie keinerlei Aggressione habbe. Merkt euch des.. ihr vorlaute Bankert! Immer wollt ihr es letzte Wort habbe. Es einzige.. was ihr wirklich habt.. des is kää Ahnung.

Abber. wenn noch nit emal die Nachbarn friedlich mitenanner umgehe könne.. da geht's doch schon los. Der alte Schukowski da drübbe.. der hat mir neulich en bitterböse Brief geschriebe.. abber so was von bös. Und das nur.. weil ich ihn schon mehrmals angezeigt hab.

'Ja.. der parkt immer falsch in unserer Gass. Das geht dich nit. Und da hat er mir geschriebe: Er tät sich dadefür revanchiern. Wie kann mer nur so rachsüchtig sein. Aber wart nur ab: Dem wird ich's noch emal zeige!

Nä, nä.. Voraussetzung für einen dauerhaften Frieden in der Welt.. das ist Nächstenliebe.. Verständnis.. und vor allem keine Diskriminierunge von fremde Völker. Also, keine falschen Vorurteile.. über diese andersartige Rasse.. die darf man keinesfalls haben.. sondern nur richtige.

Aber zu so was is zum Beispiel der Russe gar nit fähig Der is ja von Natur aus schon heimtückisch und grausam.

Und die Amis.. viel zu lasch. Emal abgesehe von der Mafia.. oder de CIA. Unn erst die Judde.. abber gege die derf mer ja nix sage.. noch nit!

Dagege die Neger.. die sinn doch all noch viel zu primitiv.

Unn die Inder.. und die Chinese.. die mache doch allmitenanner viel mehr Kinner.. als wie Politik.

Seht Ihr.. und das ist ja auch mit ein Grund.. warum des nie was werden kann mit dieser UNO. Ja.. da sinn doch viel zu viel Ausländer drin.

Abber macht ihr alle nur weiter so.. mit euerm weltfremde Idealismus! Ihr werd schon noch sehe.. wohin des führt: in Anarchie und Chaos.. abber mitte enoi!"

Ich sag euch eins: Friede.. das ist kein Thema für die Straße. Von wege! Friede.. das fängt zu Hause an.

Merkt euch das. Mahlzeit!

Blackout

(aus dem Kabarettprogramm: „Wahn-sinnig.. komisch!"
– Aus deuten Landen frisch aufs Tablett – 1981)

Angenehmes Altern

Eine sehr nützliche Funktion in unsrer Gesellschaft hat das Fernsehen vor allem für ältere Menschen. Das sind so genannte „Intensiv-Zuschauer".. weil: die gucken alles.. rund um die Uhr. Und die Sender tun ja auch alles.. um den alten Leuten die Wartezeit etwas zu verkürzen.. bis deren eigenes Programm eines Tages abgelaufen ist.

Inzwischen sind fast 25 Prozent unserer Bevölkerung mittlerweile bereits über 65 Jahre alt. Und die werden täglich immer älter. In zehn Jahren sind die alle schon über 75.. falls sie so lange leben.

Da sollte man ihnen den Rest ihres Lebens so schön wie möglich gestalten.. damit sie ohne Furcht angenehm vor sich hinaltern können.

Diese soziale Aufgabe hat das Fernsehen übernommen und bietet neuerdings auf einem spezielle Spartenkanal „Informationen für Senioren". Das ist sehr locker gestaltet.. ausgesprochen lebensnah.. mit einer kleinen Spielhandlung.. und Hinweise, wie man ohne Probleme alt werden kann.

Das ist ganz wichtig.. denn „Alt-Werden".. das ist schließlich die einzige reelle Aufstiegschance.. die jeder von uns hat.

(geht zum Garderobenständer, zieht Mantel an und setzt Hut auf)
Bühnenlicht geht aus und Spots Mitte an

Die Senioren-Residenz

(geht zu Mitte und ruft nach hinten)

Komm, Mäxje.. mir setze uns e bisje da hin.. auf die Bank. Es is so ein schönes Wetter.. und die frisch Luft tut uns gut.

(setzt sich auf Stuhl)

Ja.. spiel e bisje.. mit deim neue Computerspiel. Wie heißt denn das? „Kill das Monster!" Wie niedlich! Na, dann kill mal schön.. gell?

(zieht Prospekt auf der Tasche, will lesen und guckt nach oben zur Seite)

Wie bitte? Ob hier noch frei is? So lang Sie nit da hocke.. is noch frei. Hähähä! – Nemme Se nur Platz, junge Frau! Komm, Mäxje, rück e bisje mehr bei mich bei.. und mach dem alt Frauche Platz!

(wendet sich zur Seite)

Na.. Sie sind auch nit von hier? Gell.. mer merkt's.. am Reden!
Abber gut gehalte habbe Se sich.. für ihr Alter.

(dreht sich um)

Was is denn, Mäxje? Du musst emal? Ei, dann mach!

(wendet sich zur Seite, ruckt dann aber wieder zurück)

Abber doch nit hier.. du alt Wutz! Das gehört sich doch nicht. Geh da rüber.. an die anner Bank!

(wendet sich wieder zur Seite und zeigt den Prospekt)

Ich hab mir hier mal diesen Prospekt besorgt.. von dem neue Altersheim da drüben. Ei, mer muss sich doch rechtzeitig drübber informiern.. für den eventuellen Ernstfall. Des wär auch wichtig für Sie.

Das heißt ja auch mittlerweile nit mehr Altersheim.. die nenne des heutzutage „Senioren-Residenz". Des is zwar genau es gleiche.. abber es hört sich viel moderner an. Sie schreibe hier ja auch: Da drin wird nicht mehr einfach nur gestorbe.. sondern: dort wird „in angenehmer Atmosphäre zu Ende gelebt".

Allerdings: auch nit grad billig isses dort.. aber sehr teuer.

Ja, ich kann mich noch erinnern.. früher hieß es mal „Heim ins Reich!" Aber heut nur noch: „Reich ins Heim!"

(dreht sich ungeduldig um)

Was is denn, Mäxje? – Du bist fertig? Wie interessant! Dann mach dein Hoselatz zu und setz dich wieder hier hin!

(wendet sich zur Seite)

Abber die habbe auch allerhand zu biete: die neueste Medien.. für die älteste Herrschafte. Da gibt's eine große zentralgesteuerte Videoanlage.. und in jedem Zimmer en Monitor. Dorthin wird dann das Fernsehprogramm überspielt.. aber nur, wenn's auch geeignet is für ältere Leut.

Oder aber sie senden ein hauseigenes Programm: Informatione.. oder Durchsage.. oder auch ganz alte Filme.. aus der Jugendzeit der Senioren.. so antike UFA-Klassiker übber de alte Fritz.. zum Beispiel: „Hunde, wollt ihr ewig leben?"

Und was ganz Tolles is die so genannte „Tele-Diagnostik". Dafür habbe se in jedem Zimmer eine Videokamera installiert.. damit könne se die Tag unn Nacht beobachte.. die Residenz-Insasse.

Falls se mal Probleme habbe sollte mit ihrer Gesundheit.. dann könne se über diese Kamera ihre Symptome schildern.. dadebei eventuell betroffene Körperteile vorzeigen.. und erhalten dann über Lautsprecher Hinweise zur Selbstbehandlung.

Damit spart man erstens Kosten für Pflegepersonal.. und zweitens verhilft man den Insassen zu einer wirksamen Beschäftigungstherapie.

Da kann man nur hoffen.. dass se sich nit allzu sehr dabei verhunze.

(dreht sich ärgerlich um) Ei, Mäxje.. was is denn jetzt schon widder?

Du gehst mir allmählich ganz schön uff de Wecker. Dauernd is was anneres. Was haste denn jetz? Wie? – Dorscht hat's Mäxje! Was denkste denn.. was ich hab? Nachher gehen mer in die Wertschaft was trinke.

Abber da.. haste en Mark.. hol dir schon emal e Cola.. damit Ruh is.

(wendet sich zur Seite)

Natürlich gib's dort auch ein vollautomatisches zentrales Daten-Center.. eine Art „Rentner-Archiv".. damit mer jederzeit weiß, wer noch am Lebe is.. gegebenenfalls auch warum.. und wann voraussichtlich ein Bett frei wird.

Ich hab gehört: rentabel wär so eine Einrichtung nur dann.. wenn so ein Bett nicht länger als fünf Jahr am Stück von ein und demselben Einlieger in Anspruch genommen wird. Aber da brauche die sich ja keine Sorgen zu mache.. wenn überhaupt.. denn eins is sicher: Gestorbe wird immer.

(dreht sich erbost um)

Was is denn, Mäxje? Du hast dei Cola? Wie schön! Dann hock dich da hin und trink's aus. Aber nix verschlabbern.. des Zeug is babbisch.

(wendet sich zur Seite)

Das Tollste.. was die habbe.. des sinn so genannte „Robot-Better". Vollautomatisch solle die funktioniern: Abends klappe die aus de Wand eraus.... mer legt sich enoi und schläft. Und morgens nach em Aufstehe.. da klappe se widder in die Wand zurück. Toll.. gelle?

Mer darf halt nur den richtige Zeitpunkt zum Absprung nit verpasse.. sonst macht's „schwupps".. und mer kann dann de ganze Tag in dere Klappwand verbringe.

(dreht sich wütend um)

Mäxje.. hörst du sofort damit auf! Du bist e alt Wutz. Musst du uns unbedingt mit deim babbische Cola vollspritze.. fui Deibel!

(putzt an sich herum und dann nebendran an seiner Seite)

Jetzt guck doch emal da.. wie die Dame aussieht: wie ein altes Schwein! Entschuldigung.. aber mit dem habbe mir in de letzt Zeit nix wie Ärger.. Aber damit is bald Schluss. Nächst Woch kommt er da nüber in des Heim.

(dreht sich um) – Gelle, Mäxje? *(wendet sich wieder zur Seite)*

Unser Kinner sage nämlich immer „Mäxje" zu ihm. Des is der Vater von meiner Frau.. unser Opa Mäxje!

Blackout

(aus dem Kabarettprogramm: „Total im Bild"
– Makabarettistische Realvisionen – 1983)

Werbung im Theater

Das Theater und die Politik haben bekanntlich vieles gemeinsam: vor den Kulissen.. da geht es um die Kunst. Aber hinter den Kulissen? Nur ums Geld! Aber leider hat man im Theater keine so großzügigen Spender. Zwar gibt es hie und da auch mal Unternehmer, die stiften.. aber die gehen meistens in die Schweiz.. stiften.

Das Einzige, was man hier spendet, das ist Beifall.. und den gibt's leider nur selten genug. Ja.. ich weiß: Sie hier sind da eine rühmliche Ausnahme. Danke.. das genügt! Kein Wunder, per Saldo kostet es Sie ja auch nix.

Ich hätte da ein paar Vorschläge, wie man die Finanzen im Theater etwas aufbessern könnte. Wie wäre es denn zum Beispiel, wenn man die Kostüme der Schauspieler als Werbeflächen vermieten würde.. wie im Sport. Nur im Theater natürlich weitaus niveauvoller.. und auch mehr themenbezogen.

Hier nur ein paar Beispiele: auf dem Kittel von Wilhelm Tell eine Werbung für frische Landäpfel. Oder hinten auf dem Gewand vom Romeo ein Plakat mit dem „Alpha". Oder vorne auf dem Nachthemd vom Gretchen ein diskreter Hinweis für Empfängnisverhütungsmittel.

Es gibt da viele Möglichkeiten. Man könnte ja auch die Dialoge auf der Bühne einfach unterbrechen mit Werbedurchsagen. Zum Beispiel: wenn Julia flötet: „Es war die Nachtigall und nicht die Lerche.." ertönt eine Stimme von oben, die ruft:

> „Jaaa.. Romeo und Julia träumten nur von ihrer Liebe.
> Ich aber träume von meinem gehaltvollen 500-Gramm-Paket
> Eduschibo-Röstkaffee!"

Und im Hintergrund erscheint ein Riesenplakat mit der Aufschrift:

> „Kaffee ohne Verwöhnaroma ist wie Romeo ohne Julia!"

Aus dem Souffleurkasten reckt einer ein Schild hoch:

> „Spielen Sie mit! -– Gewinnen Sie die lachende Kaffeetasse!"

Vor allem aber für sich selbst müsste das Theater viel mehr Werbung machen. Zum Beispiel: vor Beginn einer Vorstellung mit originellen Hinweisen auf die nächste Aufführung.. genau so wie die Vorankündigungen im Fernsehen.. mit einer kurzen Inhaltsangabe.

Bühnenlicht geht aus und Spot Mitte an

Werbevorspann für den „Faust"

Liebe Zuschauerrinnen und Zuschauer.. bevor wir mit unserer heutigen
Vorstellung beginnen.. hier noch ein kleiner Hinweis auf unsere Aufführung
in der kommenden Woche:

Ein spannender Klassik-Reißer.. Faust.. der Tragödie erster Teil..
oder „Bei Heinrich ist die Hölle los!"

Hier nur ein paar kurze Szenen-Ausschnitte.

(Bei jedem „Boing" wird mit dem Arm eine „Wischblende" vorgeführt)

Es ist finstre Nacht.. der Sturm heult.. huuuuiiih! Ein uralter
Wissenschaftler sucht verzweifelt nach dem Geheimnis des Lebens.

(sucht überall herum)

„Wo ist es? – Wo? – Gestern war's doch noch do!"

Aber er kann es nicht finden. Deshalb unternimmt er zunächst mal
einen Selbstmordversuch.. mit einer Wasserprobe aus dem Rhein. – Boing!

(reckt Arm hoch mit imaginärem Glas und ruft mit brüchiger Stimme)

„Hier ist ein Saft, der eilig trunken macht, als letzter Gruß..

(schluchzend) ..dem Morgen zugebracht!" Boing!

Ist Faust noch zu retten? Und wenn ja, warum nicht?

Oder wird ihn in letzter Minute der Teufel holen? – Boing!

(legt zwei Finger als „Hörner" an den Kopf und ruft)

„Ich bin ein Teil von jener Kraft, die stets das Böse will.. hähähä!

(enttäuscht glotzend) ..und dann das Gute schafft.. uwäh!"– Boing!

Ein Pakt mit dem Teufel wird eiligst ratifiziert und beschwört eine Fülle
höchst schockierender Ereignisse herauf: Saufgelage in Auerbachs Keller..
Horrorvisionen in der Hexenküche.. Orgien in der Walpurgisnacht.

Für Jugendliche unter 16 Jahren nicht geeignet.. weil: die sind heutzutage
viel Schlimmeres gewöhnt.

Ein vorübergehendes weitgehend unschuldiges Mädchen wird in
Versuchung geführt durch Betrug und Schmeicheleien. – Boing!

(hält den Arm angewinkelt zur Seite)

„Mein schönes Fräulein, darf ich's wagen,
meinen Arm und Geleit anzutragen?"

(wechselt die Seite und flüstert verschämt kokettierend)

„Bin weder Fräulein.. noch bin ich schön, kann ungeleitet
zur Disco gehen.. *(streckt Zunge raus)*.. bääh!" – Boing!

Danach überschlagen sich die Ereignisse in dramatischem Tempo:
Gretchen fällt ins Bett.. von dort aus in Fausts Arme.. ihr Bruder fällt auch..
allerdings im nächtlichen Straßenkampf.. mit dem Leibhaftigen. – Boing!
(zieht „Degen" und sticht damit zu)

       „Heraus, Gevatter, mit dem Flederwisch! Hahaa! – Nehmt dies!"
(wechselt die Seite, greift sich an die Brust und sinkt zusammen)

       „Aua! Weh mir! – Ich hab en Stich.. wie fies!" – Boing!

Das zwischenzeitlich leicht geschwängerte Mägdelein hat noch schnell
vorher ihre Mutter vergiftet.. unwesentlich.. pardon.. unwissentlich..
bringt anschließend ihr Kind um mehrere Ecken.. und landet zwangsläufig
im Hochsicherheitstrakt.. wo Faust eine waghalsige Gefangenenbefreiung
riskiert! – Boing!
(zerrt mit links und deutet nach oben rechts)

       „Komm mit, Geliebte, flieh mit mir!"
(wechselt die Seite und macht eine abwehrende Geste)

       „Nää, Heinerich.. mir graust's vor dir!"

Mehr wollen wir Ihnen für heute nicht verraten! Falls es Ihnen vor nichts
grausen sollte, dann besuchen Sie unsere Aufführung in der kommenden
Woche: „Faust".. der Tragödie erster Teil.. ein spannender Klassik-Thriller..
demnächst in diesem Theater! – Boing!

Blackout

(aus dem Kabarettprogramm: „Faust im Sack" – Klassiker werden geliftet – 1985)

Das Theater um den Tod

Ich weiß nicht, ob Ihnen das schon mal aufgefallen ist: Im Theater hat man ein sehr viel natürlicheres Verhältnis zum Tod als im wirklichen Leben. Im Leben gilt der Tod meist als Tabu, im Theater dagegen wird drauflos gestorben.. und zwar hemmungslos. Sogar auf offener Bühne.. und kein Mensch stört sich dran.

Natürlich braucht man dort reichlich viel Geduld.. denn bis da einer mal gestorben ist.. das dauert! Und wenn man denkt: Na, nun ist er doch sicher endlich tot.. dann schwätzt der immer noch weiter.

Am schlimmsten ist es ja in der Oper.. denn da singen die auch noch dabei: „O wei.. o weh!".. und das mit einem Dolch in der Brust: „Oh jemineh!" Ja, aber so ist es halt im Theater: Da wollen die Leichen immer das letzte Wort haben.

Es gibt sogar klassische Szenen.. die spielen auf dem Friedhof.. zum Beispiel: „Hamlet".. 5. Aufzug.. 1. Szene: Totengräber.. ein Grab grabend. Und der macht auch noch ganz ungeniert Werbung dabei: „Die Häuser, die ich baue, die halten bis zum jüngsten Tag!" Da sollten sich unsre heutigen Architekten mal ein Beispiel dran nehmen.

In unserer Gesellschaft wird der Gedanke an den Tod weitgehend verdrängt. Es soll ja Leute geben, die gehen lieber in die Wirtschaft als auf den Friedhof. Aber an einer Beerdigung muss schließlich jeder von uns mal teilnehmen.. und wenn's die eigene ist.. ja.. auch bei schlechtem Wetter.

Das kann ja durchaus mal vorkommen, wenn man Pech hat. Und dann weiß man vielleicht noch nicht mal, wie man sich dort korrekt verhalten soll. Deshalb sollte man am besten möglichst rechtzeitig schon mal üben.. üben.. und nochmals üben.

(zieht Mantel an, setzt Hut auf und spannt Regenschirm auf)
Bühnenlicht geht aus und Spots auf Mitte an

Der Friedhofsstammgast

(geht während der ganzen Szene auf und ab, dabei mit „Partnerin" sprechend)

Ach, Entschuldigung, wo findet denn hier die heutige Beisetzung statt? Wie? – Da vorne? Danke sehr! Komme Se doch hier mit unner mein Schirm! Da is noch genug Platz.. für so eine charmante Dame.. hähä!

Oh je.. des is abber e armselig Beerdigung heut.

(deutet zur Seite) Gucke Se nur mal da drübbe: wenn der Pfarrer nit komme wär.. unn die beide Messdiener.. unn mir zwei.. ei, der hätt sich ja glatt selber enunner lasse müsse.

Abber mer kann's ja auch verstehe.. bei so eme Sauwetter.. da wollt ich auch nit beerdigt werrn. Ei, da kann mer sich ja glatt de Tod hole.

Ich hab den da ja gut gekannt: Des es einer aus meim Jahrgang. Alt isser ja nit geworde, abber gesund gestorbe isser. Kei Krankheit.. kein langes Leiden.. nix.. bloß so en ganz normale Herzschlag.. also.. de letzte war's.. und das war's!

Des is jetzt schon de dritte in dem Jahr.. aus meim Freundeskreis. Ja, ja.. die Einschläg komme immer näher.

Sage Se mal: Komme Sie eigentlich öfters hier her? – Was? Jeden Tag? Seit Jahre schon? Ei, da sinn Sie ja schon so e Art „Friedhofsstammgast". Na ja.. in Ihne Ihrm Alter.. da muss mer sich halt schon e bisje rechtzeitig an die Umgebung hier gewöhne.. gelle?

Abber ich komme ja auch regelmäßig her.. nur mal gucke.. ob se noch all da sinn.. moi Bekannte.. unn Verwandte. Und vor allem muss ich immer mal nach unserm Familiegrab gucke. Des is da hinne.. wo die viele Bäum stehe.. da isses auch schön schattig. Da freu ich mich schon richtig druff.

Hier vorne, da wollt ich nit liege.. in de knallig Sonn. Da schwitzt mer sich ja tot. Außerdem isses mir da viel zu voll. Ei, gucke Se doch emal, wie die hier liege: Bauch an Bauch. Nä, nä.. ich brauch Platz.

Apropos Platz! Wo wohne Sie denn.. zur Zeit noch? – Wie? – Ah.. daheim! Das is sehr gut. Besser alleins daheim erumliege.. als hier unter lauter fremde Leut. Da kennt mer ja kein Deibel.

Deshalb zieh ich aach nit zu meine Kinner.. nach Stuttgart. Dort tät ich dann neber lauter Schwabe liege.. die kriehe doch kaum es Maul uff.

Nää, da will ich lieber hierher.. bei mei Bekannte.. da wird's ääm aach nit so schnell langweilig.

Was is? – Es hat aufgehört zu regne? Tatsächlich! Sehr schön!

(klappt seinen Schirm zusammen, deutet zur Seite und flüstert)

Wie weit sinn die denn da drübbe? Isser schon drunne? – Ja? – Ei, dann gehe mer am beste.. bevor de Herr Pfarrer die obligatorische Frage stellt: „Wer unter Euch wird der Nächste sein?"

(schaut sich ängstlich um)

Da isses besser.. wenn er eim nit sieht.

(geht leicht gebückt zur anderen Seite und deutet nach vorne)

Mir gehn am beste da drübe rum. Da isses auch viel scheener.. denn dort ruhn bloß bessere Leit. Des sieht mer gleich: Des sinn hier ja kää einfache Grabsteine mehr.. von wege.. das sind exquisite Gedenkstätte.. die reinste Himmelfahrtsmonumente.

Unn was die da alles draufschreibe.. gucke Se doch emal!

(bückt sich und liest vor)

> „Hier ruht ein erfolgreicher Unternehmer.. eine ehrbarer Kaufmann..
> und ein liebevoller Familienvater!"

Das klingt.. als hätte se drei Mann da drin verbuddelt.

Es wird ja nirgends so viel geloge wie auf em Friedhof. Nicht ohne
Grund heißt ein Nachruf auf einen Verblichenen:„Nekro-log".

Und diesen Gauner hier.. den hab ich sehr gut gekannt. Bei dem müsste
en ganz andere Text drauf stehe.. zum Beispiel:

> „Hier ruht Konzerndirektor Klotz, der lebte nur in Prunk und Protz,
> ließ andre für sich schaffen, tat selber nix als raffen.
> Er unterschlug Millionen, die Bank gab ihm Kredit,
> das Land gab Subventionen, der Markt gab ihm Profit.
> Der Staat gab ihm noch Geld dazu und Orden, wie's geziemt.
> Der Herr gab ihm die ewige Ruh. Das hat der nicht verdient!"

(deutet nach oben)

Oh, gucke Se mal da: ein Engel.. unn was für einer.. so en richtige
himmlische Super-Rambo.. auch noch mit eme Schwert. Ich wusst garnit,
dass es im Himmel so militärisch zugehe sollt?

Aah.. da fällt mer was ein: Da habbe se doch neulich so en alte General
beerdigt.. und der hatte alles überlebt: der erste Weltkrieg.. auch de zweite..
nur eins nit: sein eigene Tod. Und was steht bei dem auf em Grabstein?

(bückt sich und liest vor)

> „In treuer Pflichterfüllung hat er sein Leben
> stets aufs Spiel gesetzt für sein Vaterland!"

Oh je! Ein schönes Spiel muss das ja gewese sein.. für ihn. Und der muss
auch überall gewonne habbe.. denn er hat ja offenbar alles überlebt.

Ganz im Gegensatz zu seine Soldate. Die habbe ja zweifellos verloren..
die meiste sogar ihr Lebe. Aber für ihn soll es auch niemals eine Niederlage
gegeben haben.. immer nur verlorene Siege.

Tatsache! Das hat nämlich auch dieser uniformierte Grabredner gesagt..
bei seiner Beisetzung. Da war ich zufällig hier unn hab des alles mitgekriegt.
Sie.. da ging's zu.. zack-zack.. aber mit allen militärischen Ehren.

(führt alles jeweils pantomimisch vor)

Soldate sinn aufmarschiert.. Ehrensalut habbe se geschosse.. die Vögel
sinn vor Schreck von de Bäum gefalle.. abber in strammer Haltung!

Unn Mussik habbe se gemacht.. bum-tätärä-tsching bum! Ich hab gedacht: bei dem Krach kimmt der widder raus unn nimmt die Parade ab.

Abber wenn der im Jenseits einmarschiert.. da hört ich se schon im
Geiste.. soi alte Kamerade.. die Unverbesserlichen.. wie se ihn empfange:
„Aaachtung! – Skelette stiiillgestannn! – Zur Meldung an den Herrn
General: die Augenhöhlen.. rrrrrechts! – Präsentiert diiiie Knochen!"

Das Licht wird langsam ausgeblendet

Oh.. es wird ja schon dunkel. Komme Se, mir gehe. Schließlich wolle mer
ja hier nit übernachte. Früher oder später liege mer lang genug hier rum.

Ich weiß nit.. ob Sie sich schon eine Grabinschrift ausgesucht habbe..
abber uff moim Grabstein.. da täte mir zwei Zeile völlig genüge:

„Hier ruhen meine Gebeine..
ich wollt, es wären deine!"

Blackout

(aus dem Kabarettprogramm: „Faust im Sack" – Klassiker werden geliftet – 1985)

♪ Lieder im I. Teil: „Musikalische Leckerbissen"

Eine Besonderheit in meinen Menü-Angeboten waren schon von Anfang „musikalische Speisen" gewesen, die zur Abwechslung zwischen den unterschiedlichen Hauptgerichten serviert wurden. Zumindest für meine Frau galten sie von jeher als „sehr erwünschte Leckerbissen".

Nur einige von meinen über siebzig Liedern habe ich sozusagen als „Kostproben" ausgewählt, da sie in so einem Buch lediglich gelesen und leider nicht gehört werden können. Das aber ist im Grunde die eigentliche Voraussetzung dafür ein Lied auch voll und ganz genießen zu können.

Daher habe ich einige Titel ausgesucht, deren Effekt auch ohne Musik wirkungsvoll genug sein kann, weil hierbei der Text dominiert.

Im I. Teil des Menüs ist es zunächst eine fremde Melodie: Beethovens „Hymne an die Freude", die eigentlich mit dem dazugehörigen Text von Schiller gesungen werden soll. Aber aus „werbewirtschaftlichen Gründen" wird diese ursprünglich Festhymne bis zur „Kenntlichkeit" umfrisiert.

Danach geht es um ein zeitloses Phänomen in unserer Gesellschaft: um die so genannte „Doppelmoral". Bei den entlarvenden Stammtischparolen, in denen es um die unterschiedliche Beurteilung von Reichen und Armen geht, kann einem schon mal der Bissen im Halse stecken bleiben.

♪ Die frisierte Festhymne

(Der PR-Manager steht hinter dem Piano und spricht nach rechts)

So.. dann nehmen Sie bitte mal Platz am Flügel. Sie haben sich also bereit erklärt, eine festliche Hymne bei unsrer Gala-Feier vorzutragen.. zum 100-jährigen Firmenjubiläum. Sehr lobenswert!

Eine überaus ehrenvolle Aufgabe, aber auch eine verantwortungsvolle.. denn dazu gehören zweifellos viel Takt und Fingerspitzengefühl.

Und gerade darauf muss ich ganz besonders achten.. in meiner Eigenschaft als „PR-Manager". Schließlich arbeiten wir als Rüstungsbetrieb in einer Branche.. die von gewissen „linksextremen Ignoranten" ständig beobachtet und kritisiert wird.

Völlig zu Unrecht, kann ich Ihnen versichern. Denn wir sehen uns hier lediglich als eine Art „verteidigungspolitisches Dienstleistungsunternehmen für grenzüberschreitende Daseinsregulierungen".

Und das sollte in Ihrer Festhymne auch irgendwie zum Ausdruck kommen. Also.. dann lassen Sie mal hören! Was haben Sie sich denn so gedacht?

(Der Liedermacher setzt sich an den Flügel und spricht nach links)

Ja.. ääh.. was ich mir gedacht habe? – Nix! Also, nix Ernstes!

Eher etwas festlich Fröhliches.. wie diese bekannte „Hymne an die Freude".. von Ludwig von Schiller.. pardon.. von Friedrich van Beethoven.. nein.. ich meine: umgekehrt natürlich.. und zwar..

(fängt pathetisch an zu singen)

♪ „Freude, schöner Götterfunken, Tochter aus Elysium.."

(Der PR-Manager unterbricht)

Halt! Moment! – Das geht so natürlich nicht: „Götterfunken"! Hören Sie mal: Wir haben hier riesige Lagerhallen.. vollgestopft bis unters Dach mit Schießpulver. Wenn unser Chef nur das Wort „Funken" hört.. dann trifft den fast der Schlag.

Sagen Sie doch lieber „Götter-Speise"! Das hat wenigstens einen gewissen aktuellen Bezug zu unsrem opulenten Gala-Büffet.

Außerdem: Was heißt da „Tochter aus Elysium"? – Elysium! – Wo liegt das überhaupt? Die Tochter unseres Chefs stammt aus Marienbad. Also, bitte.. ändern Sie das!

(Der Liedermacher singt)

♪ „Freude, schöne Götterspeise.. Tochter aus Marienbad!
Wir betreten feuertrunken, Himmlische, dein Heiligtum.."

(Der PR-Manager unterbricht)

Nein! Stop! Nicht schon wieder so was Riskantes: „feuer-trunken"!

Feuer, das ist ja noch viel gefährlicher als Funken. Wir betreiben unser Geschäft immer nur äußerst vorsichtig. Und von wegen „trunken": Alkohol ist bei uns streng verboten.. zumindest in den unteren Etagen.

Außerdem lassen Sie doch bitte dieses „himmlische Heiligtum" weg! Unser Ehrengast ist der hochwürdigste Herr Bischof.. und dem wollen wir ja nicht ins Handwerk pfuschen.

Schließlich kümmert sich die Kirche vorwiegend nur um das „ungeborene Leben".. wir dagegen mehr um das „geborene".

Obwohl wir beide dafür sorgen wollen, dass möglichst viele Menschen in den Himmel kommen. Nur.. im Gegensatz zur Kirche machen wir da nicht viel Reklame in der Öffentlichkeit. Wir sind diskret, still und leise. Also, bitte!

(Der Liedermacher singt)

 𝄞 „Wir betreiben still und leise.. das Geschäft der Himmelfahrt!
  Deine Zauber binden wieder, was die Mode streng geteilt.."

(Der PR-Manager unterbricht)

Halt! Kein Wort von „Zauber"! Das klingt so verdächtig nach faulen Tricks und Mauscheleien. Unsere Verträge sind allesamt völlig korrekt.. ehrlich.. bis auf das Kleingedruckte.

Und was heißt „Mode"? So etwas gibt es in unserer Branche nicht. Hauptsache: die Waffen sind stets auf dem neuesten Stand der Technik.. und effektiv in der Anwendung. Dann sind sie auch sehr beliebt bei der Kundschaft. Das war schon immer so gewesen: damals im ersten Weltkrieg.. danach im zweiten.. und heute in den „Dritte-Welt-Kriegen". Also, bitte sehr!

(Der Liedermacher singt)

 𝄞 „Unsre Waffen wirken immer.. effektiv und sehr beliebt!
  Alle Menschen werden Brüder, wo dein sanfter Flügel weilt.. „

(Der PR-Manager unterbricht)

Stop! Sagen Sie mal: Sind Sie noch zu retten? „Wenn alle Menschen Brüder werden".. ha! So was wäre ja geradezu existenzgefährdend für uns. Denken Sie doch nur mal an die Arbeitsplätze! Die können wir doch nur garantieren, solange es Kriege gibt. Also, bitte!

(Der Liedermacher singt)

 𝄞 „Menschen werden niemals Brüder.. so lang es noch Kriege gibt!
  Seid umschlungen, Millionen, diesen Kuss der ganzen Welt.."

(Der PR-Manager unterbricht)

Von wegen! Sie haben ja keine eine Ahnung! Millionen? Ha! Milliarden setzen wir um.. Milliarden.. die von den Rüstungsetats der Staaten auf dieser Welt verschlungen werden.

Und auf „Küsse" legen unsere Kunden überhaupt keinen Wert.. nur auf „Schüsse". Und die müssen unbedingt fallen.. egal was es kostet. Also, bitte!

(Der Liedermacher singt)

𝄞 „Seid verschlungen, Milliarden.. jeder Schuss ein Leben fällt!

Es muss ein lieber Vater wohnen droben überm Sternenzelt.."

(Der PR-Manager unterbricht)

Das stimmt so auf keinen Fall. Unser Chef wohnt nicht.. der „residiert".. und zwar ganz oben in der 13. Etage. Und über ihm.. da gibt's auch kein Sternenzelt.. sondern internationale Bankkonzerne.. und die finanzieren unsere Aktivitäten zur Erhaltung des Weltfriedens: tatkräftig, aber inoffiziell.

Mehr kann man doch wirklich nicht erwarten. Schließlich geht es bei uns immer nur um höhere Werte. Also, bitte sehr!

(Der Liedermacher singt)

𝄞 „Friede kann man nicht erwarten.. statt Moral geht's nur um Geld!"

(Der PR-Manager nickt anerkennend)

Sehr gut! Und jetzt bitte noch mal den ganzen Text.. von vorne.

(Der Liedermacher singt)

𝄞 „Freude, schöne Götterspeise.. Tochter aus Marienbad!

Wir betreiben still und leise.. das Geschäft der Himmelfahrt.

Unsre Waffen wirken immer.. effektiv und sehr beliebt,

Menschen werden niemals Brüder.. so lang es noch Kriege gibt.

Seid verschlungen, Milliarden.. jeder Schuss ein Leben fällt,

Friede kann man nicht erwarten.. statt Moral geht's nur um Geld!"

(Der PR-Manager applaudiert begeistert)

Sehn Sie: Es geht doch! Warum nicht gleich so? Und jetzt stimmt endlich auch alles.. haargenau! Ausgezeichnet! Das nehmen wir.

Blackout

(aus dem Kabarettprogramm: „Ich bin so frei" – Zeitgeistliche Experimente – 1998)

Doppelmoralismus

Wer Augen und Ohren offen hält in unserer Gesellschaft, der wird zweifellos bemerkt haben, dass viele Begriffe, die früher noch hoch geachtet waren, mittlerweile im wahrsten Sinne des Wortes „verblichen" sind.

Ganz besonders trifft das zu auf die ehemals so hochgeachtete „Moral". Für die meisten Menschen ist dies inzwischen ein Fremdwort geworden. Denn so etwas Altmodisches passt heutzutage einfach nicht mehr in unser Zeitalter der zunehmenden Polarisierung zwischen Gehirn-Besitzern und Gehirn-Benutzern.

Es gibt eigentlich nur noch einen einzigen Ort, wo die „Moral" wirklich noch hochgehalten wird – zumindest verbal – und das ist der Stammtisch. Dort regiert, wie der Name schon andeutet, das „Stammhirn". Und da ist man so überzeugt „moralisch", dass meistens eine einzige Moral gar nicht genügt, sondern es gibt mitunter sogar zwei davon: die so genannte „Doppelmoral".

Bühnenlicht geht aus und Spots auf Piano an
(setzt sich ans Piano)

𝄞 Des is doch nit normal!

(ruft nach hinten)

Schorsch.. noch e Bierche!

(fängt an zu singen)

Wenn ich mal im Vorübergehe
so'n verrobbte alte Penner sehe,
der torkelt vollgesoffe rum
unn lallt und gröhlt und babbelt dumm,
des is doch nit normal,
da hilft nur radikal:
Ab in de Bau.. die dreckisch Sau!

Doch wenn's ein Prominenter wär?
Dann stört das niemand allzu sehr.
Das ist ja auch was anderes
und weitaus intressanteres.
Bei dem ist das genial,
für's Image ideal.

(ruft nach hinten)

Schorsch.. noch e Bierche.. unn en Korze!

(singt)

Wenn einer hemmungslos und dreist
eim finanziell emal bescheißt
und rücksichtslos dabei taktiert
und eim dann übers Ohr balbiert,
des is doch nit normal,
da hilft nur radikal:
Ab in de Bau.. die alte Sau!

Doch wenn das tun Finanzgenies?
Millionenfach? – Versteht man dies.
Man würde solch rentable Sachen,
wenn man es könnt', genau so machen.
Bei denen wirkt's feudal,
und imponiert global.

(ruft nach hinten)

Schorsch.. noch e Bierche.. unn en Korze!

(singt)

Wenn einer Droge nimmt und hascht
und fixt und Marihuana nascht,
wenn einer ständig Koks genießt
und sich mit Heroin vollschießt,
des is doch nit normal,
da hilft nur radikal:
Ab in den Bau.. die blöde Sau!

Doch wenn das so ein Showstar wär?
Da fällt's Verständnis nicht so schwer.
Dann ist das fast schon positiv,
sonst wär der nicht so kreativ.
Bei dem ist's kein Skandal,
Bewunderung.. total.

(ruft nach hinten)

Schorsch.. noch e Bierche.. unn en Korze!

(singt)

So isses halt.. in unserm Lebe,
es muss auch Unterschiede gebe.
Wenn's des nit gäb, des is gewiss,
mer wüsst ja garnit, wer mer is.

Wenn alle gleich wärn.. wie banal,
wär überflüssig jed Moral.
Mir wär des viel zu radikal..
weil: des wär dann werklich nit mehr...
normal!

(ruft nach hinten)

Schorsch.. zahlen!

Blackout

(aus dem Kabarettprogramm „Ich bin so frei" – Zeitgeistliche Experimente – 1998)

Vorträge im I. Teil:
„Rustikale Eintöpfe"

Als weiteres Hauptgericht werden nun meine so genannten „Vorträge" serviert. Obwohl auch alle die anderen Texte „vorgetragen" werden, stellen sie doch eine besondere Art von Sketchen dar. Hierbei tritt eine bestimmte „Rollen-Type" auf und hält eine Ansprache, bei der auch dem Publikum eine dem Thema entsprechende Rolle zugewiesen wird. Da die Texte oft ausgesprochen deftig sind und von einem Einzelnen vorgetragen werden, bezeichne ich diese spezielle Speise als einen „rustikalen Eintopf".

Es beginnt mit der Satire auf eine „Jubilaren-Ehrung" in einem Betrieb, bei der deutlich wird, wie entlarvend mitunter so eine meist obligatorische Pflichtübung sein kann. Genau so peinlich mitunter auch für die bei solchen Gelegenheiten in den Ruhestand zu verabschiedenden Rentner.

Im folgenden Vortrag geht es um die „militärische Abschreckung", die in den 80er Jahren viel und heiß diskutiert wurde. Auch heute noch ist das Thema leider immer noch aktuell. Die schwierige Aufgabe, die verängstigte Bevölkerung durch fachliche Kommentare aufzuklären und zu beruhigen, wurde von höchster Stelle einem so genannten „Bundeswehr-Aufklärer" übertragen.

Eine Zukunftsvision der besonderen Art stellt das Verkünden des letzten Willens über Video da. Eine zweifellos etwas beunruhigende Vorstellung für die „erbfreudige" Verwandtschaft einerseits, aber auch ein Vergnügen der ganz besonderen Art für den Erblasser (der zum Zeitpunkt der Aufnahme natürlich noch nicht endgültig erblasst ist), mit seinem „Videotestament" längst fällige Rechnungen mit seiner Sippschaft zu begleichen.

Mit Humor in Rente

Für jeden arbeitenden Menschen, sofern er Lohn oder Gehalt kassiert.. kommt unweigerlich der Tag.. teils erhofft, teils gefürchtet.. an dem er seine Grenze erreicht hat.. nicht die seines Lebens.. seines gesetzlichen Alters.

Ordnungsgemäß wird er dann zur „Verrentung" eingereicht.. besser gesagt: zur „Pensionierung". Höhepunkt dieser Prozedur.. und damit die Krönung seines arbeitsreichen Lebens ist zweifellos die obligatorische Abschiedsfeier im Betrieb. Die Rentner unter Ihnen werden sich bestimmt gerne daran erinnern.

Erst dann erlangt dieser historische Tag seine höhere Weihe.. denn den meisten begegnet dabei zum ersten Mal in ihrem Leben ihr oberster Boss persönlich.. der Leiter aller Gelittenen.

An ihm liegt es nun.. seine langjährigen Mitarbeiter zum Abschied würdig zu ehren: mit wohlgesetzten Worten.. bestens vorbereitet.. und mit einer fein dosierten Prise Humor.. ihnen sozusagen zu ihrem Arbeitsende.. die letzte Ehre zu erweisen.

(geht zum Garderobenständer, zieht Jacke an, setzt dicke Hornbrille auf und schreitet würdevoll mit Redemanuskript in der Hand zum Pult)
Bühnenlicht geht aus und Spots auf Pult an

Die Jubilaren-Ehrung

Meine lieben Mitarbeiter und... nein.. heute möchte ich zu Ihnen sagen: Meine lieben Freunde.. und natürlich auch Freundinnen.. höhöhö!

Lassen Sie mich heute zu Ihnen sprechen.. aus gegebenem Anlass.. diesmal nicht als Ihr Chef.. sondern ausnahmsweise als etwas.. was Sie sonst nicht von mir gewöhnt sind: als Mensch. Ja.. als euer Mensch!

Kein Angst! Morgen ist das wieder vorbei. Aber heute geht es um die Ehrung einiger verdienstvoller Mitarbeiter.. die jahrzehntelang gesessen haben.. mit uns in einem Boot gesessen haben.. und vereint an einem Strick hängend.. gemeinsam gezogen.. wurden.. mit unserem Betrieb verbunden.. wie in einer großen Familie.. eine Familie, die..

Wie bitte? Wer hat da eben „Hallo Babba!" gerufen?

Sicher ein Spaßvogel.. der vielleicht gerne mal fliegen möchte.. hä? Das kann er haben.. bitte sehr.. an meinem guten Willen soll's nicht liegen.

Wenn ich mich hier so umgucke.. sehe ich auf der einen Seite hier unsere lieben Jubilare. Sie haben bewiesen.. durch ihre lange Zugehörigkeit.. dass sie offenbar seit Jahren nichts Besseres gefunden haben.. denn sonst könnten wir sie ja heute hier nicht ehren.. gell?

Auf der anderen Seite sind alle diejenigen aufgebahrt.. aufgereiht.. die aus Altersgründen schon viel zu lange den Jüngeren ihren Arbeitsplatz weg.. pardon.. freigehalten haben.. und jetzt endlich austreten.. gehen dürfen.. was ich mit ehrlichen Bedauern.. begrüße.

Zunächst zu euch, liebe Jubilare! Wenn man euch ansieht.. dann muss man einfach ausrufen: Ach, du lieber Gott! – Dankt ihm.... dass ihr noch einigermaßen.. äh.. am Leben seid.

(wendet sich an einen Zuschauer in der vordersten Reihe)

Sie zu Beispiel.. lieber Herr Klingenschmitz.. Sie sind unser ältester Maschinenmeister. Wie ich hier lese.. schon 50 Jahre bei uns. 50 Jahre! Da kann man nur bewundernd feststellen.. äh.. ein bisjen arich lang!

Wir haben nie gewusst.. wie wir ohne Sie in der Produktion auskommen sollten.. nun, ab nächsten Ersten wollen wir's mal versuchen.. gell?

Ein anderen Platz für Sie haben wir bereits gerne gefunden.. sozusagen ein Ehrenplatz.. im Keller.. als Archivar.. als unser „Ehrenarchivar"!

Dort können Sie dann bleiben bis zu Ihrem absehbaren Ende. Aber keine Sorge.. die paar Jahre gehen schnell vorbei.

(wendet sich an eine Zuschauerin in der vordersten Reihe)

Und Sie, liebe Frau Stangenfüller.. wie bitte? – Langenmüller? Na und? Kein großer Unterschied.. gell.. klingt fast genau so. Hauptsache: Sie wissen wie Sie heißen.. höhöhö!

Sie sind ja auch schon sehr lange da: 25 Jahre! Unglaublich..

(guckt ungeduldig auf seine Uhr)

.. wie schnell die Zeit vergeht. Möge es auch Ihnen vergönnt sein.. auch weiterhin noch recht lange in unserer Mitte zu.. äh.. ruhen.. was der Herrgott verhüten möge.

(wendet sich an einen Zuschauer an der Seite der vordersten Reihe)

Und nun zu Ihnen.. lieber Meister Buttersack! Zwar steht hier auf meinem Zettel: dies sei schon Ihr 10-jähriges Jubiläum.. aber sind Sie doch mal ganz ehrlich.. in Wirklichkeit waren das doch höchstens acht.. oder auch nur sieben Jahre.. so oft, wie sie krank gefeiert haben.. gell?

Wie ich höre.. haben Sie sich gerade wieder mal im Krankenhaus.. äh.. erholt von.. was war's denn diesmal gewesen? – Aha.. der Halswirbel! Eigentlich sehn Sie viel besser aus.. mit diesem eleganten weißen Kragen. Wie bitte? – Aus Gips ist der? Macht nix.. Kopf hoch!

(hebt erschrocken den Zeigefinger)

Vorsicht! Keinesfalls ruckartig. Wenn Ihnen hier was passieren würde.. dann wäre ja die ganze Stimmung hier im Eimer.

So.. und nun zu unseren frischgebackenen Rentnern! Ihr seid für uns kein altes Gemüse.. wie man vielleicht mal so gedankenlos dahinsagt.. mit Recht.. mit Recht nennen wir euch liebevoll unsere Senioren-Abgänger. Und der steht euch jetzt bevor.. der Abgang.. aus eurem Leben.. in unsrem Betrieb. Eigentlich seht ihr alle noch erstaunlich jung aus.. für euer Alter. Aber das ist kein Wunder.. denn bei uns.. da ist noch keiner alt geworden.

Stellvertretend für alle Rentner möchte ich hier nur zwei besonders hervorheben: Das ist einmal unser alter Meister Schnuddelkopf.. der..

(blickt sich suchend um)

Wo ist er denn? – Wie.. tot? Doch nicht etwa gestorben? – Gestern erst? Das tut mir aber leid. Woran denn? Hoffentlich war's nichts Ernstes.

Tja.. was soll man dazu sagen? Wieder einer weniger. Aber wir haben da ja noch unseren lieben Meister Proppermann.. der lebt doch noch.. oder?

(schaut prüfend auf einen Zuschauer)

Na ja.. sieht so aus! Dennoch hat er es sich keineswegs nehmen lassen.. wie man mir berichtet hat.. trotz seines schweren Schlaganfalls.. der ihm neulich geglückt ist.. äh.. ihn zu überleben.. heute hier sogar im Rollstuhl zu erscheinen. Respekt! Aber besser schlecht gefahren als gut gelaufen! Weiterhin: gute Fahrt!

So.. was haben wir noch.. vergessen? – Ach so.. ja.. für alle.. die in treuer Pflichterfüllung ihre Zeit bei uns abgesessen haben.. sind von der Werbe- abteilung eine paar Präsente vorbereitet worden: Blumensträuße.. Kränze.. sowie Urkunden.. alle geschmackvoll entrahmt.. gerahmt.. mitsamt den dazugehörigen Ehrennudeln!

(blickt erstaunt in seinen Redetext)

Quatsch! – Ehrennadeln muss das heißen! Wer steckt sich schon gerne Nudeln ans Revers!

Ich wünsche euch allen noch viel Spaß.. ein langes Leben.. und damit ist jetzt Schluss.. ich meine mit dieser Abschiedsfeier! Schließlich muss heute ja auch noch was geschafft werden.. um diesen ganzen Sozialkram hier bezahlen zu können.. so gern wie mir das leid tut.

Allen unseren alten Mitarbeitern rufe ich zu: Jetzt.. wo euer Lebensende so dicht vor der Tür steht.. da hilft nur noch eins: Lachen! Jawohl.. Humor.. den muss man haben.. wenn man bei uns arbeitet. In diesem Sinne:

„Freut euch des Lebens.. sonst ist der Tod vergebens!"

Blackout

(aus dem Kabarettprogramm: „Spaß muss sein" – Ein Humoratorium – 1977)

Abschreckungen

Neulich hat der US-General Taylor gesagt: „Was soll diese übertriebene Furcht vor einem atomaren Weltkrieg? Davon geht doch die Welt nicht unter. Im ungünstigsten Fall kann es höchstens nur 500 Millionen Tote geben." Allerdings wird das für die sogar äußerst ungünstig sein.

Unser Verteidigungsminister Wörner hat dagegen gewarnt.. aber nicht vor einem Atomkrieg.. nein.. vor einer „Verabsolutierung des menschlichen Lebens." Jawoll! Da müssen wir wohl alle umdenken.. denn die meisten von uns nehmen ihr Leben offenbar viel zu wichtig.

Schließlich gäbe es wichtigere Dinge als den Frieden, hatte ihm auch noch sein amerikanischer Kollege beigepflichtet.. der Weinberger-Caspar. Und der hat auch gesagt: Europa sei mit Sicherheit das zukünftige Schlachtfeld eines atomaren Konflikts. Das klingt doch überaus beruhigend.. zumindest für die restliche Welt.

Aber man versichert uns auch ständig: Angst brauchen wir keine zu haben.. denn wir hätten ja unsere Bundeswehr.. und die sichere den Frieden in Freiheit.. allein schon durch ihre Existenz. Es gibt Menschen in unserem Land.. die kriegen bei diesem Gedanken noch mehr Angst.

Zur Klärung der Sachlage und zur Beruhigung der Bevölkerung schickt die Bundeswehr neuerdings speziell ausgebildete Informationsoffiziere durchs Land.. die unsere Bürger aufklären sollen.. über ihren Sinn.

(geht zum Garderobenständer, zieht Weste aus und Uniformjacke an, setzt Mütze auf und geht zur Mitte)
Bühnenlicht geht aus und Spots auf Mitte an

Der Bundeswehr-Aufklärer

Meine Damen und Herrn.. vor allem liebe ehemalige Kameraden! Sind noch welche da? Ja? Sehr gut.. danke.. rühren!

Ich bin der zuständige „Bundeswehr-Aufklärer" für den Bezirk Mainz. Meine Aufgabe ist die Aufklärung.. natürlich nicht der Bundeswehr.. höhö.. nein.. der Bevölkerung.. heute über das aktuelle Thema: „Abschreckung – aber richtig!"

Für die Bundeswehr gibt es nur zwei Himmelsrichtungen.. und zwar: hier West.. und da Ost!

(deutet jeweils in die entsprechend Richtung)

Und das bedeutet gleichzeitig auch zwei gegensätzliche Arten von politischen Systemen: hier gute.. und da? – Richtig.. böse!

Und dagegen hilft nur eins: Abschreckung.. jawoll! Das ist die Aufgabe der Bundeswehr: durch möglichst viel abschreckende Maßnahmen.. äh.. den Gegner abzuschrecken.. das heißt: alleine schon durch ihre Präsens.

Unser Verteidigungsminister hat diese Bestimmung mal sehr treffend formuliert: „Unsere Bürger müssen lernen, mit der Abschreckung zu leben.. und dafür ist unsere Regierung da!"

Was der militärische Laie jedoch nicht weiß: Während der Russe ausschließlich über Angriffswaffen verfügt.. sind die westlichen lediglich für die Verteidigung bestimmt. Darunter befinden sich ausnahmslos nur „Friedensraketen". Denn wo die hinfallen.. da ist Frieden.. für immer.

Im Prinzip sind unsere Atomraketen nichts Schlimmes.. wie schon unser früherer Verteidigungsphilister.. pardon.. Minister Franz-Josef Strauß sagte: Es sind lediglich „politische" Waffen. Also keine Angst! Im Ernstfall können Sie alle höchstens nur „politisch" sterben. Wenigstens ein kleiner Trost!

Stolzerfüllt können wir darüber sein.. dass wir hier in der Bundesrepublik die größte Atomwaffendichter auf der ganzen Welt haben. Mittlerweile gibt es pro Hektar schon fünf „Hiroshima-Bomben". Ja.. das ist Fortschritt.. das ist Wachstum: Raketen statt Kartoffeln!

Bis jetzt lagern umgerechnet etwa 60 Tonnen nuklearer Sprengstoff unter jedem Bürger. Ja.. unter jedem von Ihnen! 60 Tonnen.. und da sitzen Sie alle drauf. Aber das ist nur halb so wild.. denn Sie brauchen ja nur aufzustehen.. und sich woanders hinzusetzen. Kleiner Scherz am Rande!

Aber Waffen sind nun mal das Wichtigste bei der Abschreckung.. vorausgesetzt: sie werden immer moderner.. also immer teurer! Das ist ein großer Vorteil für die Rüstungsindustrie.. die bekanntlich davon lebt.. dass andere nicht so langer leben.

Dies ist kein Zynismus.. sondern das ist patriotische Pflicht.. denn wie sagte der CSU-Generalsekretär Stoiber neulich wörtlich: „Wir müssen unser Land verteidigen.. und sei es um den Preis seiner Zerstörung!"

Das Gute daran ist: Dies bestimmen nicht unsere Politiker.. sondern der amerikanische Präsident.. ohne dabei Hemmungen oder Skrupel haben zu müssen.. denn er ist viel weiter weg.

Und der weiß schließlich auch genau.. welche wichtige Rolle er in dem Ost-West-Konflikt spielt.. denn schließlich ist er der einzige Politiker auf der ganzen Welt, der wirklich Schauspieler gelernt hat.

Dagegen sind all die übrigen westlichen „Beschwichtigungspolitiker".. ja, aus militärischer Sicht könnte man fast sagen „Weicheier".. die reinsten Amateure.. wie in einem Bauerntheater.

Demnächst wollen die Amis endlich diese so genannte „Neutronenbombe" produzieren. Das ist eine durchweg saubere Bombe.. denn alle Gebäude und Sachwerte bleiben völlig intakt.. also auch Waffen und andere Kulturgüter. Lediglich alle Lebewesen müssen.. äh.. dran glauben.

Doch es gibt auch einen speziellen Schutz gegen die Strahlung.. in Ost und in West.. aber nur für die Soldaten.. in speziellen Kampfanzügen. Demnach eliminiert diese Waffe nur ein paar hundert Millionen Zivilisten.. das Kampfgebiet ist jedoch in kürzester Zeit wieder völlig strahlungsfrei. Davon träumen wir Militärs: eine saubere Bombe. Das ist wie Hasch für die Generäle: für den General Motors.. für den General Electric.. und für die anderen Rüstung produzierenden Großkonzerne.

Einer Umfrage zufolge haben 85 Prozent unserer Bevölkerung Angst vor einem Atomkrieg. Dabei haben unsere Statistiker ausgerechnet: im Ernstfall gäbe es hier bei uns nur 70 Prozent Tote. Wieso haben dann 85 Prozent Angst.. wenn es 15 Prozent von denen gar nicht betrifft?

Aus Amerika kommt übrigens noch eine sehr interessante Meldung.. danach garantiert die US-Post auch nach einem Atomkrieg die korrekte Postzustellung. Kein Witz! Wörtlich hieß es da: „Wenn noch was da ist.. wir liefern's aus!"

Man hat sogar schon vorsorglich 200.000 Formulare gedruckt.. für die danach wahrscheinlich erforderlichen Adressenänderungen. Auf die Frage eines Journalisten: „Was ist, wenn alles zerstört ist?" lautete die Antwort: „Das fällt dann nicht mehr in unseren Zuständigkeitsbereich!"

So.. und damit verabschiede ich mich.. mit der überaus tröstlichen Feststellung: Sie brauchen keine Angst zu haben.. wovor auch immer.. denn sollte es mal zu einem atomaren Weltkrieg kommen.. dann wird das glücklicherweise mit Sicherheit auch der letzte sein.

(grüßt zackig und geht stramm ab)

(aus dem Kabarettprogramm: „Wahn-sinnig.. komisch"
– Aus deutschen Landen frisch aufs Tablett – 1981)

Der letzte Wille

Ich weiß nicht, ob Sie schon mal was davon gehört haben: Die neueste Errungenschaft auf dem Gebiet der „Videologie" ist das Videotestament. Tatsache! So was gibt's wirklich. Man braucht sich nur vor eine Videokamera zu setzen und seinen letzten Willen zu verkünden. Natürlich möglichst noch zu Lebzeiten.. weil: erstens sieht das besser aus.. und zweitens macht es einen überzeugenderen Eindruck.

Ein Notar muss das Videoband natürlich offiziell beurkunden und dann.. wenn der Ernstfall eingetreten ist.. einfach abspielen. Da werden sich die trauernden Hinterbliebenen aber freuen.. wenn sie den teuren Verblichenen noch einmal leibhaftig hören und sehen können.. nach seinem Ableben.. sozusagen „live aus der Gruft".. uwääh!

(geht zum Tisch, stellt einen Bildschirmrahmen mit schwarzer Pappe darauf, setzt schwarze Hornbrille auf und nimmt dahinter Platz).
Bühnenlicht geht aus und Spots auf Tisch an

Das Videotestament

(zieht langsam die schwarze Pappe weg, glotzt ins Publikum und beginnt zögernd zu reden, dann aber immer selbstbewusster)

Liebe Lisbeth.. liebe Kinder.. oder besser gesagt:
Liebe Witwe Lisbeth.. liebe Halbwaisen!

Mein lieber Bruder Ludwig.. liebe Schwägerin Marga.. liebe traurige Verwandtschaft. Abber des ward Ihr ja schon zu meine frühere Lebzeite gewese.. eine wirklich traurige Verwandtschaft.

Ich kann mir lebhaft vorstellen.. na ja, lebhaft stimmt ja jetzt nit mehr.. genauer gesagt: totsicher.. sieht's hier aus wie jeden Abend: Ihr hockt all vorm Bildschirm unn glotzt apathisch in die Röhre.

Nur, dass Ihr heute mal nicht den Doktor Brinkmann seht.. oder dieses Dallas-Ekel.. sondern ausnahmsweise emal bloß mich.. den leider.. *(schnäuzt sich gerührt in sein Taschentuch)*..allzu früh.. Dahin.. geblichenen.

Natürlich weiß ich, dass Ihr hier nicht aus Anhänglichkeit hier sitzt.. sondern weil Ihr hofft.. dass es endlich was zu erbe gibt. Im Geist sehe ich se schon.. euer gierige Gesichter. Daher halte ich den Anblick dieser unpersönlichen Videokamera hier vor mir keineswegs für einen Nachteil.. sondern ganz im Gegenteil: für eine Gnade.

Ja.. so ein Videotestament ist schon eine lobenswerte Erfindung.. sozusage der letzte Schrei..

(stößt eine grelle Lache aus und zuckt erschrocken zusammen) – Pardon!

Aber zunächst emal zu dir, liebe Witwe Lisbeth.. äußerst teure Gattin! Vielen Dank an dich.. denn gerade du hast mir den Abschied von dieser Welt sehr leicht gemacht.. vor allem aufgrund deiner unersättlichen Ansprüche.

Deshalb vererbe ich dir mein Geschäft.. das ja mittlerweile sowieso kurz vom Bankrott steht. Auch meinen langjährigen Geschäftspartner Theo.. den alte Gauner.. überlass ich dir liebend gern. Dankenswerterweise hat unser gemeinsamer Hausfreund mir seit längerem schon die immer erdrückendere Last meiner ehelichen Pflichten abgenommen.

Gleichzeitig vermache ich euch beiden die Erkenntnis.. dass ich nicht der ahnungslose Trottel gewesen bin.. für den ihr mich immer gehalte habt. Diesen intriganten Widerling hab ich noch nie leide könne.. und deshalb.. liebe Lisbeth.. gönn ich dich ihm.. von ganzem Herze.

Dir, mein lieber ungeratener Sohn Peter... hinterlasse ich das Vergnügen dir in Zukunft deinen ausschweifenden Lebensunterhalt selber verdiene zu müsse. Über dreißig Jahr lang warst du in dem Irrtum verfange.. dies sei ausschließlich mir vorbehalte. Du wirst dich noch wundern!

Und du, meine liebe arrogante Tochter Claudia.. du erhältst endlich die fünfzehntausend Mark.. mit Gift.. ääh.. Mitgift.. auf die dein langjähriger Verlobter Konrad.. der alte Faulenzer.. schon seit Jahrzehnte spitz is wie Nachbars Lumpi.

Für dich, mein lieber verschwenderischer Bruder Ludwig.. habe ich einen äußerst wertvollen Rat: Verlass dich nie auf die Hoffnung.. dass du deine horrenden Schulden mit etwas Geerbtem abstottern könntest. Alles, was du von mir bekommst, ist die Gewissheit.. dass du dich getäuscht hast.

Und du, meine liebe unersättliche Schwägerin Marga.. du bekommst in meinem Auftrag eine wöchentliche Zuwendung: Jeden Samstag ein großes Stück Käsesahnetorte von de Konditorei Fettich.. abber so ein Riesenteil.. damit du endlich emal so viel fresse kannst.. biste endlich platzt.

Falls du nicht vorher schon an Blutvergiftung gestorbe sein solltest.. weil du dir aus Versehe mal auf dei spitz Zung gebisse hast.

Jedem von meinen anderen übriggebliebenen Verwandten vermache ich eine Million.. bei einem Gesamtvermögen von 346 Mark und 93 Pfennigen.. und zwar in Form von Gutscheinen. Keine Angst.. es sind genug da.. damit jeder was bekommen kann. Und diese Gutscheine berechtigen euch dazu.. so oft wie ihr wollt.. überall und jederzeit.. auf meine Kosten.. in de Mond gucke zu könne.

So.. des war's! Jetzt is mir wohler. Ärgern könnt ihr mich jetzt nicht mehr.. Gott sei Dank.. denn ich bin ja tot.. und ich gedenke das auch noch eine ganze Weile zu bleiben.

Ich wünsche euch allen von Herzen ein langes Leben.. und zwar ein sehr langes.. damit ihr mir nicht so schnell nachfolgen könnt.. weil: da drübbe im Jenseits.. da will ich endlich emal moi Ruh habbe.. und das so lang wie möglich. Also, bleibt all schön gesund. In diesem Sinne:

> Das sei, in aller Stille,
>
> mein wirklich letzter Wille.
>
> Ich grüße Euch..
>
> in meinem Namen..
>
> ich möge ruhn..
>
> in Frieden..
>
> Amen.

Leises Glockenläuten wird über Band eingespielt
(zieht langsam die schwarze Pappe wieder am Bildschirm zu)
Blackout

(aus dem Kabarettprogramm: „Total im Bild"
– Makabarettistische Realvisionen – 1983)

Kommentare im I. Teil:
„Zwischengerichte"

In den Menüs, die ich während meiner aktiven Zeit in allen meinen Tourneeprogrammen serviert hatte, nahmen stets einen breiten Raum die aktuellen Kommentare zu Politik und Zeitgeschehen ein. Leider haben diese Speisen mit „Früchten der Saison" mittlerweile zum größten Teil bereits ihr Verfallsdatum überschritten und eignen sich nicht mehr zum heutigen genussvollen Verzehr.

Aus diesem Grund habe ich lediglich ein paar von ihnen hier als „Zwischengerichte" auf die Speisekarte gesetzt, die auch heute noch nichts von ihrer aktuellen Bedeutung eingebüßt haben.

Das ist zunächst ein ausgesprochenes „Dauerthema": die rigorose Verschmutzung und Vernichtung unserer Umwelt. Bezeichnend für die ambivalente Haltung in der Bevölkerung zu diesem Thema ist der diesbezügliche Kommentar eines Spaziergängers im Wald.

Ebenfalls von nahezu zeitloser Wertigkeit ist der danach folgende Kommentar über die Steuerpolitik unserer Regierungen. Auch da wurden schon von jeher immer wieder jede Menge an Verbesserungsvorschlägen gemacht, denen allerdings nur ganz selten mal auch Taten folgen.

Wie man unsere Sprache missbraucht, um unangenehme Tatbestände zu verschleiern oder um einfache Begriffe bedeutsam aufzuplustern, das schildert ein Kommentar über „verbalkosmetische" Unarten.

Dauerthema „Umwelt"

(sitzt am Tisch und sucht in seinem Karteikasten herum)

Mal sehen.. ob ich hier in meiner Themen-Kartei was Interessantes finde.. was Aktuelles. Da drin ist alles exakt geordnet: von A bis Zet. Schaun wir mal: A.. E.. O.. O.. O weh.. die U.. die Umwelt!

Ein ganz problematisches Dauerthema ist das. Ja, früher.. da kannte unsere Bevölkerung nur ein einziges Umweltproblem: das Wetter.

Aber heute.. da hat sich das erheblich geändert.. nicht nur das Wetter.. nein.. die gesamt Umwelt. Heute weiß doch schon jeder Laie Bescheid: über Smog, über Treibhauseffekte, über Klimakatastrophen, über Ozon und andere Löcher.. von denen sogar einige an der Regierung sind.

Und wer ist schuld daran? – Nicht die Industrie.. oder die Wirtschaft.. nein.. schuld daran sind die Grünen. Das sind sozusagen die „Erfinder der Umwelt".. weil: vorher.. da gab's die ja noch garnit.

Aber das stört die Manager der großen Schadstoffschleudern nicht im geringsten. Heute habe ich in der Zeitung gelesen: Da hat schon wieder so ein Chemie-Konzern giftige Abwässer in den Rhein reingeleitet. Aber wir wissen ja alle: Nur keine Panik.. da kann überhaupt gar nichts passieren.. also, dem Konzern nicht.

Dass da überhaupt noch was reingeht.. in den Rhein. Aber deshalb heißt er wahrscheinlich auch so.. denn da geht ja alles rein. Sogar ein leibhaftiger Umweltminister.. der Klaus Töpfer ist da rein. Und das Schlimmste war: Der kam auch wieder raus.

Mich wundert nur eins: mit all den giftigen Chemikalien in unseren Flüssen.. da müssten die doch alle schon längst explodiert sein.

Neulich hat doch ein Gericht entschieden: „Wettangeln sei Tierquälerei". So ein Schwachsinn! Die Fische sind doch heilfroh darüber.. wenn sie endlich mal einer aus der Giftbrühe da rausholt.

Genau so ein seltsames Problem ist das so genannte „Waldsterben". Vor 25 Jahren gab es das schon. Damals waren allerdings nur 30% der Bäume krank. Mittlerweile sind die das schon lang nicht mehr.. weil: die sind inzwischen längst alle gestorben. Heute sind es lediglich 20% der Bäume.. die noch vollkommen gesund sind.

Der Bundesinnenminister.. den man seinerzeit erstmals ernannt hat zum zuständigen „Umweltsimulator".. das war der Friedrich Zimmermann.

Und der hat mal gesagt.. wörtlich: „Die größten Schadensverursacher im Wald.. das ist nicht etwa der saure Regen.. oder die Autoabgase.. nein.. das sind die vielen Spaziergänger und ihre Hunde."

Dem Vernehmen nach sollen sich damals ganze Waldgebiete darüber totgelacht haben.

Aber mittlerweile verfügt selbst der einfache Bürger über ein äußerst verantwortungsvolles Umweltbewusstsein.

Bühnenlicht geht aus und Spots auf Mitte an
(zieht Mantel an, setzt Hut auf, nimmt Spazierstock und geht auf Mitte)

Der Waldspaziergang
(schlendert gemütlich auf und ab und singt dabei vor sich hin)

> „Waldesluhuhuft.. (hustet)..
> Waldesluhuhuft.. (hustet)..
> Oh, wie herrlich ist der.. (hustet)
> Duhuhuftftft!"

(wedelt mit der Hand vor der Nase herum)

Fui Deibel! Ihr liebe Leut.. da meint mer, mer könnt sich wenigstens hier im Wald emal erhole.. bei eme erholsame Spaziergang.. von diese ganze Umweltverschmutzunge überall.. dabei stinkt's hier drinne genau so schlimm wie drauße.

(deutet ins Publikum)

Und Sie hier.. Sie sollte sich all lieber auch emal e bisje mehr bewege.. als bloß da faul am Waldrand erumzuhocke.. und vor sich hin zu müffele.

Nur: da müsste Se sich schon e bisje beeile.. solang er noch da is.. unsern schöne Wald.. der löst sich nämlich allmählich auf.. in seine Bestandteile. Ja.. früher.. da konnt mer ja noch spreche von eme „Waldspaziergang".. aber heut mehr von eme „Krankebesuch".

Und eines Tages wird uns allen auch endlich emal klar sein.. was der Ausdruck wirklich bedeutet: „Waldfriedhof".

Wissenschaftler habbe ja jetzt herausgefunde.. nach jahrzehntelangen Forschungen.. wer schuld is an diesem Waldsterbe: Das sind die viele kranke Bäum.. logisch.. das hält auf Dauer der gesündeste Wald nit aus.

(geht hin und her und deutet dabei nach unten)

Aber was heißt da „Bäume"? Gucke Se doch mal da unne.. auf em Boden.. da sieht's aus.. wie auf ner Sondermüll-Deponie.

Was die Leut abber auch alles wegschmeiße.. also, der Ausdruck „Säue".. das ist mittlerweile eine Beleidigung.. für die Säue.

Und da schwätze die Leut immer so groß daher von „Umweltschutz".. von „Ordnung und Sauberkeit" in unserm Land.. von „Klimaverbesserung".. und wie sieht die Wirklichkeit aus? Schlimmer noch.. als die Realität.

In Südamerika zum Beispiel.. da holze se ja ganze Wälder einfach ab.. und das nur um Rindviecher züchte zu könne.. für diese Hamburger „Gummifrikadelle".. wie heiße die? „Fast food".. also, fast Nahrung.

In jeder Minute.. da rodet man dort ein Waldstück von der die Größe eines Fußballfeldes ab.. und das bedeutet: jeden Tag verschwindet da die gesamte Fläche einer ganzen Großstadt. Stelle Se sich doch emal vor.. zum Beispiel Mainz: Heut wär's noch hier.. unn morche schon nit mehr da.

Das einzig Gute daran: dademit wär die Stadt auch gleichzeitig auf ein Schlag sämtliche Schulde los.

Manchmal denk ich mir: wärn die Mensche doch seinerzeit lieber auf ihre Bäum gebliebe.. also damals.. als se noch echte Affe warn.

Jetzt is mir auch allmählich klar.. warum die Mensche die Bäum überall sterbe lasse: Die wolle nur nit mehr dran erinnert werrn.. wo se eigentlich mal hergekomme sinn.

Und da bilde se sich noch „wer-weiß-was" ein.. auf ihre „Zivilisation".. auf ihre „Kultur". Aber was ist das schon groß.. heutzutage? Zivilisation? Alles nur Blastik und Beton.. Beton und Blastik.

Und Kultur? Big Mäc und die Bildzeitung.. bääääh!

(dreht sich um nach rechts und ruft laut nach hinten)

Du, Peterche! – Biste bald fertig mit unserm Auto?

(deutet nach links hinten)

Ei, da hinte kommt einer. Es muss ja nit gleich jeder merke.. dass mer hier grad en Ölwechsel gemacht habbe.

Blackout

(aus dem Kabarettprogramm: „Nur keine Panik"
– Eine real-satirische Beruhigungstherapie – 1987)

Die Steueritis

Wissen Sie, wie viel Arbeitslose wir damals hatten, als ich mein allererstes Kabarettprogramm schrieb? Das war 1975.. und da waren es gerade mal ein paar Hunderttausend. Und heute? Da sind es schon über vier Millionen.. offizielle! Da kann man nur hoffen, dass der Schröder nicht ebenfalls die Absicht hat – wie seinerzeit der Kohl – die Arbeitslosen einfach zu „halbieren".

Erstens wäre das eine etwas allzu brutale Lösung, und zweitens würde das ja bedeuten - rein mathematisch - dass sich dadurch die Zahl der „Erwerbsfreien" sogar verdoppeln würde: Statt vier Millionen „ganze" Arbeitslose hätten wir dann acht Millionen „halbe".

Völlig absurd! Was man aber unbedingt halbieren müsste, das wären die hohen Steuern und Abgaben. 1975 lag der Satz dafür noch unter 25 Prozent. Und heute? Mittlerweile schon über 50 Prozent. Das bedeutet: Über die Hälfte unserer Arbeitszeit schaffen wir nur fürs Finanzamt und für andere Abkassierer. Da sollte man sich's vielleicht doch mal überlegen, nur noch halbtags zu arbeiten.

Mit der Steuerpolitik der Bundesregierung kann man ganz leicht zu einem kleinen Vermögen kommen – vorausgesetzt: Man hatte vorher ein größeres gehabt.

Auf jeden Fall muss unsere neuer Finanzminister, die „hessische Eichel", nach wie vor mit dem so genannten „Waigel" rechnen. Nicht mit dem schönen Theo, unser ehemaliger Abzocker, der mit dem Schnurrbart über den Augen.. den sind wir los.

Nein, ich meine das „Waigel". Das ist eine neue Maßeinheit, die damals von ihm eingeführt wurde: Ein „Waigel" ist exakt der kleinste Abstand zwischen zwei Haushaltslöchern, und von denen gibt es bereits eine Menge, denn mittlerweile haben die in der Staatskasse mehr Löcher als Geld.

Ich befürchte ja, dass noch mehr gespart werden muss, bei so einem Haufen „Löcher" in der Bundesregierung. Nein, nicht was Sie jetzt denken. Damit meine ich: Es muss überall noch mehr gespart werden, und zwar ganz egal, was es kostet.

Politiker verstehen unter „sparen" in erster Linie: den Gürtel enger schnallen und zwar bei uns Bürgern. Aber wie soll man eigentlich seinen Gürtel noch enger schnallen können, wenn einem das Finanzamt ständig die Hosen auszieht?

Denn das ist immer der letzte Einfall, den Politiker haben: Wenn es an Geld fehlt, dann werden einfach die Steuern erhöht. Und wehren kann man sich dagegen nicht. Für das so erpresste Geld verspricht uns ja der Staat auch seinen Schutz. – also „Schutzgelderpressung". So gesehen ist diese „Steueritis" unserer Regierung eigentlich auch eine Art „organisierte Kriminalität".

Am besten sind ja immer noch diejenigen dran, die gar keine Steuern zahlen, zum Beispiel „Künstler" und „Flüchtlinge" – genauer gesagt: „Abschreibungs-Künstler" und „Steuer-Flüchtlinge".

Und „gemeinnützige" Vereine zahlen ebenfalls nichts – zum Beispiel Karnevalsvereine. Obwohl die weder „gemein" sind, noch besonders „nützig". Außerdem brauchen die auch keine Vergnügungssteuer zu zahlen. Die meisten völlig zu Recht.

Kein Wunder, dass immer mehr Bürger sich sehr dafür interessieren, wie man möglichst viel Steuer sparen kann. Dafür hat schon der erfahrene Herr Geheimrat von Goethe einen praktischen Tipp gegeben:

„Was du ererbt von deinen Vätern hast..

(verstohlen umgucken) ..verbirg es, um es zu besitzen!"

Dabei wird uns ja schon lange eine groß angelegte Steuerreform angedroht. Dann wird das Finanzamt jedem Steuerpflichtigen in Zukunft nur noch drei kurze Fragen stellen:

„Erstens: Wie viel verdienen Sie?

Zweitens: Was brauchen Sie unbedingt zum Leben?

Und drittens: Wann schicken Sie uns den Rest?"

Blackout

(aus dem Kabarettprogramm: „Blick zurück nach vorn"
– Eine sati(e)rische Invent(o)ur – 1998)

Verbalkosmetische Bildung
(sitzt am Tisch und blättert in Tageszeitung)

Wenn Sie denken, ich sitze nur hier sinnlos rum und vertreibe mir die Zeit mit Lesen, dann irren Sie sich.. aber gewaltig. Denn die Zeitung muss ich regelmäßig studieren.. und zwar nur wegen der Bildung. Und wenn es auch nur die Einbildung sein sollte.

Von den Politikern kann man ja eigentlich nicht besonders viel lernen.. außer vielleicht von ihrer Meisterschaft im Formulieren.. das heißt: Wie man sich am besten so ausdrückt, damit es den größten Eindruck macht, auch wenn die inhaltliche Aussage gegen Null tendieren sollte.

Der Fachmann spricht in diesem Fall von „verbalkosmetischen" Formulierungen. Die lassen sich ohne weiteres auch im Alltag von „normalen" Menschen anwenden.. zum Beispiel im familiären Bereich.

Wenn Sie mal jemand fragen sollte: „Na, wie war's denn gewese.. beim Geburtstag von Tante Klara?" Dann darf man keinesfalls anfangen zu jammern: „Oh jee.. des war widder e Katastrof.. en Krach unn en Spektakel.. moi Fraa hat sich uffgerecht.. und hat geschennt.. schlimmer als dehääm!"

Um Himmelswillen.. nein! Das klingt doch viel zu „laienhaft". Verbalisieren Sie sich „expertenadäquat".. wie ein Politiker nach einer Konferenz. Sagen Sie daher ganz cool: „Wir haben die gegensätzlichen Standpunkte mehrfach ausführlich diskutiert.. mehrfach.. unsererseits!

Meine mir rechtmäßig angetraute Frau Gemahlinsgattin sah sich bedauerlicherweise dazu gezwungen.. die diplomatischen Beziehungen zur Verwandtschaft abzubrechen.. zumal die Gespräche mittlerweile landwirtschaftlichen Charakter angenommen hatten!"

Am besten beherrschen die Militärs auf der ganzen Welt diese hohe Kunst, ihre Aktivitäten „verbal soft zu stylen": Man spricht zum Beispiel nicht von einem „Angriffskrieg".. sondern nur von „Vorwärtsverteidigung".

Das Ziel ist auch nicht die „Vernichtung" des Gegners, sondern nur seine „Zwangsabrüstung".

Und falls dabei auch zufällig mal Zivilisten ums Leben kommen sollten.. dann nennt man das „Kolateralschäden im militärischen Umfeld".. also, wenn da einer mal zufällig „tot umfällt".

Die Militärexperten sprechen ja auch nicht von „Menschen", sondern sie sagen dazu „Weichziele". Und statt töten heißt es „eliminieren". Also sind „Massengräber" lediglich „Depots für eliminierte Weichziele".

So was macht Schule: Bei uns zuhause werden neuerdings Schnaken..
das sind diese kleinen Stechmücken.. nicht mehr brutal erschlagen, sondern
lediglich „etwas eingeebnet".

Diese „verbalkosmetischen" Methoden von Politikern, Militärs und
Managern der Wirtschaft nennt man in Fachkreisen „Verbales Soft-Styling"..
oder auch: „Wiederaufbereitung.. durch sprachliche Sinn-Entsorgung".

Das ist nichts anderes als eine spezielle Art von „Begriffsvermummung..
durch Verbal-Sanierung" Der Volksmund nennt so etwas schlicht und
einfach: „Verarschung".

Aber auch im normalen Berufsleben.. zum Beispiel in Handel und
Gewerbe.. drückt man sich zunehmend „verbalkosmetischer" aus. Ein Blick
auf Zeitungsanzeigen beweist das: Ein Blumenhändler nennt sich heutzutage
„Florist".. ein Frisör „Hair-Stylist".. und eine Kosmetikerin firmiert neuerdings unter „Face-Design".. zu deutsch: „Fassaden-Verputz".

Es dauert bestimmt nicht mehr lange, dann nennt sich ein Müllmann:
„Entsorgungstechniker".. ein Bäcker: „Bakteriologe".. ein Straßenkehrer:
„Verkehrsflächen-Hygieniker".. ein Fußpfleger: „Quanten-Pysiker".. und ein
Bauer: „Subventions-Ingenieur".

Demzufolge müssten sich auch die Firmen umbenennen. Dann gibt es
keine Buchhandlung mehr, sondern ein „Literatur-Studio".. auch kein
Käsegeschäft, sondern eine „Camembert-Boutique".. kein Bordell, sondern
ein „Hormon-Entsorgungs-Center".. kein Altersheim, sondern eine
„Senioren-Zwischenlager-Deponie".. und kein Bestattungsinstitut, sondern
ein „finales Reisebüro".

Ja, wir haben alle noch viel zu lernen, bis wir endlich unsere Probleme im
Griff haben.. zumindest „sprachlich". Und vor allem, solange wir uns noch
im gefährlichsten Lebensabschnitt unseres Daseins befinden: Das ist diese
ganz extrem kurze Zeitspanne.. zwischen Geburt und Begräbnis. Da passiert
nun mal das Meiste.

Deshalb zum Schluss noch ein paar Tipps: Immer gut aufpassen..
notfalls auch mal an-passen.. und möglichst nichts ver-passen.. dann wird
alles gut. Oder auch nicht.

Blackout

(aus dem Kabarettprogramm: „Mund auf – Ohren zu!"
– Ein Sprachseminar für sprachlose Zeitgenossen – 1986)

Demonstrationen im I. Teil:
„Bunte Salatteller"

Besonders beliebt bei den Gästen in einem exquisiten Restaurant sind Demonstrationen am Tisch. Wenn der Ober mit gekonnten Manipulationen zum Beispiel einen mit Petersilie garnierten Camembert flambiert. Dann brandet oft rundum spontan begeisterter Applaus auf.

Etwas Ähnliches hatte ich mir immer erhofft, wenn ich zwischendurch mal etwas vorführe, womit man das Publikum verblüffen kann. Vor aller Augen riskiere ich dann eine Demonstration, die man so noch nirgends erlebt hat: ein „bunter Salatteller" wird dann auf offener Bühne angerichtet.

Manchmal habe ich damit was Schönes angerichtet, denn nicht immer vermag das Publikum meinen kreativen Höhenflügen problemlos zu folgen.

Auch bei der hier geschilderten Demonstration kam stellenweise leichte Irritation im Raum auf. Denn ausnahmsweise musste das Publikum dabei mitspielen und sich kritische Bemerkungen gefallen lassen. Es handelte sich dabei um Neuerungen im Theater, beispielhaft präsentiert anhand einer so genannten „Publikumsprobe".

Neuerungen im Theater

Da wirft man den armen Theatermachern immer vor: denen würde nichts Neues mehr einfallen. Dummes Zeug! Im Gegensatz zu den meisten Architekten fällt denen sogar ständig was ein.

So wird zum Beispiel das Publikum neuerdings in die Spielhandlung mit einbezogen.. wie es in der Einladung heißt: „..zur konkreten Selbsterfahrung im kreativen Kommunikationskollektiv".

Da bestellt der Regisseur das Publikum schon zu den Proben ins Theater, damit es sich später bei der Aufführung nicht allzu dumm anstellt.

Vor allem das richtige Sehen muss erst mal geübt werden. Die meisten Menschen laufen doch reichlich „halbäugig" durchs Leben.

Viele weigern sich geradezu, den Tatsachen voll ins Auge zu sehen.

Deshalb muss das erst mal hart erarbeitet werden: das richtige Sehen.

(setzt Brille mit dickem Rahmen auf, nimmt Fernglas zur Hand, dreht Stuhl mit Lehne nach vorne und setzt sich rittlings drauf)
Bühnenlicht geht aus und Spot auf Mitte an

Die Publikumsprobe

Guten Abend und herzlich willkommen, meine Damen und Herren.. zu unserer heutigen Publikumsprobe!

Ich bin der dafür zuständige „Zuschauer-Trainer".. und wir wollen jetzt mal üben.. wie Sie bei Theateraufführungen Ihre optischen Fähigkeiten maximal einsetzen sollten.

(demonstriert das jeweils mit seinen Augen)

Zunächst mal wollen wir unsre Augen etwas entspannen.. denn Sie alle „stieren" doch noch allzu sehr verkrampft hierher.

Dazu lockern wir unsere Lidmuskeln etwas.. und zwar ganz einfach durch mehrfaches Blinzeln.. und das funktioniert so: auf und ab.. auf und ab.. auf und ab.. und zwar so lange bis die Wimpern rascheln.

Dann öffnen wir die Augen wieder möglichst weit.. aber gaaaanz weit.. und nun schieben wir die Augäpfel nach vorne.. so.. bis zum Anschlag.

Halt! Nicht allzu weit.. sonst fallen Ihnen die Dinger noch raus.

Ja, das schaut schon ganz gut aus. Jetzt mal so bleiben.. mal sehen..

(guckt durchs Fernglas im Saal herum)

Hallo.. Sie da hinten.. ja Sie.. der Herr mit der Nase über dem Mund! Die Augen müssen von alleine offen bleiben.. und wenn Sie das nicht schaffen... einfach mit den Fingern offen halten.. sooo!

Und da drüben.. ja, die Dame mit dem reichlich dekolletierten Blick. Sie müssen mehr Interesse durch ihre Wimpern pressen.. soo! Die sind doch lang genug. Ja.. pressen Sie.. pressen.. oh.. jetzt ist eine runtergefallen.

Und da hinten.. die Hornbrille mit dem Herrn dran! Also.. Sie glotzen ja ausgesprochen „fernseh-deformiert".. soo! Das hier ist eine Theaterbühne.. und nicht die Schwarzwaldklinik.

Mehr Ausdruck in die Pupillen zwingen! Ja.. noch mehr.. bis sich Ihre Brillengläser beschlagen.

Moment mal! Hier vorne Sie.. mein Herr! Ich hab doch deutlich gesagt: Die Augen offen lassen. Sie machen sie ja ab und zu mal wieder zu.

Das geht so nicht.. dieses ständige Geblinzel. Das wirkt auf die Dauer viel zu kokett.. soo! Was sollen denn die Schauspieler von Ihnen denken? Da gibt's welche.. die sind imstande und blinzeln zurück.

(steht vom Stuhl auf)

Also, ich stelle fest: Sie müssen optisch noch viel an sich arbeiten.. sozusagen mehr mit dem Gehirn schauen lernen.

Beginnen Sie am besten ganz weit hinten.. in der Hypophyse.. dann über den vorderen Schläfenlappen durch die Retina.. und ab.. raus damit in die Geografie!

So.. und beim nächsten Mal üben wir das korrekte Schließen der Augen. Und denken Sie immer an den Merksatz für Theaterbesucher:

„Intensive Augen-Schauung fördert die Gehirn-Verdauung!"

Alles Gute und Tschüß!

Blackout

(aus dem Kabarettprogramm: „Faust im Sack" – Klassiker werden geliftet – 1985)

.. und zur Pause:
„Leckere Häppchen"

Natürlich muss man seinen Gästen während eines so umfangreichen Menüs auch mal eine Verschnaufpause gönnen. So habe ich auch nie abrupt den ersten Teil eines Programms nur einfach so beendet, sondern das Publikum rechtzeitig auf die für alle Beteiligten notwendige Pause vorbereitet: mit ein paar „leckeren Häppchen".

Das ist empfehlenswert, weil: spätestens nach einer Dreiviertelstunde gucken nämlich viele Gäste verstohlen auf die Uhr, denn dann melden sich allerlei menschliche Bedürfnisse – sowohl oben, als auch unten.

Drei Sorten von Häppchen zur Pause habe ich für Sie ausgewählt. Zunächst ein kulturelles Angebot, garniert mit klassischen Sprachübungen und verziert mit Musik. Dann eine pikantes Portiönchen Gesang über die so genannte „Krone der Schöpfung" – womit jeder, der sich dadurch angesprochen fühlt, gemeint ist. Und schließlich ein paar appetitliche Schnittchen, belegt mit Gedanken über die Zeit.

Das kulturelle Angebot

„Rasch tritt der Tod den Menschen an, es ist ihm keine Frist gegeben!“ Das sagte schon Wilhelm Tell, dieses wandelnde „Sprichwörterbuch“.

Recht hat er. Deshalb: Nutzet diese Frist, aber nicht, indem man mehr frisst, im Gegenteil: gesünder leben, das ist ganz wichtig. Drum: Gehen Sie öfter ins Theater! Das ist sehr gesund, weil: es ist „Gehirnjogging“ im Sitzen.

Natürlich muss man auch wissen.. bevor man dort hingeht.. was dort eigentlich gespielt wird. Nicht, dass man da rumsitzt und fragt: „Na, wann kommt er denn nun endlich.. der Wim Thoelke?“

Aber dafür gibt es ja Programmhefte.. und das ist ja auch ganz wichtig für Ihre persönliche Terminplanung. Wenn da zu Beispiel drinsteht: „Der nächste Akt spielt ein Jahr später!“ Dann müssen Sie unter Umständen Ihren Urlaub verschieben.

Und da steht auch drin, was als nächstes kommt.. zum Beispiel vielleicht auch mal ein „Tag der offenen Tür“? Doch, so was gibt's. Da brauchen Sie auch keine Angst zu haben, dass es dabei dauernd Durchzug gibt. Wenn alle drin sind, werden die Türen zugemacht.

(geht zum Piano)

Und dann erfahren Sie vielleicht auch mal.. wie's hinter den Kulissen zugeht.. zum Beispiel bei den „klassischen Sprachübungen“.. mit denen sich die Sänger fit halten: durch Atemgymnastik, Lungenakrobatik, Stimmbänder-Aerobic und Zungenfreistilringen.

Bühnenlicht geht aus und Spot auf Piano an

𝄞 Klassische Sprachübungen

(setzt sich und spielt die Tonleite rauf und runter)

𝄞 Aah, eeh, iih, ooh, uuh! – Uuh, ooh, iih, eeh, aah!

Aah, das Theater, Theater, ahaa!

Ramses macht Aida Spaß,

Hamlet macht die Ananas! – Aaah

Entschuldigen Sie bitte, aber klassische Sprachübungen klingen nun mal reichlich albern!

𝄞 Eeh, diese Bretter, die Bretter, ehee!

Geld verehrt ein jeder seehr,

Hendkees sehr viel wenigeer! – Eeh!

Iih, diese Mimen, die Mimen, ihii!

Spitze Knie und spitzes Kinn,

hinderlich beim Lieben sinn! – Iih!

Ooh, dieses Odium, das Odium, ohoo!
Vollkornbrot macht Poren offen,
oft macht Korn ooch vollgesoffen! – Ooh!

Uuh, Publikum, Publikumkum, Uhuu!
Um die Turmuhr brummt der Uhu,
unterm Toupet juckt's den Guru! – Uuh!

Uuh, ooh, iih, eeh, aah! – Aah, eeh, iih, ooh, uuh!
Atmen, atmen formt den Klang,
wer nicht atmet, lebt nicht lang!

(steht auf und macht gymnastische Bewegungen)

Aah! – Ich atme ein! – Uuh! – Du atmest durch! – Ooh!
Er, sie es atmet auf! – Eeh! – Wir atmen alle ein! – Aah!
Sehr gut.. und jetzt eine Viertelstunde so bleiben!
Wer das nicht durchhält, kann auch gleich wieder ausatmen.

(weicht naserümpfend zurück) Iiiiih!

Achten Sie bitte immer sorgfältig darauf: Wenn Ihnen Ihr Leben lieb ist..
dann sollten Sie eigentlich nie aufhören zu atmen!

(setzt sich wieder ans Piano)

Menschen atmen – pausenlos,
Künstler reden – pausenlos,
Zuhörer hören – pausenlos,
Zuschauer schauen – pausenlos,
eine Frau lacht – pausenlos,
einer hustet – pausenlos,
Kritiker gähnt – pausenlos,
einer muss mal – pausenlos..

(presst Beine zusammen)

.. fragt sich dringendst: Wann geht endlich die Pause los?
Geht es Ihnen auch so? Dann werde ich Sie erlösen..
mit dem letzten Satz aus Schillers „Räuber":

(steht auf und ruft)

„Dem Manne kann geholfen werden!"

Bühnenlicht geht aus und Saallicht an

(aus dem Kabarettprogramm: „Faust im Sack" – Klassiker werden geliftet – 1985)

♪ Die Krone der Schöpfung

Ja, ja.. die Menschen.. das sind schon komische Leute!

Und das nicht nur hier.. in diesem Raum.. in dieser Stadt.. in diesem
Land.. nein.. überall auf der Welt. Da fragt man sich doch manchmal:
Wie konnte es nur so weit kommen?

Wenn man bedenkt.. wie das alles mal angefangen hat.. mit dieser legendären „Mensch-Werdung". Ich meine das nicht etwa biologisch..
da kennt sich ja mittlerweile jeder aus.. oder fast jeder!

Nein.. ich meine das historisch.. so wie es detailliert geschildert wird.. im
größten Bestseller aller Zeiten: in der Bibel!

(setzt sich ans Piano)
Bühnenlicht geht aus und Spots auf Piano an

♪ Fünf Tage hat er sich viel Arbeit gemacht,
dann hatte der Herrgott die Schöpfung vollbracht:
den Himmel, die Erde, das Land und die Meere,
die Berge, die Täler, die Fülle und Leere.

Die Blumen, die Bäume, das Obst und den Rasen,
die Fische, die Vögel, den Fuchs und den Hasen,
die Bienen, die Bären, die Katzen und Mäuse,
den Frosch und den Hamster, die Flöhe und Läuse.

Sie alle befahl dann der Schöpfer herbei:
zum Apfelbaum.. links.. auf die Wiese.. um drei.
Gehorsam sie kamen all pünktlich gezogen:
gehüpft und gesprungen, gewatschelt, geflogen.

„Ich brauche euch alle.. als Vorbild.. fürwahr!"
sprach Gott und nahm gleich die Gelegenheit wahr,
als Lehm und aus Wasser, nach tierischen Normen,
die „Krone der Schöpfung".. den Menschen zu formen.

Na ja.. schön und gut.. aber was kam am Ende dabei heraus?

Teils Tiger, teils Esel – halb Ferkel, halb Pfau,
teils Geier, teils Ratte – halb Affe, halb Sau,
teils Hai, teils Kamel – halb Wolf und halb Schaf,
teils harmlos, teils grausam – halb wild und halb brav.

Der Herr blickte lange sein Werk prüfend an:
ob daraus ein wirklicher „Mensch" werden kann?
Ein Meisterwerk? – Sicher! – Doch schaut euch mal um:
Die „Krone der Schöpfung"? Ha! – Ein Panoptikum!

Doch kommt je eine Wende?
Zu befürchten ist: nie!
Aber noch ist kein Ende..
drum mach ich mal Pause..
und das gilt auch für Sie!

Saallicht geht an und Spots Piano aus
(steht auf, verbeugt sich und geht ab)

(aus dem Kabarettprogramm: „Ich bin so frei" – Zeitgeistliche Experimente – 1998)

Zeit-Gedanken

Tja.. der erste Teil des Programms geht allmählich zu Ende und..
Wie bitte? Was meinen Sie? – Es wird aber auch Zeit?

Das sehe ich ganz genau so! Ich bin nur froh, dass es mir gelungen ist, es zumindest bis hierher geschafft zu haben. Und das haben Sie bestimmt auch schon mal erlebt: Es gibt Zeiten im Leben, da gelingt einem wirklich aber auch alles. Stimmt's? Aber keine Angst.. das geht schnell vorbei.

Bis dahin müssen wir halt immer weiterschwimmen im großen „Strom der Zeit".. denn wir sind ja alle nur sogenannte „Zeit-Stromer".

Und das Tempo dabei nimmt immer mehr zu. Ist Ihnen das nicht auch schon mal aufgefallen.. wie schnelllebig unsre Zeit geworden ist?
Es ist grad mal 45 Minuten her.. da bin ich hier auf die Bühne gekommen.. und jetzt? – Na? – Jetzt ist es schon eine ganze dreiviertel Stunde später.

Sehen Sie: so schnell ändern sich heut die Zeiten. Ich weiß noch genau.. damals als Bub.. da konnte ich noch staunen:
(deutet nach oben) – „Oh. guck emal da.. en Zeppelin!"

Und Jahrzehnte später mein Sohn:
(deutet nach rechts) – „Ah.. schau mal da drüben.. ein Auto!"

Und heute meine Enkelkinder:
(deutet nach links) – „Ey.. das is ja total krass.. ein Pferd!"

Und was werden mein Urenkel später mal staunend ausrufen?
(deutet ins Publikum) – „Iiih.. sieh mal da.. ein Fußgänger!"

Ja, das Leben ist absolut. .aber die Zeit ist relativ. Fünf Minuten zum Beispiel.. die können relativ kurz sein.. oder auch relativ lang.. je nachdem.. ob man vor oder hinter einer Klotür steht.

Gelle.. da hab ich Sie auf eine Idee gebracht.. oder? – Mich auch!

Also, bitte schön.. wenn Sie mal müssen.. wollen.. Sie sollen können dürfen: was trinken.. oder auch das Gegenteil tun.

Vielleicht auch was schmause..
aber am beste drauße.
Pause!

(geht ab)
Saallicht geht an und Bühnenlicht aus

(aus dem Kabarettprogramm: „Kopfsalat und Sperrmüll"
– Experimente mit dem Alltäglichen –1993)

.. und in der Pause:
Kuriose Erlebnisse auf Tournee

Das darf doch nicht wahr sein!

Wenn er mal etwas Außergewöhnliches erlebt hat, pflegte mein Vater kopfschüttelnd zu sagen: „Dinger gibt's.. die gibt's garnit!" Dabei hatte er nur äußerst selten mal die Grenzen unserer Stadt verlassen. Von seinem gemütlichen Naturell her war er mehr ein „sesshafter" Typ. Mal abgesehen von gelegentlichen Sonntagsausflügen in den Rheingau.

Dagegen hatte ich in meiner aktiven Bühnenzeit schon einige tausend Kilometer in fremden Gefilden zurückgelegt. Zunächst zusammen mit den Gonsbach-Lerchen, deren musikalischer Leiter ich 33 Jahre lang war und danach mit meiner Frau Barbara bei meinen Kabarett-Auftritten. Immerhin führten uns die Tourneen von Buxtehude (das gibt's tatsächlich!) im hohen Norden bis nach Konstanz im Süden unserer Republik.

Was wir dabei alles erlebt haben an außergewöhnlichen Ereignissen, das würde alleine schon ein ganzes Buch füllen. Daher möchte ich mich hier beschränken auf einige Episoden, die mir besonders nachhaltig in Erinnerung geblieben sind.

Hausmeister – ein Kapitel für sich

Die erste Person, mit der man bei einem auswärtigen Veranstaltungsort zusammentrifft ist in den meisten Fällen der Hausmeister. Um es gleich vorweg zu sagen: Hausmeister zu sein ist ein ehrenwerter Job. Die meisten waren auch sehr freundlich und hilfsbereit. Aber es gibt halt solche und andere. Und von denen soll hier die Rede sein.

Wenn wir mit unserem Auto vorfuhren und dort anhielten, wo wir den Bühneneingang vermuteten, tauchte früher oder später der amtierende Hausmeister auf und sein erster Satz im barschen Ton war fast immer: „Hier können Sie nicht stehen bleiben!"

Mit einigem Verhandlungsgeschick erreichten wir schließlich, dass wir wenigstens erst mal ausladen durften. Danach suchte meine Frau einen geeigneten Parkplatz. Auf meine Frage, ob er mir beim Transport meiner zahlreichen Utensilien zur Bühne behilflich sein könne, war sehr oft zu hören: „Dafür bin ich nicht zuständig."

Einmal jedoch verschlug es uns fast die Sprache. Auf meine Frage nach dem zuständigen Techniker für die Beleuchtung antwortete ein besonderes Prachtexemplar dieser Spezies: „Der hat Urlaub.. und ich hab kei Zeit! – Des müsse Sie schon selber mache. Hier is de Schalter fürs Saallicht.. und da der für die Bühn. Ich geh jetz enuff in moi Wohung und guck Fußball im Fernsehe. Aus Kabarett mach ich mir sowieso nix." Sprach's und ward bis zum Programmschluss nicht mehr gesehen.

Viele Hausmeister kannten mich zwar vom Fernsehen, aber meist nicht mit meinen Kabarettsendungen, sondern mit meinen Fastnachtsauftritten. Daher durfte man sich nicht wundern, wenn schon mal der Ruf ertönte: „Guck emal da.. de Prinz Bibi!"

Nur ganz selten konnte jemand überhaupt nichts mit mir anfangen. Besonders schockierend war es in Moers am Niederrhein, als ich mich beim Eintreffen vorstellte: „Guten Tag, mein Name ist Bonewitz, und ich soll heute hier auftreten!" bekam ich zu hören: „Ah ja! Sind Sie nicht der Komiker aus Frankfurt?" Daraufhin fiel selbst mir im Moment nichts ein. Übrigens: mein Programm hieß damals: „Da biste sprachlos!"

Ein Autogramm vom Publikum

Seit Beginn meiner Kabarettauftritte bin ich es gewöhnt, dass die meisten Veranstaltungen ausverkauft waren. Im Mainzer „unterhaus" war das immer der Fall. Aber selbst wenn in entfernteren Regionen der Saal auch mal „nur" dreiviertelvoll war, hat mich das nicht sehr gestört.

Einmal jedoch bekam ich einen schweren Schock. Wir fuhren zu einem Auftritt nach Bitburg, der im Rahmen der Aktion „Kultur aufs Land" von der SPD organisiert worden war. Dort angekommen luden wir aus und bauten unsere Utensilien mitsamt der eigenen Tonanlage auf.

Der Hausmeister – ein überaus liebenswürdiger Zeitgenosse – erwies sich als Fan von mir und freute sich schon auf mein Programm. Allerdings befürchtete er, dass der Publikumsandrang höchstwahrscheinlich nicht sehr groß werden würde. Irritiert gingen wir zum Eingang und schauten uns um. Es waren zwar überall meine Plakate zu sehen, aber bis eine Stunde vor Beginn noch kein einziger Zuschauer.

Zum offiziellen Auftrittsbeginn hatten sich immerhin acht Personen eingefunden – aber mehr wurden es leider nicht. Auf meine Fragen nach dem Grund erklärte man mir: Bitburg sei ein dermaßen „kohlschwarzer" Ort, dass SPD-Sympathisanten sich nicht trauten, sich öffentlich zu „outen". Selbst die wenigen SPD-Mitglieder würden ihre Beiträge auf einer Bank im Nachbarort einzahlen, damit ja kein Mensch an ihrem Wohnort von ihrem „roten Makel" erfahre.

Als ich den Mut der acht Waghälse lobte, die dennoch gekommen waren, erfuhr ich, dass sie gar nicht aus Bitburg stammen, sondern aus dem benachbarten Prüm und aus Daun angereist waren. Umgekehrt kämen dann die „roten Bitburger" bei SPD-Veranstaltungen jeweils zu ihnen.

Ein Auftritt war somit sinnlos geworden. Kurz entschlossen bauten wir wieder ab. Ich lud mein gesamtes Publikum des Abends in die benachbarte Brauerei-Gaststätte ein und versprach, ihnen dort den Inhalt meines Programms zu erzählen.

Dafür wünschte ich mir etwas von ihnen, was ich bisher noch nie erhalten habe: ein Autogramm von meinem Publikum. Genau so geschah es, und es wurde ein rundum feucht-fröhlicher Abend. Die Biervorräte der Brauerei konnten wir zwar nicht nennenswert verringern, dafür aber wurden die beiden noch vorhandenen Flaschen Fernet Branca, die man noch auf Lager hatte, restlos geleert. Insofern hatte sich die Reise nach Bitburg letztendlich doch noch ein wenig gelohnt.

Meine ausgefallenste Vorstellung

Seit Beginn meiner Tourneen habe ich eine Horrorvorstellung: Ich liege abends gemütlich zuhause auf dem Sofa – auf einmal klingelt das Telefon und eine aufgeregte Stimme fragt: „Sagen Sie mal.. wo bleiben Sie denn? Sie sollen doch heute Abend bei uns auftreten?"

Da ich von Beginn an eine äußerst akkurate penible Terminkontrolle zu betreiben pflege, war ich von diesem Albtraum immer verschont geblieben. Bis es an einem Montagabend tatsächlich passierte.

Mit genau diesen gefürchteten Worten meldete sich der Veranstalter aus dem Kurpark-Café in Bad Homburg. Und er fügte noch hinzu: „Das Publikum sitzt schon seit einer Stunde im Saal.. und es ist bis auf den letzten Platz ausverkauft!"

Nach einem prüfenden Blick auf die Uhr und rascher Kalkulation der erforderlichen Zeiten für Umziehen, Utensilien packen und laden sowie Fahrtzeit, dort auspacken, aufbauen und umziehen musste ich dem Veranstalter bedauernd mitteilen, dass dies zeitlich mit bestem Willen nicht zu schaffen sei.

Außerdem sei der Auftritt nach meinen Vertragsunterlagen nicht heute, sondern erst morgen – am Dienstag. Stille am anderen Ende der Leitung. Nach einiger Zeit kam kleinlaut die Bestätigung: „Sie haben recht.. es war mein Fehler.. ich habe das falsche Datum auf meinen Plakaten angegeben. Ich werde also den Leute ein Glas Sekt ausgeben und sie bitten, morgen noch mal wiederzukommen!"

Am nächsten Abend stand ich pünktlich auf der Bühne. Der Saal war zumindest dreiviertelvoll. In meiner Begrüßung stellte ich – wie es einem Satiriker geziemt – verschiedene absurde Vermutungen an, wie es zu diesem Missverständnis kommen konnte.

„Es gibt Regionen," sagte ich, „die haben ihre Schwierigkeiten mit Schaltjahren. Während es bei uns in Rheinland-Pfalz gestern Montag war, ist es offenbar hier in Hessen schon Dienstag gewesen. Wahrscheinlich ist der Veranstalter aber auch übervorsichtig gewesen. Um festzustellen, ob auch genügend Zuschauer ins Programm kommen, hat er sicherheitshalber gestern erst mal eine Generalprobe fürs Publikum angesetzt!"

So hatte ich die Lacher gleich auf meiner Seite. Und das blieb auch zu – bis zum Schluss der allerletzten Zugabe.

Autogrammjäger auf der Pirsch

Es gibt Zuschauer, denen genügt es nicht, einen Auftritt auf der Bühne mitzuerleben. Sie wollen darüber hinaus auch noch eine schriftliche Bestätigung dafür haben, dass sie den Künstler persönlich und leibhaftig kennen gelernt haben: etwa durch ein handsigniertes Autogramm.

Aus diesem Grund haben erfahrene Bühneninterpreten stets einen hinreichend großen Stapel an gedruckten Porträtfotos griffbereit bei sich.

Man unterscheidet drei verschiedene Arten von Autogrammjägern. Einmal gibt es die „Spontanen", die einem zur Signatur das nächstbeste erreichbare Material unter die Nase halten: Bierdeckel, Servietten, Papiertaschentücher oder Rechnungsquittungen.

Dann gibt es die „Fortgeschrittenen", die legen dem Künstler speziell ausgewählte und zum Anlass passende Druckerzeugnisse vor, so zum Beispiel: Eintrittskarten, Programmhefte, Werbezettel oder irgendwo abgepflückte Plakate.

Und schließlich trifft man hin und wieder auch mal auf „Professionelle", die mit umfangreichem Sammelmaterial angerückt kommen: dicke Alben und einen Stapel vorbereiteter Unterschriftskärtchen, entweder blanko oder beklebt mit Zeitungsfotos oder Pressekritiken, den jeweiligen Künstler betreffend.

Die absoluten Experten unter ihnen schleppen zusätzlich noch eine komplette Fotoausrüstung mit sich herum – mitsamt dem dazugehörigen Ehepartner oder sonstigen nahestehenden Verwandten.

In so einem Fall muss der Künstler mit einem erheblichen Zeitaufwand rechnen, bis die verschiedenen familiären Kombinationen mit ihm zusammen endlich im Bild dokumentarisch festgehalten sind.

Eine äußerst denkwürdiges Zusammentreffen mit einem ganz besonderen Exemplar dieser Spezies hatte ich bei einem Auftritt im Kleinkunsttheater „Thing" in Limburg, was ich nie vergessen werde.

Der erste Teil des Programms war vorbei, und ich erholte mich in der Garderobe. Als sich die Pause dem Ende näherte, klopfte es. Mein Frau öffnete die Tür, weil sie dachte, der Veranstalter wollte mich zum zweiten Teil auf die Bühne holen.

Aber herein kam eine total schwarz gekleidete, spindeldürre, bleich aussehende Gestalt, die reichlich verwirrt aussah – ähnlich wie ein Bestattungsunternehmer, dem man gerade den Sarg geklaut hatte.

Er sagte, er müsse dringend ein paar Autogramme von mir haben, aber möglichst sofort.

Da es allerhöchste Zeit für mich war wieder hinaus auf die Bühne zu gehen, bat ich ihn, er möge sich doch noch etwas gedulden, bis ich mit dem Programm fertig sei.

Da sah er mich etwas verstört an, als hätte ich ihm einen unsittlichen Antrag gemacht und meinte: „Nä ,nä.. lieber nit! Was ich hab, des hab ich! Mer kann ja nit immer so e Glück habbe.. wie neulich beim Kuhlenkampff. Von dem hab ich grad noch e Unnerschrift bekomme.. und kurz drauf isser gestorbe. Des Gleiche is mer mit de Trude Herr passiert. Als ich endlich ihr Autogramm hat.. schwupps.. weg war se! Und vom Roy Black hab ich auch grad noch eins ergattern könne.. nur ein klein bisje später.. unn ich hätt glatt in de Mond geguckt!"

Reichlich irritiert von dieser etwas makabren Erklärung gab ich ihm ganz rasch die gewünschte Unterschrift, worauf er sich dankbar und zufrieden verabschiedete. Bevor ich auf die Bühne ging, betrachtete ich mich noch mal prüfend im Spiegel, ob ich nicht vielleicht doch schon etwas allzu hinfällig aussehe.

Aber selbst wenn – ich hätte es ja doch nicht ändern können. Zumindest nicht in absehbarer Zeit, denn die Altenpflegeheime haben bekanntlich lange Wartezeiten.

Aber ganz egal wie besorgniserregend meine körperliche Verfassung momentan auf Andere auch wirken mag – ich musste wohl oder übel hinaus auf die Bühne. Übrigens: aufgrund seines doch etwas außergewöhnlichen Vorgehens als Autogrammjäger, hat sich meine Frau interessehalber noch bei ihm nach seinem Beruf erkundigt. Er war Bestattungsunternehmer.

Wie bitte? – Es hat geklingelt? Bei wem? – Ach so.. draußen im Foyer. Die Pause ist wohl vorbei. Na, dann gehen Sie mal wieder auf ihren Platz. Ich begebe mich zurück in meine Küche.. pardon.. in meine Garderobe. Viel Spaß noch und guten Appetit.. beim zweiten Teil meines Menüs.

Einleitungen zum II. Teil:
„Grüße aus der Küche"

Nach der Pause, wenn die Gäste wieder Platz genommen haben, sollte man keinesfalls sofort mit der Tür ins Haus fallen – oder fachlich formuliert: mit der Schlachtplatte auf den Tisch. Da ist wieder mal ein kleiner „Gruß aus der Küche" angebracht, als Vorbereitung auf die kommenden Genüsse.

Hier habe ich zwei unterschiedliche Einleitungen ausgewählt. Zunächst biete ich einen kleinen Einblick in die Befindlichkeit eines Kabarettisten mit einer „Plauderei aus dem Nähkästchen".

Danach tritt wieder mal der „Bühnenmeister" in Erscheinung, der auf seine unverwechselbare Art und Weise den zweiten Teil eröffnet mit einer kritischen Präsentation des abendlichen Fernsehprogramms. Damit die Leute erfahren, was sie alles verpasst haben durch ihren Entschluss, den Abend im Kabarett zu verbringen.

Plauderei aus dem Nähkästchen

(kommt nach der Pause wieder auf die Bühne und schaut sich prüfend um)

So.. alles wieder da? Alle voll? Also, voll-zählig versammelt? Sehr gut! Haben Sie sich auch gut erholt? – Ja? Was gegessen? Auch was getrunken? Oder das Gegenteil getan? – Alles gut abgelaufen? Oh.. pardon!

Ich kann die Leute nur bewundern.. die sich die Mühe machen in meine Vorstellungen zu kommen. Obwohl.. ich geh ja auch hin.

Dabei kenne ich meine Programme alle schon. Kein Wunder.. ich hab sie ja auch alle selbst geschrieben.. und nicht nur selbst.. sondern auch allein.

Im Grunde ist das alles gar nicht so besonders schwer: Texte schreiben.. Lieder komponieren.. das könnten Sie auch. Doch! Auf jedem Klavier sind die gleichen Tasten.. und die Wörter stehen alle im Duden. Man muss das halt nur noch in die richtige Reihenfolge bringen.

Aber dann muss man das auch noch hier auf der Bühne vortragen.. ebenfalls ganz allein. Vor sich die gesamte geballte Intelligenz der Region.. na gut, sagen wir halt: des ganzen Landes.

Übrigens: Haben Sie noch ein Momentchen Zeit? – Ja? Dann kann ich ja hier mal ein bisjen „aus dem Nähkästchen" plaudern.

(setzt sich gemütlich an den Tisch)

Häufig werde ich gefragt: „Sagen Sie mal, was kann man mit Kabarett eigentlich bewirken?" Also, aus eigener Erfahrung kann ich da nur sagen: „Meistens.. manchmal.. oft noch weniger als garnix!"

Aber was soll's? Lieber ein Prediger ohne Macht in der Wüste.. als ein wüster Prediger der Macht.

Eigentlich ist das ein sehr schöner Beruf.. Kabarettist zu sein. Da kriegt man sogar Geld dafür.. dass man öffentlich allerlei dummes Zeug erzählt. Genau wie die Politiker.. oder Kirchenfürsten.. nur mit einem Unterschied: Ich tue das alles mit voller Absicht.

Natürlich frage ich mich auch mal selber nach so einer Veranstaltung.. wenn ich wieder mal improvisiert habe: Was hast du dir denn dabei gedacht? Dann gibt es nur einen Trost: Wie kann ich denn wissen.. was ich denke.. bevor ich höre.. was ich gesagt habe?

Es gibt Kritiker, die werfen mir vor: In meinen Programmen würde viel zu viel gelacht werden.. stellenweise.. da bliebe kein Stuhl trocken.

Na und? Was ist schon dabei? Lachen ist doch nichts Verwerfliches. Lediglich ein kurzfristiger Gesichtskrampf.. ha!

(verzieht kurz lachend das Gesicht und wird sofort wieder ernst)

.. und schon ist es wieder vorbei.

Außerdem weiß doch jeder: Lachen ist gesund. Das empfehlen sogar sämtliche Ärzte.. auch wenn es ansteckend ist. Oder gerade deshalb. Also, wenn ich da an das umstrittene Kostendämpfungsgesetz im Gesundheitswesen denke.. dann frag ich mich doch allen Ernstes: Warum gibt's denn noch kein Kabarett auf Krankenschein?

Das wäre doch was Feines.. vor allem für ältere Herrschaften.. die mit jedem Pfennig rechnen müssen. Ich kann das sehr gut verstehen.. schließlich bin ich ja auch so ein „in die Jahre gekommener Alt-Sponti".

Diesen Beruf habe ich ja erst spät ergriffen.. mit Fünfzig. Daher bin ich schon so eine Art „Kleinkunst-Oldie".. ein „Humor-Veteran".. oder wie ich mich selbst mal nannte: „Deutschlands ältester Nachwuchskabarettist".

Diesen sehr späten Wechsel vom Kabarett-Amateur zum Profi habe ich schon oft bereut.. ehrlich.. ich hätte ihn viel früher machen sollen.

Aber das bringt auch Vorteile im Alter.. weil: dadurch zählt man allmählich schon zu den „Klassikern" in der Kleinkunst-Szene. Und da fühle ich mich auch sauwohl.. denn ich hatte mir bereits sehr früh vorgenommen:

„Lieber ein grauer Panther.. als ein schwarzer Frührentner!"

So.. genug geplaudert! Das Programm muss schließlich weitergehen.

Alla dann.. die Pflicht ruft.

(steht auf und geht zur Mitte)

(aus dem Kabarettprogramm: „Nur keine Panik!"
– Eine realsatirische Beruhigungstherapie – 1987)

Die Bildschirmgesellschaft

Nach Ende der Pause geht das Saallicht aus und das Bühnenlicht an
(kommt herein als „Bühnenmeister" mit grauem Kittel und Mütze)

Also, das hätt ich werklich nit gedacht.. dass Sie all mitenanner widder zurückkomme sinn aus de Paus.. und wieder hier erumhocke.. unverdrosse. Dazu auch noch so vollzählig vergammelt.. pardong.. versammelt.

Gucke Se sich doch emal um: die Männer voll Erwartung.. die Fraue voll guter Hoffnung.. dass des heut Abend vielleicht doch noch was werden könnte.. mit diesem so genannten „Jubiläumsprogramm".

Aber ich hab des ja gleich gemerkt.. von Anfang an: alles sparsame Leut hier.. nit mit Applaus.. ach wo.. des kost ja nix. Nein, ich meine sparsam mit ihre Penning. Sie habbe sich bestimmt gesagt: „Egal was kommt, unser Eintrittsgeld muss abgesesse werrn!" Stimmt's?

Aber was ich nit gedacht hätt, wie mühsam so was is.. ich meine: so ein Programm hier auf die Beine zu stelle. Also ehrlich, ich.. am Bonewitz seiner Stell.. ich tät's glatt liege lasse! Aber er offenbar nit! Der hat doch auch nix als im Kopp.. außer seim bleede Programm.

(geht zum Tisch und sucht in Ordnern und Zeitschriften herum)

Programm.. Programm.. wo soll ich denn hier irgend was finde.. was geeignet wär für dem sei Programm? Es einzige Programm.. was mich interessiert, des is hier das „Fernseh-Programm".

(nimmt aktuelle TV-Programmzeitschrift und setzt sich an den Tisch)

So.. da wolle mer doch emal gucke..

(grinst schadenfroh) .. was Sie heut abend alles versäumt habbe!

(blättert in Zeitschrift)

Oh je! Na ja , des is widder mal ein typisches Metzger-Programm: Da is eim alles Wurscht! Obwohl.. das Fußballspiel hier.. das hätt ich gern gesehe: Bayern München gegen Real Madrid. Sie auch? Ich hab vorhin gehört: die Madridder hätte gewonne. Aber da habbe Sie garnix versäumt, weil: des wird morche früh um elf wiederholt.. und vielleicht gewinne dann die Bayern.

Unn was habbe Sie noch verpasst? Im ARD gibt's: „Pleiten, Pech und Pannen". Wahrscheinlich ein Bericht über die Bundesregierung.

Im ZDF läuft ein Spielfilm: „Die Marx-Brothers". Na ja.. ich mach mir sowieso nix aus dere PDS!

Im Südwest drei.. da gibt's zwei Dokumentarfilme: „Die Balzrufe der Rotkehlchen".. und „Das Liebeswerben der Grashüpfer"! Da geht's sicher um die rot-grüne Koalition.

Das hier könnte auch was Interessantes sein, wenn jemand öfters mal Krach hat mit seinem Ehepartner: „Scheidungsprobleme – Wer bekommt eigentlich die Kinder?" – Hä? – Ach so: Bayern drei! Ja dann!

Aha.. auch etwas Bildendes gibt's hier: „Eine Reise mit Charles Darwin". Der hat ja emal behauptet: Der Mensch habe sich aus dem Affen entwickelt. Also, ich kenn da eine ganze Menge Leut, die hatte offenbar kei Lust dezu.

Na, so was! Hier gibt's einen Bericht aus der Rhön: „Die Ausscheidungen der deutschen Segelflieger"!
(guckt nach oben) Fui Deibel Wer interessiert sich denn für so was?
(steht auf, nimmt TV-Zeitschrift und legt sie wieder auf den Tisch)

Sie.. da is mir so en spannende Krimi viel lieber.. oder so en „Sss-riller". Am liebste seh ich den Derrick.. obwohl's den ja jetzt garnit mehr gibt.. besser gesagt: nit mehr „persönlich".. nur noch als mehrfache Wiederholung: der berühmte „Dotzklicker-Kommisar".. der mit dem „Dorsch-Blick".. mit seine dicke Quellaugen sieht der immer aus wie en Frosch mit Blähunge. Am Allerliebste aber seh ich diese mit Recht so genannte „Talk-Shows".. wo die Leut so da erum-talke und das „talk-täglich".

Das geht schon morgens los bei SAT 1: erst der Jörg Pilava.. dann die Vera.. und dann die Sonja.. und mittags bei RTL: die Bärbel Schäfer.. gefolgt von de Ilona Christen.. dann kommt de Hans Meiser.. die kenn ich ja all.. sogar mit Vorname. Und im ARD.. da macht anschließend auch noch en leibhaftige Pfarrer die „Fliege".

Und über was da immer so alles „ge-talkt" wird.. hochinteressant! Tatsache! Da kann mer viel lerne, zum Beispiel erfährt mer endlich emal.. dass es noch viel mehr Beklopptere gibt.. als mer selber is!

Und so einen spannenden Fernsehabend lasse Sie sich heut entgehen? Und bloß wege diesem so genannte „Jubiläums-Kabarettprogramm" hier.. das noch nit emal fertig is. Respekt! Das nenne ich „kultur-bewußt". Auf was Sie deshalb heut abend alles freiwillig verzichtet habe. Na ja.. hoffentlich funktioniert Ihrn Videorekorder!

Besonders angewiese auf ihrn Fernseher sinn ja ältere Leut.. besser gesagt: die „Spät-Senioren". Von den Fernseh-Machern werden die ja genannt: die „Rentner-Fossilien".. abgekürzt: die „Fossis"! Doch.. des hab ich neulich in de Zeitung gelese.. mit meine eigene Ohrn.

Und die werden auch noch eingeteilt.. für die Werbung.. in Zielgruppen: in „Kukidentis". „Gruftis".. und „Verwesis". Das is doch unerhört.. sowas! Des gehört sich doch nit!

Für viele von dene is de Partner schon längst gestorbe. Andere sind sogar mittlerweile „verwittert".. verwitwert.. und dann is so ein Fernseher ganz oft der einzige Mensch, den so jemand noch hat.

Mer kann sich ja garnit mehr vorstelle, wie die Mensche in frühere Jahrhunderte überhaupt lebe konnte.. ohne Fernsehe. Na ja, letzten Endes sinn se ja auch all gestorbe.

In nicht allzu ferner Zukunft.. da werden wir ja alle eine einzige total vernetzte Bildschirmgesellschaft sein! Nit nur „fernseh-mäßig".. sondern auch „multi-medial".. durch diese ganze Computer. Ich versteh ja nix devon.. aber mei Enkelcher.. die habe mich wenigstens einigermaßen aufgeklärt. Früher war des grad umgekehrt gewese.

Aber jetzt weiß ich wenigstens e bijse Bescheid über diese „Internetse".. die „Onlines".. die „BTXse".. die ganze „Faxereie". Da gibt's sogar „I-Mehls".. mit „Mehl-Boxe".. iiiih.. stelle Se sich da emal praktisch vor: was e Sauerei.. im „Mehl boxe".

Es gibt auch schon sogenannte „virtuelle" Programme.. da kann mer sogar in seim Computer drin erum spaziern.. so genannte „Seiber-Spees".. geschriebe: „Küberspatze".

Und des alles funktioniert nur mit zwei Dinger: mit dieser „Hardwär".. unn mit dieser „Softwär". So was tät ich auch gern emal ausprobiern.. wenn des mit dieser „Softwär" nur nit immer so „hard wär".

Ja, die Computer.. das sind die Götter unserer Zeit, unn die werrn immer „allmächtiger". Obwohl: die eigentlich „Mächtigen im Staat".. das werden auch in Zukunft immer noch sein.. nein, nit die Politiker.. die tun immer bloß so als ob.. nein, das sind Industrie.. die Banke.. und die Versicherunge.

Im Gegensatz zu uns.. dem „breiten Volk auf der Straße".. mir Kleine.. mir müsse schufte. Aber die großen Schufte.. die schufte auch.. aber die verfüge über das Kapital.. über die Arbeitsplätz.. und über die Informatione. Aber die haben ja schon immer so gehandelt.. nach der Devise:

„Wissen ist Macht! Die Leut wisse nix? Macht nix!"

Blackout

(aus dem Kabarettprogramm: „Blick zurück nach vorn" – 1995 –
– Eine sati(e)rische Invent(o)ur – Jubiläumsprogramm „20 Jahre Kabarett")

Szenen im II. Teil:
„Regionale Spezialitäten"

Jetzt ist es wieder an der Zeit, etwas gehaltvoll Nahrhaftes zu servieren. Aus der Fülle an regionalen Spezialitäten habe ich ein paar Gerichte ausgesucht, zubereitet nach alltagstauglichen Rezepten mit vielen bodenständigen Gewürzen.

Zur Pflege zwischenmenschlicher Beziehungen ist Kommunikation von hoher Qualität unentbehrlich. Wie sich eine äußerst gepflegte Konversation anhören kann, erfährt man bei einem Besuch in einem Schlemmerlokal.

Welche Auswirkungen es hat, wenn eine Gesellschaft „auf den Hund gekommen" ist, wird deutlich bei einem informativen Gespräch mit einem Hundeliebhaber.

Zwei Themen, die wie so viele in diesem Buch zeitlos sind, handeln von der Gleichberechtigung – aus der Sicht eines konservativen Familienvaters, und von der Gesundheit – erläutert von einem „Wartezimmerprofi".

Die beiden anderen Szenen spielen sich im Bereich „Familie" ab und zwar bei einer Feier zu einem 75. Geburtstag und bei einer Art Generalprobe zum Heiligabend.

Notwendige Kommunikation

Zwischenmenschliche Beziehungen wären überhaupt nicht denkbar ohne den verbalen Austausch von mehr oder weniger sinnvollen Sätzen. Das ist zweifellos das Schmieröl für harmonisches Zusammenleben.

Den Frauen braucht man das nicht erst lange zu erklären.. die sind schon von Natur aus die besten „Kommunikatoren".. manchmal sogar und wie!

Bei den Männern dagegen zählen solche gesprächigen Exemplare eher zu den Ausnahmen. Am ehesten beweisen sie wortgewandte Sprachgewalt im Kreise ihrer Geschlechtsgenossen.

Nur: die Vielfalt der Gesprächsthemen ist äußerst begrenzt. Meist geht es über Fußball und erotische Angebereien nur ganz selten hinaus.

Aber hier wie überall gibt es rühmliche Ausnahmen. So eine habe ich neulich mal erlebt in einem feinen Schlemmerlokal. Am Nachbartisch saß ein älteres Ehepaar.. und die schienen schon sehr lange verheiratet zu sein.. denn sie redeten den ganzen Abend kein einziges Wort miteinander.

Da erschien an ihrem Tisch ein Herr mittleren Alters.. gut gekleidet.. und wie es sich dann herausstellte ausgesprochen redegewandt.

(geht zum Garderobenständer und zieht Jacke an)
Bühnenlicht geht aus und Spots auf Mitte an

Konversation im Schlemmerlokal

(geht zum Tisch und wendet sich nach links und nach rechts)

Entschuldigen Sie bitte: Ist bei Ihnen noch was frei?

Ja? – Oh, vielen Dank.. ich bin so frei!

(verbeugt sich nach links und nach rechts)

Gnä Frau.. mein Herr! – Sie gestatten?

(zieht den Stuhl zur Seite und setzt sich)

Ich stör Sie doch hoffentlich nit.. beim Esse?

Wie bitte? – Sie sind erst bei der Vorspeise? Aha! – Und wo ist sie?

(guckt auf dem Tisch)

Ach so.. dieser feuchte Teller da! Und was soll das sein?

Die Suppe? Ach! Und was für eine ist das?

Wie? „Pottaasch alla mouls".. das klingt aber eklig.

Und was heißt das auf deutsch? – Australische Miesmuscheln!

Igitt! Die solle ja am Aussterbe soi.

(schnuppert) – Man riecht's auch schon.

(wendet sich nach links)

Und die gnä Frau.. was speist sie uns vor?

(guckt prüfend nach links unten)

Wenn ich des richtig sehe.. dann haben Sie Froschschenkel?

Ich meine nit da unten.. hier oben!

(deutet auf den Tisch)

Auch ein kulinarischer Leckerbissen.. vor allem für die Störch!

Die müsse nur richtig zubereitet werden.. die Frösch! Ja.. denen werden

nämlich vorher beide Beine ausgerisse..

(führt das drastisch vor) ..bei lebendigem Leib.. krrrrchz!

Dann wird alles ins siedende Öl geschmisse.. und wenn's gar is..

dann merkt man das daran: wenn nix mehr zuckt.

Übrigens: Guten Appetit!

(sucht auf Tisch herum, nimmt die Speisekarte und studiert sie)

Äußerst vornehm sieht die ja aus.. ausgesprochen „exklusifitär".

Na ja.. das entspricht ja auch ganz dem Stil des Hauses..

(guckt sich um) ..alles äußerst luxuriös: Original Wiesbadener Spätbarock.

Ich kenn den Schuppe hier ja schon lange.. von früher.. aber da war

das noch ein ganz einfaches Lokal gewese.. gut bürgerlich.. damals hieß es:

„Zum roten Eber". Aber da war nie viel los.. keine Sau da!

Aber nach dem Umbau hat man's umbenannt.. quasi „internationalisiert"..

jetzt heißt es: „Le Wutz rouge".

Und seitdem.. Sie sehn's ja selbst.. es hat gewirkt.. jeden Abend is hier

alles gerammelte voll!

Ja.. so muss mer's heut mache.. für die „Gourmets alla Snob".. alles so

e bisje auf „extra-ordinär".. vor allem die Preise.

(blättert in der Speisekarte)

Was haben Sie denn gewählt als Hauptspeise?

Das Menü hier klingt ja ganz gut: Was gibt's da für Supp vorneweg?

„Consommee a la Sau-Kisse".. fui Deibel!

(schaut fragend nach rechts)

Wie heißt das? – „Saucisse"? Und was soll das sein? – Wurscht?

Da haben Se eigentlich recht. Mir isses auch egal!

Wie bitte? – Ach so.. „Wurst-Suppe"! Dann müßt des in dem Lade hier

eigentlich heiße: „Soupee de la Blunz".

Danach gibt's:„Boulettes de la boeuf.. an frittierten Kartoffelstäbchen".

Das kenn ich: „Frikadelle.. mit pommes".

Dazu en schöne Halbe.. und dann wär's wie daheim!

(wendet sich nach links)

Was is? Sie wisse nit.. was en Halbe is? – Ein „Demi-vin"! So heißt
bei uns der Schoppen: „le Chopin"! Und wenn der Ihne zu groß is.. dann
nehme Se doch was Kleineres: ein „Püffchen"! Das ist „un petit bordell".

Und was gibt's als Hauptspeise? – „Getrüffelt Känguruh-Schilddrüse..
mit Biberzungenspitzjen garniert! Dazu reichen wir einen gegrillten
Champignon.. wie.. en Ganze? – ..gefüllt mit zwei panierten Pfifferlingen".

(wendet sich nach rechts)

Haben Sie das vielleicht bestellt? – Nein? Warum denn nit? Sie haben
doch keine Angst.. vor Pilze?

(deutet nach links) – Ihre Frau hat se ja nit gekocht.

Wie bitte? – Ach, Quatsch! Von wege „radioaktiv belastet"! Das is doch
alles bloß Panikmache.. die werden doch vorher all gewäsche.

Da finde Sie kaum eins von dene „Bequerellse", mehr drin.

(wendet sich nach links)

Und die gnä Frau? Wie wär's denn mit Fisch? Des is sehr gesund.
Hier zum Beispiel: „Eingelegte Heringe.. nach Hausfrauenart".
Oder vornehmer ausgedrückt: „Rollmöps.. à la mätress".

Und warum nit? – „Alles voller Quecksilber"? Na und? Dann könne Sie
doch so en Hering immer noch als Fieberthermometer benutze.

Außerdem: wenn mal was allzu sehr chemisch verseucht sein sollte.. dann
kommt das erst garnit bis auf Ihrn Teller. Ehrlich! Neulich erst sinn dene
drauße in de Küch zwei Rhein-Aale bereits in de Pfann explodiert.

Die Leut hier sinn aber auch so was von empfindlich geworde. In der
Dritten Welt.. die arme Neger..die wärn doch froh.. wenn se nur ein paar
von unsere pestizid-gespritzte Kartoffele hätte.

Aber dafür sehn die meiste dort auch viel gesünder aus.. als wie hier die
Leut.. vor allem viel schlankerer.

(blickt sich im Saal um und flüstert laut)

Gucke Sie sich doch nur mal hier um.. nit so auffällig! Diese viele
vollgefressene fette Wohlstandsbäuch.. uwäh! Alleins vom gucke.. da krieg
ich schon Sodbrenne.

Dabei gebbe die Leut 800 Millione Mark aus im Jahr.. 800 Millione..
nein.. nit für die Welthungerhilfe.. für ihre persönliche Hungerhilfe.. ja..
für teure Schlankheitsmittel und für kostspielige Diäte. Und alles nur..
um wieder dünner zu werden. In Afrika.. in Asien.. in Südamerika dagege
da geht so was automatisch.

Und das wird immer schlimmer. Bereits jeder vierte Mensch auf der Welt
muss hungern. Da können wir froh sein.. das wir hier nur zu dritt sind.

(deutet auf die Speisekarte)

Aber was soll man machen? Unser Überangebot an Nahrungsmittel mit dene teile? Ei, wie denn? Die Hälft einpacke und per Post verschicke?

Was soll denn das auch helfen? Von dem bisje Austernpastete... von dene paar Körncher Kaviar.. von den dormelische Schneckeeier.. davon täte die auch nit satt werden.

Aber esse Sie nur ruhig weiter! Sie brauche da kein schlechtes Gewisse zu haben.. weil: Auf dies Weise tun Sie wenigstens was.. für den Hunger in der Dritten Welt. Freilich! Je mehr Sie esse.. desto mehr müsse Sie nachher bezahle.. dadurch steige die Umsätze.. und die Steuern.. und desto mehr Entwicklungshilfe kann dann unsern Staat an die arme Länder verleihe.

Die können dann besser leben.. mit den Schulden.. und von den Zinsen.. davon leben wir.

Sehn Se.. und so schließt sich der Kreis. Also, bestelle Se möglichst viel: noch en lecker Nachtisch.. oder sogar ein köstliches „Dessert".. vielleicht noch so e bisje „Käs de la from-aasch"

Was heißt da: zu viel? Bei dene Preise hier isses doch ganz egal.. von was eim schlecht wird.

Außerdem finanziern Sie damit umgerechnet etwa drei Säck voll Mehl für Äthiopien!

(steht auf)

So.. ich gehe jetzt. Wie bitte? – Nein.. ich ess hier nix! Ach wo!

Warum? Hier isses mir viel zu teuer. Ich geh da rüber.. in die „Alt Post". Ein sehr schönes Lokal! Da müssten Sie demnächst auch mal hingehen. Und da krieg ich garantiert ein viel preiswerteres Essen.. weil: dort bin ich nämlich der Besitzer. Mahlzeit!

Blackout

(aus dem Kabarettprogramm: „Wahn-sinnig.. komisch!"
– Aus deuten Landen frisch aufs Tablett – 1981)

Auf den Hund gekommen

Bereits jede zweite Familie besitzt heutzutage ein Haustier. Demnächst soll es sogar schon jede anderthalbe Familie sein. Besonders beliebt sind Wellensittiche.. Goldfische.. Katzen.. Meerschweine.. und noch mehr.. Schweine.. Mäuse.. Ratten.. iiih! Hunde jedoch sind nach wie vor am häufigsten.. in jeder Hinsicht.

(deutet mit den Händen einen Haufen an)

Deshalb sie sind auch steuerpflichtig.. weil die Kommunen versuchen müssen, den Hundekot überall in den Griff zu bekommen.. uwäh!

(schüttelt die Hände ab)

Das ist dringend auch dringend nötig, denn wer von Ihnen ist nicht schon mal hineingetreten.. in so eine Endlagerstätte.

(deutet das mit den Füßen an)

Aber so ein Hund bereitet auch viel Freude.. in erster Linie dem Besitzer. Vielfach wird er bereits als festes Familienmitglied angesehn. Und er ist ein bedeutender Wirtschaftsfaktor geworden. Im einschlägigen Fachhandel gibt es nicht nur schmackhafte Leckerbissen für Hunde.. die ausgefallensten Fleischgerichte.. köstliche Snacks.. sondern auch ein großes Angebot an Spielzeug.. mit dem Prädikat: „pädagogisch besonders wertvoll".

Selbstverständlich kann man dort auch komfortable Körbchen erwerben.. und neuerdings auch Hunde-Bekleidung: vom Pelzmützchen über wärmende Mäntel bis zu gefütterten Stiefelchen. Damit ist unsere vielgepriesene Wohlstandsgesellschaft wohl endgültig auf den Hund gekommen.

Bühnenlicht geht aus und Spot auf Mitte an
(zieht Mantel an, setzt Hut auf, nimmt Plastiktüte, geht zur Mitte und tut so, als würde er einen Hund an der Leine hinter sich her zerren)

Ein Hundeleben

Kommst du hierher! Willst Du wohl.. na? Na?! Hierher! Aber sofort! Bei Fuß! – Wo is de Fuß.. na? Wo isser?

(deutet auf seinen Fuß)

Da is de Fuß! – Sitz.. Boris! – Sitz!

(starrt drohend nach unten) Aha! Er will nit. Na gut.. dann setz ich mich halt.

(geht zum Stuhl und wendet sich zur Seite)

Entschuldige Se bitte! Is auf der Bank hier noch en Platz frei? – Ja?
Ich frage ja auch nur aus Höflichkeit.. denn in eme öffentliche Park.. da darf man sich doch überall hinsetze.. wenn mer will. oder?

(setzt sich und schaut nach unten)

Nur er will widder mal nit. Du bist ein ganz ein böser Hund bist du!
Fui, Boris, fui.. schäm dich was!

(wendet sich zur Seite)

Wie bitte? Warum der Boris heißt? Och, wisse Se.. als der noch so e ganz
klää Hundelche war.. da war der dick.. aber so was von dick.. soooo!
Und jedes Mal, wenn der von de Couch gefalle is.. platsch.. da hatte der
einen Mordsaufschlag.

Na gut, wenn's e Weibche gewese wär.. kein Problem.. dann hätte mer's
natürlich Steffi genannt.

Was meine Sie? – Ob der beißt? Ach wo.. also nit jeden!

Da isser sehr wählerisch. Außerdem: Hunde, die belle, die beiße nit.
Und wenn er mal jemand beißt.. dann hört er auch sofort auf zu belle.

(tut so, als ob er zur Seite gezerrt würde)

Hörst du auf! Fui, Boris.. aus! Lass sofort dem Mann soi Hos los!

(bückt sich und hebt Stofffetzen auf)

Er mag Sie.. zumindest Ihr Hos! Obwohl: sehr strapazierfähig scheint der
Stoff nit zu sein. Na ja.. mer kann's ja widder drannähe.

Sie müsse schon entschuldige.. aber unsern Boris.. des is nun mal in
ausgesprochener Kampfhund. Natürlich! Was glaube Sie.. was ich en Kampf
mit dem Hund hab.. bis der emal hört.

Passe Se mal auf: Platz, Boris.. Platz! Sehn Se: Er platzt nit.. nit ums
Verrecke. Ich versteh des nit. Da tut mer alles fer sein Hund.. und dann?
Kein Dank! Alles fer die Katz.

Dadebei wird doch so viel getan, damit die Tiere sich auch wohlfühle:
Da gibt's mittlerweile sogar Hunde-Salons.. mit Hunde-Frisöre drin.. und es
gibt Hunde-Boutique.. grad gegenüber von uns: „Fifi's Shop Center".

Und da drübbe in de Hauptstraß hat jetzt ein Hunde-Restaurant eröffnet..
mit mehrgängigen Hunde-Menüs. Da wird mancher Sozialhilfeempfänger
sich sage: „Ja, ja.. Hund müsst mer soi!"

Sogar Hunde-Friedhöfe hat mer schon eingerichtet. Des is doch auch en
ideale Platz für Hunde.. so en Friedhof: alles voller Knoche.

Der Deutsche is bekanntlich sehr tierlieb. Pro Jahr werden 3,5 Milliarden
Mark ausgegeben.. nur für Hundefutter. Bei uns erhält zum Beispiel ein
Hund pro Tag mehr Kalorie und Vitamine als ein Hungernder in Afrika in
der ganzen Woche. Der kann ja nur träumen.. von so einem Hundeleben
wie hier bei uns. Aber der will ja nit träume.. der will lieber was esse.

Doch was soll mer da mache? Mer kann ja schließlich kei Hundefutter in
die Elendsquartiere schicke.

So arm wie die Leut dort all sind.. die habbe doch bestimmt noch nit emal en Büchseöffner. Das einzig Hilfreiche.. was man dorthin schicken könnte.. des wärn Appetitzügler.

(zuckt zusammen, guckt nach oben und wischt sich was von der Schulter)

Na, so eine Sauerei! Ein Taubenschiss.. zum Glück! Ei, stelle Se sich doch emal vor.. es gäb fliegende Hunde.. brrrr!

(schreckt auf und tut so, als ob ihn etwas zur Seite zerrt)

Na, na, na.. lässt du mein Hund los! Du bist ein ganz böser Bub bist du! Das gehört sich doch nit. Natürlich jault so ein Hund.. wenn man ihn am Schwänzje zieht. Das ging dir doch ganz genau so.

(setzt sich wieder)

Kinder könne ja mit Hunde überhaupt nit umgehe. Die behandele so ein armes Geschöpf als wär's bloß ein Tier. Dadrübber rege sich die meiste Hundebesitzer auf. Sehn Se.. und das ist auch der Grund dafür, dass die Tierschutzvereine viel mehr Mitglieder habbe als der Kinderschutzbund.

Was meine Sie? – Warum dem die Zung so weit eraushängt? Das weiß ich auch nit. Wahrscheinlich is de Kopp zu kurz.

Und so was kriegt mer auch nit mehr weg. Das muss an der Rasse liege.. immerhin is des en reinrassige Mischling.

Alles annere kann mer antrainiern. Unsern zum Beispiel war schon mit sechs Monat stubenrein. Seitdem macht er nur noch uff die Gass. Abber noch lieber in Sand.. von Kinderspielplätz.

Was heißt da: Fui Deibel? Na. hörn Se mal: Des is doch sehr hygienisch. Jaaa.. nehme mer mal an: er hat Durchfall. Stelle Se sich das bildlich vor... pffftttrrr! Da könne Se direkt zugucke, wie schnell das versickert.

Und wenn er mal en harte Stuhl haben sollte.. gucke Se hier..

(zeigt die Plastiktüte)

..dafür hab ich diesen Exkrementen-Beutel.. so eine Art „Wau-Wau-WC".. ein ambulantes Hundeklo. Und da kommt er dann enoi. Nein.. nit der Hund.. sein Haufe. Es is schon fast voll.

(hält Plastiktüte zur Seite hin)

Wolle Se mal gucke? Nit? – Auch gut! Ja, um so en Hund muss mer sich halt kümmern.. Tag und Nacht. Unser Tante Katharina zum Beispiel.. die hat en Boxer.. geheiratet. Und der so en Reinrassige mitgebracht.. en Bässett.. das is so e Art Hängebauchschwein.

Aber en ganz arme Hund war das.. der Bässett.. weil: die Tante hatte keine Zeit für ihn.. die musst sich um ihrn kranke alte Vater kümmern.

Aber jetzt.. seitdem er im Heim is.. der Vater natürlich.. da geht's ihm
sehr viel besser.. also, dem Hund..

(steht auf und hält Tüte nach unten)

So, Boris, es wird langsam Zeit.. musste noch emal A.. A..? – Nein?
Warum? – Willst du nix mache? Gut, dann mache mer heim.

(hält Tüte hoch)

Sehn Se.. und das hier nenn ich „praktizierten Umweltschutz". Man
muss nur aufpasse, dass da keiner drauftritt. Das gäb dann nämlich eine
schöne Sauerei.. fui Deibel! Deshalb kümmere ich mich auch immer um die
sofortige Entsorgung. Weg damit!

(wirft die Tüte über seine Schulter hinter sich

Alla dann.. auf Wiedersehn! – Komm, Boris!

(geht ab und tut so, als zerre er ihn hinter sich her)

(aus dem Kabarettprogramm: „Nur keine Panik!"
– Eine real-satirische Beruhigungstherapie – 1987)

Gleichberechtigung – aber wie?

Ja, ja.. die Gleichberechtigung.. das ist auch so eines von diesen zahlreichen modernen Pflichtbekenntnissen.. für alle professionellen Phrasendreschmaschinen.

Mich würde ja nur mal eins interessieren: Fühlen Sie sich eigentlich gleichberechtigt.. meine Herren?

Ja.. die Frauen brauche ich ja nicht zu fragen. Wenn die sich gleichberechtigt fühlen würden.. dann wären sie ja alle völlig überflüssig.. nicht die Frauen.. die Kämpfe um die Gleichberechtigung.

Sind sie aber sicher nicht. Offiziell verkünden die Herren Männer zwar immer: „Alle Frauen sollten mehr berechtigt sein.. aber doch nicht gleich!"

Aber in puncto Gleichberechtigung gibt es nun mal kein Zurück mehr. Oder wie sich ein prominenter Spitzenpolitiker mal selbst formuliert hatte.. ich will ja keine Namen nenne.. unser aller Schmunzelkanzler.. in der ihm eigenen Gedankentiefe sagte er neulich wörtlich:

„Wer ja sagt zur Famillje.. der muss auch ja sagen zur Frau!"

Also, meine Herren.. mal ehrlich: Wann haben Sie denn das letzte Mal ja gesagt.. zu ihrer Frau? – Wie bitte? – Bei der Trauung? Das gilt nix.

Was haben Sie denn für ein überholtes Rollenverständnis? Partnerschaft in der Ehe bedeutet, dass jeder dem anderen Partner hin und wieder auch mal ein Opfer.. zumutet.

(zieht Strickweste an, holt eine Zeitung und stellt sich hinter den Tisch)
Bühnenlicht geht aus und Spot auf Mitte an

Partnerschaft heißt Opfer bringen

Lisbeth! – Was gibt's denn eigentlich zum Nachtesse? - Wie.. nix? Des is abber nit viel. Und warum gibt's so wenig? Aaah.. mir gehe auswärts esse.. sehr schön. Und wo? – Bei dei Mutter? Schon wieder!

Muss das sein? Ausgerechnet heut abend gibt's so was Interessantes im Fernsehe: Fußball.. Mainz 05.. gege Finthe!

(setzt sich an den Tisch und nimmt die Zeitung)

Was is? – Ja.. freilich tu ich auch emal was dir zuliebe.. wenn's nit grad Fußball im Fernsehe gibt.. oder was kulturell ausgesprochen Wertvolles.. „Tutti frutti" oder so.

Da warn mir doch schon immer beide.. meiner Meinung gewese.

Wie? – Ach, komm.. was heißt da: „In der Ehe sind immer nur die Männer das größte Problem!" Ich hätt auch größte Probleme.. mit jedem Mann.. mit dem ich verheirat wär.

Die Ehe ist schließlich die einzige Institution, wo die so genannte „Quotenregelung" konsequent durchgesetzt wurde: Fast fünfzig Prozent aller Eheleute sind Frauen.

Was gibt's denn da zu lache? Bei de SPD sind's nur vierzig Prozent.

Hier steht in einer Anzeige von dene: „Mehr Frauen in die Politik!".. und darunter habbe se geschriebe: „Kluge Fraue haben Millionen geborener Feinde.. alle dummen Männer!"

Mit Ausnahme von mir natürlich. Ich hab die Fraue schon immer bewundert: diese Zivilcourage.. dieses Selbstbewusstsein! Oder hast du schon emal zwei Männer Arm in Arm aufs Klo gehe sehe?

(deutet auf Zeitung)

Hier steht was Komisches: „Unser Frau Familieministerin bedauert, dass nur ein Prozent aller Männer bei der Hochzeit sich übernehme!"

Hä? – Ach so! Den Namen ihrer Frau übernehmen. Das sei ein ganz wichtiger Schritt zur Gleichberechtigung. Also, ich weiß ja nit. Wenn ich des damals gemacht hätt.. dann tät ich heut Lisbeth heiße.

(guckt nach rechts hinten und dreht sich dann bis nach vorne)

Ei, wer kommt denn da? Unser Herr Sohn! Besuchst du auch wieder mal dei alte Eltern.. die Grufties. Na, gefällt's dir denn nit mehr in deiner neu Wohnung? Sinn dir die Vorrät ausgegange? Ei, weil de so auf unsern Kühlschrank stierst.

Hat's Frollein Braut wieder mal vergesse einzukaufe? Wo war se denn heute wieder mal verhindert? Ah! Emanzipieren is se sich gegange. Und wo? In ihrer Selbsterfahrungsgruppe! So, und was macht die da eigentlich? Aha.. das erfährt se nur selbst.

Wunderbar! Und mit Heirate habt ihr immer noch nix am Hut? Seid ihr euch immer noch nit einig, wer die Kinner kriege soll?

Komische Verhältnisse sinn des heutzutag.. in dene ihr lebt. Wie nennt ihr das? Richtig.. Beziehungskiste! So sieht euer Wohnug auch aus: e Kiste für zwei Persone.

Das hätt's früher auch nit gegebe: ein Zusammenleben ohne Trauschein. Abber ihr traut euch offenbar nit. Mer meint, ihr hätt beide Angst vor der Ehe. Ich hab vor der Ehe überhaupt noch nit gewusst.. was Angst überhaupt is.

(wendet sich nach links)

Jaaa.. da kann er lache.. de Opa.. gell? Hahaha! Sei du doch ganz ruhig! Dei ganz Lebe hast du doch unterm Pantoffel gestande. Deshalb feiert ja auch die Oma jeden Hochzeitstag wie ein Regierungsjubiläum.

So was is ja heut sehr modern: Immer mehr Fraue komme an die Regierung. Die Rita Süßmuth zum Beispiel.. als Bundestagpräsidentin is die jetzt sogar als erste Frau der „zweite Mann" im Staat. Und ich? Ich bin immer noch der erste Mann von meiner zweit Frau.

Na ja, vielleicht kriege mer ja eines Tages sogar mal einen weiblichen Bundeskanzler.. so eine Art „Helmutine.. de Lüxe"

(dreht sich nach rechts)

Ach, Oma.. mach du dir emal keine falsche Hoffnunge! Das tät grad noch fehle: du.. als die neue „Kohlsen".

Da komme erst mal ganz annern in die enge Wahl: Die Inge Meysel.. oder die Heidi Kabel.. oder die Alice Schwarzer. Alleins schon von ihrm Name her.. da tät die am beste in die Regierung passe.

Wie bitte? – Ja, ja.. ich weiß, Oma.. man soll sich nicht lustig mache.. über Feministinne. Ich kenn dich doch.. als langjährige Frauenrechtlerin.

Bei jedem Streit mit em Opa.. da hattest du als Frau immer Recht.

(wendet sich zur Seite)

Siehste, Bub.. bei dene zwei.. da kannste lerne.. was „praktizierte Partnerschaft" bedeutet.. auf der Basis völliger Gleichberechtigung.

Die leben schon seit vielen Jahren streng nach der Bibel: „Auge um Auge.. Zahn um Zahn.. wie du mich.. so ich dich!"

Mir is ist völlig schleierhaft, warum die überhaupt geheirat habbe.. höchstwahrscheinlich im Affekt.

Unser heutig Jugend is da ja weitaus vorsichtiger als wie mir früher. Unser beide Kinner habbe ihr Verlobungsring nit gekauft.. sondern geleast.

(guckt nach links hinten)

Ja, komm nur rein! Grad war von dir die Red.. unser Frollein Tochter. Na, was machst du denn für e Gesicht? Haste denn kein anderes?

Oder gab's widder mal Ärger im Betrieb? – Wie? Dein Kolleg verdient mehr Geld als wie du? Na so was! Wo bleibt da die Gleichberechtigung?

An deiner Stelle tät ich mich emal beschwern. In so eme Fall bin ich immer direkt ins Chefbüro gange.. hab auf de Tisch gehaue.. und energisch mehr Geld verlangt. Seit Jahren geht da schon so.. und eines Tages.. da mach ich das sogar mal, wenn de Chef im Büro is.

Das einzige, wo's keine Gleichberechtigung gibt.. das is die Tatsache.. dass wir Männer keine Kinder kriegen können. . also, noch nit!

Privilegiert sind da eindeutig die Frauen.. mit ihrer „Mutterschaft".. und es gibt ja auch nix Schöneres für einen Familienvater.. als wenn er abends heimkommt.. und guckt dann zu.. wie die Mutter schafft.

(wendet sich nach hinten)

Apropos: Lisbeth.. was schaffst du denn die ganz Zeit? Willst du dich nit bald emal fertigmache? Ich denk, du willst bei dei Mutter? Da tät ich mich ein bisje beeilen.. mit dem Umziehen.. sonst wird dein Kleid vielleicht unmodern.

Wie? Ich? Nein, ich brauch mich doch nit umzuziehe.. ich will ja garnit fort. Ich mach dir mal en Vorschlag: Wir werden die Probleme des heutigen Abends ausnahmsweise mal gemeinsam lösen: Du kümmerst dich um die Probleme deiner Mutter.. und ich kümmer mich über die Probleme meiner Fußballmannschaft.

Echte Partnerschaft.. das heißt nicht nur, dass ein Partner den anderen so oft wie möglich schafft.. sondern das beide Seiten Opfer bringen müssen.

(macht es sich gemütlich und deutet nach links)

Also, Opa.. opfern mir uns halt beide. Mach de Fernseher an!

Blackout

(aus dem Kabarettprogramm: „Nur keine Panik!"
          – Eine real-satirische Beruhigungstherapie – 1987)

Gesundheit schadet nichts

Ich habe neulich gehört.. aus gut informierten „medizynischen Kreisen": Es gibt mittlerweile gar keine gesunde Menschen mehr.. nein.. nur solche, die noch nicht krank sind. Und Gesundheit ist ja nichts anderes.. als die Summe aller Krankheiten, die man nicht hat.

Sämtliche Mediziner sind sich da ja ausnahmsweise mal einig: Egal.. was in der Forschung noch alles entdeckt wird.. welche Medikamente noch entwickelt werden: Gesundheit jedenfalls kann nichts schaden.

Das Schlimme ist ja: In Zukunft sollen Krankheiten immer teuerer werden. Ein Luxus, den sich bald nur noch die Ärzte leisten können.

Eigentlich ist es ja paradox: In der ersten Hälfte ihres Lebens, da opfern die Menschen ihr Gesundheit.. um möglichst viel Geld zu verdienen.. und in der zweiten Hälfte, da opfern sie viel Geld.. um ihre Gesundheit wieder zurück zu erhalten.

(setzt sich an den an Tisch und blättert in seinem Fotoalbum)

Hier zum Beispiel.. da sitzt mein Großonkel Ferdinand im Büro.. und macht Überstunden.. an seinem Schreibtisch. Und nur ein paar Seiten weiter.. da sitzt er im Sanatorium.. und macht Bewegungsgymnastik.. in seinem Rollstuhl.

Deshalb hab ich mir geschworen: so lang wie möglich gesund bleiben.. das heißt: wenigstens so lange.. bis man stirbt.. weil: dann wird man auch nicht krank.

Und das hat geholfen.. bis jetzt.. unberufen! Die schlimmste Krankheit, die ich mal hatte.. das war ein Hexenschuss.. und gleichzeitig Schüttelfrost!

(steht auf und führt es vor) – Äußerst lästig!

Aber meine Oma hat schon früher immer gesagt: „Die schönst Krankheit taugt nix!" Die Frau hatte ja so recht. Das wird jeder bestätigen.. der schon mal zum Arzt musste.

Obwohl.. ob Sie's mir glauben oder nicht.. also ich freue mich da richtig drauf.. nicht auf den Arzt.. auf's Wartezimmer. Ehrlich! Wenn man da rumsitzt und wartet.. und wartet.. auf einmal.. da tut einem plötzlich garnix mehr weh.

Das is doch die billigste Therapie, die es gibt. Da hat man höchstens noch Angst vor diesem gefürchteten Ruf:

(ruft laut) – „Der Nächste bitte!"

(geht zum Garderobenständer und zieht Jacke an)

Bühnenlicht geht aus und Spots auf Mitte an

Der Wartezimmerprofi

(geht auf die Seite und guckt erstaunt in den Saal))

Ach, du lieber Himmel! So voll war des Wartezimmer ja noch nie gewese. Da werd überall protestiert.. gegen die Hühnerhaltung in zu enge Käfige. Und hier? Eine Schande ist das: Da lässt mer die Leut stundelang in dem Raum hier erumsitze.. und dann müsse se dringend in Behandlung: wegen „chronischem Bewegungsmangel".

(guckt sich um und geht suchend nach rechts)

Also, wenn mich der Dokter jetzt frage tät.. was mir fehlt.. dann müsst ich sage: Ich hab kein Stuhl. Aber Moment.. des kriehn mer gleich! Schließlich bin ich ja sozusage ein alter „Wartezimmer-Profi".

(wendet sich nach links und deutet auf den Stuhl neben dem Tisch)

Hallo, Sie da! Sie habbe sicher Malhör mit de Ohrn? Ei, die Schwester hat schon dreimal gerufe: „Der Nächste bitte!" Habbe Se's nit gehört? Allez hopp-hopp! E bisje Tempo.. so lang sich's noch rentiert.

(schaut ihm hinterher, schnappt sich schnell den Stuhl und setzt sich)

Sehn Se? So muss mer's mache.. da hat mer auch en Stuhl.

(schaut sich gelangweilt um und nimmt eine Zeitschrift vom Tisch)

Die Zeit vertreibt mer sich am beste mit Lese. In Wartezimmern.. da find mer immer hochinteressante Zeitschrifte. Hier zum Beispiel: Der Geschäftsbericht von de AOK. Äußerst spannend!

Am liebste les ich diese so genannte „Gesundheitszeitschrifte". Die sinn sehr gesund.. vor allem für den Verlag.

Da kann mer viel lerne.. hier zum Beispiel:

„Zehn praktische Tipps.. für einen Herzinfarkt!" – Oder das da:

„Auch misslungene Operationen können lehrreich sein!"

Vor allem für den Patient! Sehr interessant auch hier: die viele schöne Farbfotos.. von riskante Eingriffe.. und von menschliche Innereien! Wolle Se mal gucke?

(zeigt die Seiten dem Publikum) – Sieht aus wie „Gehacktes.. mit Ei"!

Nein? – Was heißt da „fui Deibel"? Sie scheine e bisje arich schwache Nerve zu habbe? Natürlich nit alle.. einige sehn ausgesproche stark aus..

(bläst die Backen auf und deutet auf einen Zuschauer)

..was ihr Figur betrifft! Dadegege sollte Sie unbedingt was unternehme. Das ist sehr schlecht.. für de Kreislauf.. für de Blutdruck.. für's Herz.. und vor allem für die Hos!

Wie? – Ihne schmeckt's so gut? Des sieht mer aber auch.

Mache Sie nur so weiter, mein Herr! Dann dürfe Sie sich nit wundern.. wenn Sie mit 90 bereits en alte Mann sinn.

(guckt nach links)

Sage Se mal.. es geht mich zwar nix an.. aber was fehlt Ihne eigentlich.. außer de Gesundheit? – Wie.. nix? Das is sehr verdächtig. Sind Sie sicher? Wem heutzutag nix fehlt.. der kann ja garnit richtig gesund sei.

Suche Se sich doch was Passendes aus! Es gibt mittlerweile so viel neue Krankheite. Jed Woch erfinde die doch was Anneres.. was krank macht.

Am beste lasse Se sich e Kur verschreibe! Kur is immer gut! Warn Sie schon mal in Kur? Wie.. noch nie? Da sinn Se abber schee blöd! Dafür sinn Kurn doch da.. dass mer se auch ausnutzt.

Doch! Trotz des neuen „Gesundheitsstrukturgesetzes"! Das funktioniert immer noch. Nein.. dafür brauch mer nit richtig krank zu sein.. ach wo.. da find sich schon was. Ich empfehle immer: chronische Kreuzschmerze.. in Verbindung mit akutem Koppweh. Des kann kei Sau nachprüfe.

Mache Se's doch wie unsern Onkel Paul: der hat ja fast schon ein Abonnement.. auf Kur.. mit festem Stundenplan.

Morgens schmeißt der sich in diesen medizinische Schlambes enoi.. wie en Spatz in die Kniddele.. mittags legt er sich auf die Wies.. unner de Sonneschirm.. da macht er eine „Schatten-Kur".. und abends zieht er durch die Kneipe.. und macht da de „Kur-Schatte".

Manchmal schafft er sogar die Nacht durch. De reinste „Kur-Fürst".

Und alleinstehend Fraue habbe dort sogar noch e viel größer Auswahl als wie deheim: die brauche doch nur zu winke und zu rufe..

(guckt nach links und deutet dorthin) – „Der Nächste bitte!"

Na, was is? – Habbe Se's nit gehört? – Sie sinn dran. Oder soll Sie de Dokter vielleicht hier untersuche? Um was geht's denn bei Ihne?

Wie bitte? Aha! Um die Entfernung der Mandeln! Das kann ich Ihne auch sage..

(hält zwei Finger gespreizt an den Hals)

..höchsten zehn Zentimeter.. sinn die voneinander entfernt!

Ja.. alles Gute.. und viel Spaß!

(wendet sich zur anderen Seite)

Ich will ja nit neugierig sein.. aber was habbe Sie denn eigentlich fer e Krankheit?

Wie? – Das muss erst noch festgestellt werde? O je.. o je! Sinn se da bloß vorsichtig.. weil: die größte Gefahr für Kranke.. das ist die Diagnose.

Tatsache! Was sinn da schon Leut dran gestorbe.

En Nachbar von mir.. de alt Kellermann.. den habbe se monatelang behandelt.. auf Typhus. Und an was isser gestorbe? An Lungenentzündung! Der hat vielleicht blöd geguckt.

Aber zu dem Dokter hier.. da könne sie unbegrenztes Vertraue habbe: wenn der jemand auf Typhus behandelt.. dann stirbt der auch garantiert.. an Typhus.

(dreht sich um)

Sage Se mal: Sir sehn aus.. als hätte Sie Ausschlag? Sogar mitte drin.. im Gesicht. Wie eklich! Das kommt bestimmt von dene viele Umweltgifte überall.. da kriegt mer so Dinger leicht: „chemische mixed pickels".

Wahrscheinlich sind Sie auch bloß allergisch.. gege Ausschlag.

Vielleicht sind's auch bloß verstoppte Poren? Oder auf medizinerisch ausgedrückt: ganz einfach nur Dreck.

Lasse Se sich doch einfach mal Bäder verschreibe. Natürlich geht das.. trotz dene neue Sparmaßnahme im Gesundheitsunwese. Wenigstens einmal wöchentlich.. in de eigen Wanne! Sie müsste nur ab und zu auch emal es Wasser austausche.

Mer kann doch nit einfach aus de Wann steige und rufe..

(guckt nach rechts und deutet dorthin) – „Der Nächste bitte!"

Ja.. Sie sinn gemeint! Abber e bisje dalli-dalli! So wie Sie aussehe.. o je.. o je.. da scheint's allerhöchste Zeit zu sein!

Also.. wenn Sie e Auto wärn.. ich glaub: durch de TÜV käme Sie bestimmt nit mehr!

(steht auf und wendet sich nach rechts)

Halt! Moment noch! – Sage Se mal: Wohne Sie alleins zuhaus?

Ja? Wie günstig! Könnte Sie mir nit emal die Adress gebe von Ihrer Wohnung! Ich hab da e paar Interessente.. falls Sie vielleicht.. nit mehr...

Nein? Nix zu mache? Na dann! So was Undankbares!

(setzt sich wieder und ruft nach hinten rechts)

Na ja.. vielleicht habe Sie ja grad noch emal Glück? Wer weiß!

(guckt prüfend zur anderen Seite)

Ich will Ihne ja kei Angst mache.. abber gut aussehe tun Sie werklich nit. Mein lieber Mann! So als hätte Sie so en Virus verschluckt.. odder e Portion Bakterie verspeist. Mache Se doch emal „Aaaah"!

(beugt sich vor, zuckt aber schnell zurück) – Iiiih! – Lieber nit!

Weil: gege Infektione gibt's nur ein sicheres Mittel: sich garnit erst anstecke lasse. Mer muss ja so vorsichtig sein heutzutag. Nit nur da unne.. wo's de meiste Spaß macht.

Nein.. auch obbe. Des nennt mer Herpes.. diese eklige Lippegeschwüre.
Die entstehn ja vor allem beim Austausch von „oralen Kontakten".. ja.. so
genannte „Knutsch-Pickel"!

Ein sicheres Zeichen für Verheiratete.. dass de Partner fremd gange is.

(deutet auf einen Zuschauer)

Nehme Sie ruhig die Hand vom Mund! Von hier aus sieht mer sowieso nix.

Ich kann da nur Salbe empfehle.. am besten eine Knoblauch-Salbe ..
dadevon gehn zwar die Bläsjer nit eweg.. aber Sie werden weitgehend
immun dagegen.. „oral kontaktiert" zu werden.

(blättert in der Zeitschrift)

Ja, ja.. wenn mer des alles so liest: Es gibt inzwische haufeweis Mittel..
gege jede Art.. von Medikamente.

Hier steht: „Im Durchschnitt schluckt jeder von uns 36.000 Tablette!"
36.000.. en Haufe Zeug. Natürlich nit all auf einmal! Im Lauf seines Lebens!
Das ist der eigentliche medizinische Fortschritt.. dass mer das überhaupt
alles überlebt.

Unser Tante Klara zum Beispiel.. die nimmt soviel Pille.. wenn die mal
de Schluckauf hat.. dann rappelt se.. wie en Sack voll Klicker.

Des kann doch nit ganz gesund soi. Kein Wunder.. dass die immer mehr
an Schlaflosigkeit leidet. Jed Nacht muss ihrn Mann se wecke.. mehrmals..
mitte in de Nacht.. und nur.. damit se ihr Schlaftablette nemme kann.

Insgesamt 24 Milliarden Mark müsse die Kasse zahle.. immer noch.. fer
Arzneimittel.. Jahr für Jahr.. und dann? Dann schmeisse die Leut für zwölf
Milliarde widder weg. Der Pharma-Industrie kann des nur recht sei.. weil:
so was steigert garantiert den Profit.

Viele Medikamente habe ja nur deshalb so en gute Ruf.. weil die Patiente
garnit so lang lebe.. um den Erfolg auch bestätige zu könne.

Aber so isses nun mal im Lebe. Jeder von uns steht ja bereits mit einem
Bein im Grab.. und mit dem andere worschelt mer sich halt so durch.

Doch wenn Sie hier all weiter so Schindluder treibe mit Ihrer Gesundheit..
dann wird auch bei Ihne früher oder später.. der bleiche Gevatter Tod.. mit
seine dürre Knochefinger.. an Ihre Lebenspforte klopfen.. und rufen:

(Man hört von hinten) – „Der Nächste bitte!"

(springt erschrocken auf)

Uwääh! – Um Himmelswille.. Schwester! Habbe Sie mich erschreckt. Da
kann eim ja der Schlag treffe.

(guckt nach allen Seiten und deutet fragend auf sich)

Wer? Ich bin dran? Nää, nää.. ei, mir fehlt doch garnix! Ich wollt hier ja nur abwarte.. bis drauße der Wolkebruch vorbei is.

Nemme Se ruhig en annere. es sinn ja genug da.

(geht zur Mitte und wendet sich ans Publikum)

Und Sie hier kann ich nur ganz dringend warne.. von dere sogenannte „Schulmedizin".. mit ihrer seelenlose Apparate-Technik. Da behandele die uns heut nur noch übber Computer.. mit Ultraschall-sc.. unn Infrarot-se.

Sehn Se: da drübbe.. schräg gegenüber.. da hat eine Heilpraktikerin ihr Praxis eröffnet.. die praktiziert da.. zu ihrm eigene Heil.

Sehr empfehlenswert.. weil: Dort is alles nur reinste Natur.. Tatsache.. so genannte „alternative Medizin". Aber nit nur für „alte Naive".. nein.. auch für jüngere Kranke.

Da sollte Sie mal hingehe! Es rentiert sich garantiert.. vor allem für mich. Die Praxis gehört nämlich meiner Frau.

Alla dann.. der Nächste bitte!

(geht winkend ab)

(aus dem Kabarettprogramm: „Kopfsalat und Sperrmüll"
– Gelebte Scherze – von 1993)

Sippschaftstreffen

Ausgesprochen viel Zeit lassen sich die Menschen heutzutage eigentlich nur noch.. wenn's mal so richtig gemütlich wird.. zum Beispiel bei einem „Sippschaftstreffen".. oder korrekter gesagt: bei einer trauten Familienfeier.

(zeigt Fotoalbum)

Hier.. das war beim 75.Geburtstag von meinem Neffen.. Moment..seiner Schwägerin.. ihrer Nichte.. ihrem Schwager.. sein Opa.

Da war die ganze Meschpoke wieder mal total vergammelt.. pardon.. versammelt.. das heißt: zu familiären Klumpen geballt.

Mir mussten damals sogar ein Lokal mieten.. weil: wir haben unheimlich viel Verwandtschaft.. in der Familie.

Der einzige.. der sie alle kennt.. und der über jeden ganz genau Bescheid weiß.. das ist unser Onkel Ferdinand.. so was wie ein „wandelnder Informations-Archivar".. sozusagen unser „Familien-Stasi"!

Früher hat er bei so Gelegenheite immer nur fotografiert.. am liebsten hat er Dias gemacht.. die wurden dann bei de nächstbesten Gelegenheit an die Leinwand geworfen. Mehr waren sie auch nicht wert.

Aber fotografieren.. das ging ja noch.. da konnte man sich zwischen zwei Blitzen immer mal wieder erholen.. von dem Schock.

Aber heute.. da rennt er ständig nur noch durch die Gegend mit seiner vollautomatischen Videokamera..

(holt Videokamera aus dem Koffer und zeigt sie)

..und das bedeutet für die Familie: Dauerstress! Weil: ständig steht man unter Beobachtung.. sozusagen „Total-Observation".

(nimmt Sitzplan vom Tisch und zeigt ihn)

Der hat nämlich auch immer einen Sitzplan dabei.. und da nutzt's auch gar nichts.. wenn man sich ganz hinten in die Ecke verkriecht.. oder gar unter den Tisch krabbelt.. weil: der hat auch ein Tele-Objektiv.. und damit erwischt er einem überall.

Und da muss man auch immer gutgelaunt grinsen.. und das Schlimmste dabei ist: der hat da vorne drauf sogar ein Mikrofon. Da darf man um Himmelswillen keine dreckigen Bemerkungen machen.. denn das Video wird ja später mal offiziell vorgeführt.. bei möglichst unpassenden Gelegenheiten.. unn das Geringste.. was einem dann passieren kann.. das ist eine Enterbung.

Bühnenlicht geht aus und Spots auf Mitte an
(geht mit Sitzplan und Videokamera zur Mitte)

Eine feine Familie

(geht mit der Videokamera suchend herum)

Ei, wo isser denn.. unsern Jubilar? Ach, da hinne.. da hockter.. neber seim Dokter.. wie praktisch, gelle?

Hallo, Opa! Mach emal e bisje fröhlicher Gesicht.. so als tätste dich freue.. dass de noch lebst.

Na.. wie fühlt mer sich so.. mit 75? Wie.. gut? – Mach der kei Gedanke: nix dauert ewig.

(schwenkt mit der Kamera herum) – Und wo is die Oma?

Hallo, Oma! Alles klar? Lach doch emal! Hast doch allen Grund dezu.. denn gege dein Mann wirkst du mit deine siebzich noch wie so en richtige „Tee-Nager". Sei doch froh! Du bist wenigstens noch nit so alt.. wie du jetzt schon aussiehst.

(legt Kamera auf den Tisch. geht zum Tisch und spricht Richtung Stuhl)

Sehnse.. junger Mann.. des habbe Sie alles noch vor sich. Sie sinn doch der neueste Verehrer von meiner Nichte.. gell?

(winkt nach rechts außen)

Huhu.. Katterinche! Sag emal: de wievielte is denn des mittlerweile?

Na ja.. dei Mutter wird's wisse.. die kann besser rechene.

Wo habbe se die denn hingesetzt?

(deutet nach links in den Saal und nimmt die Kamera hoch)

Ah ja.. da drübbe isse. Huhu.. Tante Martha! Das kann ich Ihne sage: Vor der habbe se hier all Respekt. So e richtige Sadistin is des.

Wen die emal besuche will.. den ruft die schon vier Woche vorher an.. weil: dademit verlängert se dem soi Quale.

Deshalb geh ich ja nie ans Telefon.. wenn die mich mal anruft.

(schwenkt Kamera zur Seite)

Neber ihr.. der Knollekopp.. des is ihrn Mann.. ich nenn den immer unsern „Beton-Karl". Ja, ja.. der hat's gut! Der baut Häuser.. fer die Stadt. Und sehr großzügig isser. Ein Vermögen hat der schon ausgegebe.. ein Vermögen.. für Bestechungsgelder. Aber es Zehnfache dran verdient.

(deutet auf seine Stirn)

Ja.. der hat's halt hier.. im Koppche: alles voller Zement und Kalk!

(legt die Kamera auf den Tisch legen und redet Richtung Stuhl)

Dademit kann mer sich heutzutage dumm und dormelich verdiene.. und dormelich is der werklich nit.

Sie.. der hat mehr Glück als Verstand. Wenn der mal in de Rhoi fällt.. dann kommt der bestimmt mit eme Fisch in de Hand widder eraus.

Und dem seine Tochter habbe Sie sich ausgeguckt? Alle Achtung! Respekt! Und herzlichen Glückwunsch! Nää.. nit zu ihrm gute Geschmack.. weil: so schön is unser Katterinche aach nit.. abber zu Ihrm feine Näsje.

Und das hat sich rentiert.. des is nämlich eine überaus lohnende Partie. Was mache Sie eigentlich beruflich? – Finanzspekulatione?

Wie? – Sie studiern? Und Wo? – Aha.. auf de Uni! Hätt ich nit gedacht. Ein Intellektueller! Ein „Hirni",!

Und was studieren Sie? Ökologie? Du lieber Himmel.. auch das noch! So was hat uns grad noch gefehlt in unsrer Familie: ein Umweltfanatiker.. ein Öko-Freak.. ein „Grienpieser"!

Ja, wenn Sie wenigstens noch gut aussehe täte!

Ehrlich! Mir täte Sie als Verehrer überhaupt nit gefalle! Arm Katterinche!

Aber mei Nichte hat halt schon immer en ausgesproche komische Geschmack gehabt! Doch was soll's? Mache Se sich nix draus! Ich hab emal gehört: Alles was en Mann schöner is als en Aff.. des wär Luxus.

Obwohl.. was heißt da „Mann"? Wenn Se sich emal die älter Schwester vom Katterinche betrachte.. da drübbe hockt se.. ..ja, die da..

(hebt Kamera hoch und schwenkt nach rechts)

..die Derrabbelsen! Kenne Sie den Ausdruck nit? Eine extrem Dürre.. die mit den Knochen rappeln kann.

Na ja.. direkt eine elegante Schönheit war des ja noch nie gewese.. ganz im Gegeteil. Abber nit alles, was zwää Backe hat.. is auch e Gesicht.

Außerdem.. die is mit de Zeit so e richtig Gribbelbissern worrn.. ein Gewidderoos.. ein „Unwetter-Aas"!

Und je älter die wird.. desto greebischer werd se.. unleidlicher! Mer könnt auch sagen: eine ausgesprochene „Greebarchsen".. das ist ein „ständig schimpfendes Gesäß"!

Nebe dran ihrn Mann.. der mit dem Buckelche.. unn dene Dotzklicker.. so nenne mir „Quellauge".. des is eigentlich en ganz klore Kerl.. nit grad uff de Kopp gefalle.. also, zumindest nit allzu oft.

Trotzdem is der Kerl steinreich worde.. und wisse Sie auch wodurch? Durch mehrfach gelungenen Bankrott!

Mir habbe doch da noch so en ausgekochte Spitzklicker.. wo isser?

(nimmt Kamera hoch und schwenkt nach links)

Da isser ja! Da drübbe.. der klääne Uffgestumpte.. der mit der dicke Blotschnoos.. eine „Gurkennase".. des is en weitverbreitete Kuseng von unserm Katterinche.. mein Neffe Alois. Der is jetzt schon über vierzig.. und lebt immer noch.. *(setzt die Kamera ab)* ..bei seine Eltern.

Ein ganz fleißiger Doppelverdiener is des. Einerseits kassiert er eifrig Arbeitslosegeld und Sozialhilfe.. andererseits schafft er eifrig wie en Brunneputzer.. auf em Bau.. so viel ich weiß.. schwarz!

Aber dennoch.. deheim nix wie Krach unn Spektakel.. und immer nur wegem Geld. Die redde schon seit über drei Monat nix mehr mitenanner.. kein Wort mehr.. die verkehrn nur noch mit Zettel. Nächste Woch zieht er endlich aus. Wahrscheinlich sinn die Zettel all.

(nimmt die Kamera hoch und schwenkt nach rechts)

Abber es gibt da noch so e Profitschachtel in de Familie: Da drübbe sitzt se.. die Berta.. mei Schwippschwägerin.. mütterlicherseits.. die mit dene frisch gebügelte Kinner.. ja.. mit dem knappsitzende gepunktete Glitzerfummel. Die sieht aus.. wie en Rollbrate in Geschenkpapier.

(setzt die Kamera ab)

Sie.. des is die Allerschlauste.. in de ganz Familie. Vor allem ist sie der Schrecken aller Versicherunge. Die hat Tricks drauf. Eine wahre Meisterin auf dem Gebiet der „wahrheitswidrigen Schadenssimulation“:

Wenn bei dene in de Familie jemand mal de Schnupfe hat.. da macht die gleich en größere Wasserschade geltend.

Gegenüber.. des is Ihr Mann.. en ehemalige hohe Beamte.. allerdings schon recht früh in den vorzeitigen Ruhestand getreten.. worden.

Ja.. der hatte ein sehr schweres Leiden.. schon seit vielen Jahren: eine „chronische Korruptions-Akzeptanz“.

Aber jetzt kann er sich endlich deheim um sei Häusje und um sein Garte kümmern.. und da macht er alles selbstpersönlich. Ja.. da isser äußerst pingelich. Der hat kein Rasemäher.. ach wo.. der beißt die Grasspitze ab.. der ganze Rase is sozusage „mund-genagt“

Das ist de größte Geizkrage in de ganz Sippschaft. Der hockt so fest auf seinem Geld.. dass die Adler uff de Fünf-Mark-Stücker quietsche.

Der hat ja auch nur so eine kärgliche Pension.. von nur 8.500 Mark. Aber inzwischen bessert er sei Einkomme e bisje auf.. durch ein kleines Zubrot.. als privater Finanzberater.. für ganz große Verdiener.. die lieber ganz kleine Steuerzahler sein wolle.

(reibt augenzwinkernd Daumen und Zeigefinger) – Sie wisse.. was ich meine?

Ja.. da hat er reichlich Erfahrung.. der war mal bei de Steuerfahndung.

Wie bitte? Was sind wir? – Ein feine Familie? Ha! Da könne Sie abber Gift drauf nehme. Sogar arich. .fein!

(guckt empört Richtung Stuhl)

Na, na, na.. was heißt da: „fast schon kriminell"? Erlaube Se mal! Das möchte ich mir verbitten. Von wege.. fast!

Mer soll nit alles glaube.. was die Leut so reden. Außerdem hab ich Ihne weitaus weniger gesagt.. als die hier all mitenanner zugebe müsste!

Wie bitte? – Das hat Ihnen alles gar nicht gefallen? Das glaub ich gern.

(nimmt Kamera hoch und schwenkt langsam vom Stuhl zum Ausgang)

Ja,ja.. gehn Se nur.. je früher, desto eher!

Ich vergess ja eigentlich nie ein Gesicht.. abber bei Ihne.. da will ich gern mal e Ausnahm mache!

Ich nehm sie auch bloß deshalb hier mit meim Video auf.. damit ich Sie später widder genüsslich lösche kann.

(setzt Kamera ab und ruft Richtung Ausgang)

Ei, Katterinche.. wo willst du denn hin? Du wirst doch nit so einem nachlaufe... so einem linken Spinner.. so einem Moralapostel. Der is doch nit ganz normal. Völlig lebensuntüchtig is der doch.

(droht Richtung Ausgang)

Und Ihne will ich emal was sage: Unser Katterinche hat was besseres verdient als wie Sie. Die brauch einen.. der hineinpasst in die heutige Zeit.. in „diese unsere Gesellschaft".

Was meine Sie? – Nein.. der muss nit reich sein.. auch nit schlau.. dadevon habbe mer schon genug hier in unsrer Familie. Aber wenigstens ehrlich und anständig sollt er sein.. weil: so ein seltenes Exemplar..

das hatten wir hier bei uns noch nie gehabt.

Blackout

(aus dem Kabarettprogramm: „Kopfsalat und Sperrmüll"

– Gelebte Scherze – von 1993)

Schöne Bescherung

Es gibt in der Alltagssprache einen treffenden Ausdruck, wenn irgendwo etwas Unangenehmes passiert.. worden ist, was einer „mittleren Katastrophe" gleichkommt, dann sagt man dazu: „Eine schöne Bescherung!"

Dabei bezeichnet dieser Begriff eigentlich den für viele Menschen wichtigsten Zeitpunkt im ganzen Jahr: wenn sie ihre Weihnachtsgeschenke auspacken können.

Allerdings muss dafür erst mal eine ganz wichtige Voraussetzung erfüllt sein: Es sollte nicht nur „Weihnachten" sein, sondern möglichst auch noch „Heiligabend". Denn ob man will oder nicht: Er kommt unerbittlich auf uns zu.. und dann.. auf einmal steht er tatsächlich vor unsrer Tür: der „Leibhaftige".. also, der leibhaftige Heiligabend: Und der dräuende Ruf erschallt:

„Christkind ante portas!" – „Wolle mer's eroi losse?"

Es gibt ja Leute, die sind schon von Natur aus geborene „Weihnachter".. vor allem diese notorischen „Mit-Gewalt-Feierer". Die tun doch einfach alles.. damit das Fest auch ein Erlebnis wird: schön festlich.. stimmungsvoll.. feierlich.. und das alles ohne Rücksicht auf Verluste.

Um die Organisation des Festes kümmern sich hauptsächlich die Frauen.. während die Herren Männer in der weihnachtlichen Vorbereitungszeit meist nur sinnlos in der Gegend herumstehen und im Grunde eigentlich bloß stören.

Allerhöchstens traut man ihnen noch zu, sich Gedanken zu machen über die musikalische Gestaltung der Bescherung.. also, was traditionell von der Familie unbedingt gesungen werden.. muss.

Daher sollte der „Herr des Hauses" spätestens am Tag vor Heiligabend damit anfangen zu suchen.. welche Lieder in Frage kommen könnten.. für die gesangliche Interpretation durch die Familienmitglieder.. am besten mit einer Art Generalprobe der potentiellen Weihnachtslieder.

(zieht Strickweste an und geht zum Piano)
Bühnenlicht geht aus und Spot auf Piano an

♪ Die Weihnachtsliederprobe

(geht suchend um das Piano herum)

Lisbeth! Wo haste denn des Album hin? - Was? Nein.. ich mein nit unser Foto-Album. Ich will mer doch Weihnachte nit noch mit Familiefotos versaue. Morche Abend habbe mer se doch all leibhaftig in de Bud erumhocke.

Nein.. ich suche des Album mit dene Weihnachtslieder. Was hast du?

Keine Ahnung? Des is doch nix Neues! Abber des muss doch hier sein.. irgendwo! Alles muss mer abber auch selberster suche.. wenn mer mal was verschlampt hat.

Was is? – Nä, ich kann die Lieder nit auswendig spiele. Ich bin doch nit de Horrorwitz. Obwohl.. wenn ich was auf em Klavier spiele.. dann is das für die eine de reinste Horror.. und für die annern en Witz.

Es einzige, was ich einigermaße auswendig kann.. des is „Humba täterä".. oder „Rucki-Zucki". Des sinn ja auch ganz wunderschöne Stimmungslieder.. und Stimmung brauche mer morche Abend.. uff Deibel komm eraus. Pardong! Ich mein natürlich: auf Christkinds Erscheinen.

Nä, nä.. des müsse doch schon stimmungsvolle Weihnachtslieder sein.. damit de Leut auch schön die Träne komme.. weil: geflennt muss werrn.. sonst is kei richtig Weihnachte.

Und wenn ich morche Abend ohne Note spiele muss.. dann werden garantiert Tränenströme fließen.. abber nit vor Rührung.. sondern vor Lache. Die Blamaasch.. vor der Bagaasch!

(wühlt in den Noten auf dem Piano und hält Notenheft hoch)

Da is es ja! Ich hab's! Siehste? Wenn ich nit so en ordentliche Mensch wär.. dann könnte mer morche Abend höchstens Fastnachtslieder singe.

(setzt sich an Piano und blättert im Heft herum)

Na ja.. viel Neues is ja nit dabei.. immer noch die selbe Hits wie jed Jahr.. aach noch mit em gleichene Text. Abber en Haufe Zeuch ist des ja... oh je.. mein lieber Herr Gesangsverein! Bis ich die all durch hab.. is Silvester.

Am beste fängt mer mit etwas Heiterem an:

♪ „O du fröhlichehe.. o du selichehe.. du seliche.. dusseliche.."

Eine dusselische Tonart es des.. des is „Des-Dur". Kein Laie kann sich vorstelle, was des heißt.. wenn's „Des" is: fünf mal das Vorzeichen „B"!

Fünf Sticker .. uff ääm Haufe! Und des.. des kann kein Schwein spiele.. also, ein so ungeübtes wie ich.

Außerdem.. was heißt da „O du fröhliche, o du selige..“? Wenn die Verwandte morche hier einfalle.. wie die Heuschrecke.. des macht eim weder „fröhlich“.. noch „selig“.

Da spiele ich lieber des Lied hier.. das hat nur dreimal das Vorzeichen „Kreuz“.. und da kenn ich mich sehr gut aus.. mit drei Kreuze.. die hab ich ja auch: moi Schwiegermutter.. moi Schwägerin unn moi Frau.

𝄞 „Morchen kommt der Weihnachtsmann.. kommt mit seinen Plagen..“

Apropos: Plagen! Ich bin ja mal sehr gespannt, wer da morche Abend wieder alles angeschiss.. angeschliche kommt: festlich verkleidet.. modisch uffgebrezelt.. und geschmückt.. bis an die Zähne.

Was is, Lisbeth? – Nein.. ich hab nix gege unser Verwande.. ach wo.. vorausgesetzt: sie sinn nit da.

Am Schlimmste is die Tante Babbet.. die alte Nervesäge. Seit de Onkel Konrad das Zeitliche gesegnet hat.. wahrscheinlich weil er's bei ihr nit mehr ausgehalte hat.. da is des die „lustigste Witwe“.. im ganze Viertel.

(deutet Umfang an)

Unn sooo en Apparat is des.. ehrlich.. ein mit sündhaft teurem Schmuck behangenes Klumbewutzje. Die könnt ohne weiteres jedem Christbaum Konkurrenz mache.

Warum bloß kommt die immer nur zu uns? Die hat doch selber so e schee groß Wohnung. Sogar mit eme Klavier drin. Aber dademit kontrolliert die wahrscheinlich nur ihr Figur: Ab und zu.. da hockt se sich auf die Taste drauf.. unn wenn mehr als zwei Oktave erklinge.. blatsch-bumm.. dann muss se widder abnehme.

Unn dann hat sicher widder so e Plastikdutt debei mit klebrisch Zeuch: verweichte Kekse.. babbische Bombos.. vermaatscht Schokolad.. bestimmt ein Sonderangebot.. aus de Delikatesseabteilung.. vom Aldi. Und dann flötet se immer so zuckersüß:

𝄞 „Ihr Kinderlein kömmet.. oh, kömmet doch all..“

Ach, du lieber Himmel! Die komme ja tatsächlich auch all.. unn dann hause die hier.. schlimmer als wie die Vandale. Am schlimmste sinn de Tante Gerda ihr siebe Bankert. Die Zucht.. und die Jagd.. ich hab jetz noch die Nas voll.. vom letzte Jahr. Da habbe die doch unsern teure CD-Player vollgeschmiert.. mit Buttercremetort.. unn die Büchs mit Puderzucker habbe se über unsern schöne neue Fernseher geschütt.. und dabei auch noch gesunge:

𝄞 „Leise rieselt der Schnee.. still und starr ruht..“

Apropos: ruht! Oh jee.. die Tante Ruth kommt ja auch.

Ach, du lieber Himmel! Die mit ihrer spitz Zung! Hoffentlich setzt se sich nit wieder neber's Tante Lottche.. die mit ihrm freche Maul. Da bricht mir jetzt schon de Angstschweiß aus. Nur ein falsches Wort.. batsch.. schon sinn se tödlichst beleidigt.

Vorsjahr hätte se sich beinahe gegenseitig erdrosselt.. doch es ist ihne nicht geglückt.. leider.

Und bei solche Aussichte.. da soll mer dann auch noch singe:

♪ „Kommet, ihr Hirten, ihr Männer und Fraun! –
Kommet zur Krippe.."

Apropos: Krippe! – Lisbeth.. was gibt's denn morche abend zu Esse? Soweit ich den Lade hier kenne: „Brebelsupp.. mit Glotzauge"!

Haste auch genug Kartoffele? – Warum? Ei, des stoppt!

Sonst sinn im Nu wieder unser sämtliche Vorrät weg. Ich hör se all schon.. wie se schmatze.. uff unser Koste.. unn von wege:

♪ „Stille Nacht.. heilige Nacht.. alles schläft.. oinsam wacht.."

..mit Sicherheit widder mal ich! Bis in die Nacht enoi muss ich wieder wach bleibe.. bis zum bitteren Ende.. und aufpassse wie en Schießhund.. damit se nit widder mein teure französische Kognac wegsaufe. Ja, ja..

♪ „Alle Jahre wieder.. kimmt die Bagaasch zu uns.."

Was is.. Lisbeth? – Das Lied gefällt dir nicht? Na und? Es wird gesunge.. was auf de Tisch kommt. Wenn schon.. denn schon:

♪ „Lasst uns froh und munter sein.."

Um Himmelswille.. nää! Lasst se all früh müde sein.

Schön wär's ja! Aber wie ich den Zirkus hier kenne.. dann geht's nachts um zwölf erst richtig los. Und wenn mer se diskret darauf hinweist: eigentlich hätte mer jetzt all schon genug getrunke.. dann singe bestimmt:

♪ „Ääner geht noch.. ääner geht noch noi!"

Ja.. ja.. abber kääner geht heim! Jed Jahr es selbe Theater:

♪ „Morgen, Kinder.. wird's was geben.."

Davon bin ich fest überzeugt. Da wird's wieder was geben: Dorchenanner.. unn Aufrechunge. Die reinste „Weihnachtsrandale"! Wenn ich ja könnt.. wie ich wollt.. ei, ich tät glatt zum Krippe-Flüchtling werrn.

Von wege: „Friede auf Erden"! Da fängt doch de Onkel Vinzenz bestimmt widder an zu erzähle.. wie er damals im Krieg bei Krakowizki.. ganz alleins.. e ganz Kompanie Russe umzingelt hat. Und dann soll mer noch singe:

♪ „Fröhliche Weihnacht überall..
wer das glaubt.. der hat en Knall!"

Ei, ich hab ja jetz schon die Nas voll.. wenn ich nur an morche Abend denke. Die Wänd könnt ich hochgehe.. bis an die Deck enauf.. unn dann von da obbe enunner hippe.. mitte enoi.. in diesen „trauten Kreis".. und singe:

𝄞 „Vom Himmel hoch.. da komm ich her.."

Ich frag mich nur: Wieso komm ausgerecht ich eigentlich dazu.. für die ganz Sippschaft hier de „Weihnachtsaff" zu mache?

Immer nur ich soll hier Weihnachtslieder aussuche.. unn morche Abend Besinnlichkeit verbreite.. unn fer Stimmung sorche. Hab ich das nötig?

Weißte was.. Lisbeth? Morche abend.. da hau ich ab. Ich geh da enübber.. in die Kneip „Zum dorschtige Nikelos"! Und da könne die hier sich all selber aussuche.. was se singe wolle.. vielleicht auch ausnahmsweise emal ein Lied über mich:

𝄞 „Es ist ein Ross entsprungen!"

Und anschließend die schöne Weise:

𝄞 „Oh Tannenbaum, oh Tannenbaum..
de Vadder.. der is abgehaun!"

Alla dann.. fröhliche Weihnachten allerseits.. wenn's geht!

Blackout

(aus dem Kabarettprogramm: „Wahn-sinnig.. komisch!"
– Aus deutschen Landen.. frisch aufs Tablett – 1981)

♪ Lieder im II.Teil: „Musikalische Leckerbissen"

In den exklusiven Nobelrestaurants für die oberen Zehntausend (auf die genaue Zahl möchte ich mich nicht festlegen) ist es Sitte, die Einnahme der Menüs mit Musik zu untermalen. Bei besonders hohen Gäste werden die Melodien meist von ambulanten Musikanten sogar direkt am Tisch ins Ohr hinein serviert.

Zwei musikalische Leckerbissen der besonders schmackhaften Art habe ich an dieser Stelle im Menü vorgesehen. Zunächst eine scharf gewürzte Anmoderation zu einem gesellschaftskritischen Lied über menschliche „Maskeraden" im Leben.

Danach ein herzhafter pikanter Kommentar über die vielgepriesene Mainzer Humorkapazität, gefolgt von einer knackigen Hymne unter dem Titel „Mein lustig Mainz"

Eine schöne Gesellschaft

Glücklich kann sich heutzutage jeder preisen, der noch gesund ist und arbeiten kann. Allerdings: nicht jeder, der gesund ist, hat auch Arbeit. Besonders schwierig wird es vor allem dann, wenn man ins sogenannte „Früh-Senioren-Alter" kommt. Und das fängt ja mittlerweile bereits an.. so um die Vierzig.

Dennoch braucht man keine Angst zu haben, dass man dann vielleicht keine Stelle mehr bekäme in diesem biblischen Alter.. keinesfalls.. ach wo.. das Gegenteil.. ist falsch.

Da findet man garantiert immer noch einen seinem jeweiligen Zustand angemessenen „Senioren-Job" - zum Beispiel als „Medikamenten-Tester".. oder wenn das schief gehen sollte: als „Organspender".. natürlich nur so lange.. wie der biologisch begrenzte Vorrat reicht.

Ja.. in unserer mit Recht so genannten „Ellenbogengesellschaft" herrscht nun mal ein gnadenloser Konkurrenzkampf.. und der zwingt die Menschen zu Höchstleistungen, nach der Devise: „Jeder gegen jeden.. und alle nur noch für sich selbst!" In der Tat: eine schöne Gesellschaft! Aber so ist nun mal das Leben: hart.. aber ungerecht.

(geht zum Piano)

Die „breite Bevölkerung" jedoch.. die „Stink-Normalen".. abgekürzt: die „Stinos".. also Leute wie Sie und ich.. wir stehen dieser brutalen Art von Lebenskampf meist recht hilflos gegenüber. Jeder versucht halt auf sein ganz persönliche Art und Weise ums Überleben zu kämpfen.

Das ist zwar nicht immer leicht.. aber dafür auch gar nicht so einfach!

Bühnenlicht geht aus und Spots auf Piano an

𝄞 Maskeraden

(setzt sich ans Piano und singt)

Das Leben ist ein Maskenball,
doch wird kein Preis vergeben.
Die Regeln gelten überall:
es zählt nur: überleben.

Die einen lassen sich beraten,
sind kostümiert, voll Pracht:
als Militärs, als Potentaten,
wenn es nur Eindruck macht.
Die andern präsentieren sich
in modisch schicken Lumpen,

sie blenden nur, betrügerisch,
und leben dann.. vom Pumpen.

Das Leben ist ein Maskenball,
doch wird kein Preis vergeben.
Die Regeln gelten überall:
es zählt nur: überleben.
    Wer innerlich verletzbar ist,
    setzt Masken auf zum Schützen.
    Doch mancher oft dabei vergisst,
    dass sie nicht immer nützen.
    Da muss man schon geschickter sein,
    maskiert sich, je nachdem,
    wie man grad wirken will.. zum Schein,
    dann lebt sich's recht bequem.

Das Leben ist ein Maskenball,
doch wird kein Preis vergeben.
Die Regeln gelten überall:
es zählt nur: überleben.
    Mal Chef, mal Kumpel kann man sein,
    mal Engel, Teufel oder Clown,
    Moral-Apostel oder Schwein,
    egal ob Männer oder Fraun.
    Der Masken gibt es vielerlei
    mit wechselnder Lackierung,
    doch kommt die Zeit, wo es vorbei..
    zum Schluss heißt's: Demaskierung!
Das Licht verlöscht langsam bis zum Schlussakkord
    Dann liegst du unterm grünen Moos,
    wie's jedem mal so geht..
    bist endlich alle Masken los..
    doch dann..
        ist es..
            zu spät!

(aus dem Kabarettprogramm: „Ich bin so frei" – Zeitgeistliche Experimente – 1998)

Mainzer Humor-Kapazität

Schon von Kindesbeinen an hat mich immer am meisten interessiert:
Wie kann ich möglichst viel Menschen in meiner Umgebung zum Lachen
bringen? Egal wie. In der Familie.. in der Schule.. später im Beruf.. dann
im Sportverein.. und warum? Weil ich mir einbildete, dann hätte ich sicher
nichts mehr vor den Leuten zu befürchten. Ha! Von wegen!

Meine Eltern hatten immer wieder versucht mir zu erklären: sämtliche
Mainzer seien von Natur aus ausgesprochen humorvolle Zeitgenossen.

Aus diesem Grund schloss ich mich einer Gruppierung an, die ihren
eigenen Beteuerungen zufolge über das größte „Humor-Potenzial" dieser
Stadt verfügen sollten: die Karnevalisten.

Und bei denen testete ich dann den Umfang ihrer „Humor-Kapazität"..
nach und nach.. und zwar mit närrisch-satirischen Vorträgen. Und was war
das Ergebnis? Das Publikum konnte sehr herzlich darüber lachen..
stellenweise.. sogar aus vollem Hals.

Aber den meisten „chronischen Frohsinnsvertretern" blieb es meistens
in demselben stecken. Obwohl sie ständig behaupteten: Sie würden die
Fastnacht gar nicht so ernst nehmen, wie es oftmals den Anschein hätte.
Und das taten sie ja auch keineswegs.. ganz im Gegenteil.. die nahmen sie
todernst.

So etwas soll sogar heute immer noch hier und da der Fall sein.
Zwangsläufig kam ich daher im Lauf der Jahre zu der aus Erfahrung
gestützten Erkenntnis:

„Humor is was ganz Ernstes.. an Fassenacht, da lernste's!"

Als ich dann später in die Kabarett-Szene wechselte, musste ich erstaunt
feststellen: Auch dort gibt es eine Menge „Narren". Sowohl solche, die das
absichtlich sind.. aber auch sehr viele unfreiwillige, die das bis heute noch
nicht gemerkt haben.

Alles in allem muss ich im Nachhinein meinen Eltern doch recht geben..
denn es stimmt schon, dass es in unsrer Stadt geradezu wimmelt von
„Humoristen" aller Art. Aber nicht nur im Rathaus, nein.. überall regiert der
Humor.. denn man muss schon sehr viel davon haben.. um all das ertragen
zu können, was hier in Mainz alles möglich ist.

Über diesen ständig propagierten „Humor-Anspruch" durch die hiesigen
Eingeborenen hatte ich bereits 1977 ein Lied geschrieben.. das Sie vielleicht
nur deshalb noch nicht gehört haben, weil Sie damals noch gar nicht auf der
Welt waren.

(geht zum Piano)

Darum sollen Sie jetzt die Gelegenheit haben, diese „Lobeshymne auf das lustige Mainz" kennen zu lernen.. und ich hoffe: danach werden Sie bestimmt zugeben: „So etwas hat uns hier in Mainz grad noch gefehlt!"
Das Bühnenlicht geht aus und Spots aufs Piano an.

𝄞 Mein lustig Mainz

Lautes Lachen wächst hier wild auf allen Straßen,
und die Stimmung aus den Pflastersteinen sprießt,
der Humor steigt nebelgleich aus allen Nasen,
Witz um Witz hier kichernd aus dem Boden schießt.

Alle lachen hier, ob Kleine oder Große,
ob sie jung, ob alt, ob häßlich oder schön,
ob sie Unternehmer oder Arbeitslose,
ja, man hat sogar schon Leichen schmunzeln sehn.

 Mein lustig Mainz, du bist die Stadt,
 die den Humor erfunden hat,
 bei so viel Frohsinn Tag und Tag,
 hat sich schon mancher schiefgelacht..
 sich schiefgelacht.

Täglich hüpfen hier die Scherze durch die Gassen,
aus den Brunnen sprüht das Lachen silberhell,
und die Witze, die vermehren sich in Massen:
im Büro, im Dom, im Kino... im Bordell.

Unter Fremden hört man hin und wieder munkeln:
„Du musst lachen, sonst wirst du evakuiert!"
Selbst im Krankenhaus soll man im Bett noch schunkeln,
in der Klinik wird man lachend operiert.

 Mein lustig Mainz, du bist die Stadt,
 die den Humor erfunden hat,
 bei so viel Frohsinn Tag und Tag,
 hat sich schon mancher krankgelacht..
 sich krankgelacht.

Im Gefängnis grinst man in den engsten Zellen,
und im Altersheim kommt man vor Lachen um.
Alle Kirchen heißen hier nur Spaß-Kapellen,
und den Friedhof nennt man „Humatorium".

Lachend wird man schon als Säugling hier geboren,
und das Leben ist nur fröhliches Tamtam,
niemals geht die gute Laune hier verloren,
auf dem Grabstein steht dann „in humoriam".

Mein lustig Mainz, du bist die Stadt,
die den Humor erfunden hat,
bei so viel Frohsinn Tag und Nacht,
hat sich schon mancher totgelacht..
sich totgelacht.

Wer so aus Spaß verschieden,
der kann hier ruhn..
in Frieden.

Nur wer nie dabei mitgemacht..
wird ausgelacht..
und dann..
gut Nacht!

Bei den letzten Takten geht das Licht allmählich aus

(aus dem Kabarettprogramm: „Spaß muss sein – Ein Humoratorium – 1977)

Vorträge im II. Teil:
„Rustikale Eintöpfe"

Das Thema „Doping" ist so alt wie die Menschheit seit der Entdeckung rauschfördernder Substanzen. Wer das Risiko eingeht, sich einem ihm lauschenden Publikum gegenüber zu treten, ist in dieser Hinsicht natürlich ganz besonders gefährdet. Wohin unkontrolliertes Einnehmen selbst von harmlosen Alltagsdrogen führen kann, wird im Verlauf einer eskalierenden, am Ende sehr rustikalen „Hochzeitsrede" deutlich.

Die Forderung an Redner im klerikalen Umfeld, ihre Predigten nicht nur verständlicher, sondern auch alltagsnäher zu gestalten, ist nicht neu. Leider wurde das in der Praxis jedoch nicht flächendeckend durchgesetzt.

Anhand eines biblischen Originaltextes hatte ich vor Jahren schon etwas Schönes angerichtet (in jeder Hinsicht): Die auch in kirchlichen Laienkreisen bekannte „Hochzeit zu Kana" wurde von mir in den urigen Määnzer Dialekt übersetzt. Das Ergebnis fand sogar bei hohen kirchlichen Kreisen (nicht mit G geschrieben) wohlwollende Duldung.

Auftrittsdoping

Während meiner Kindheit habe ich in der Innenstadt von Mainz gewohnt.. in einem Eckhaus am Neubrunnenplatz.. genau zwischen einer Wirtschaft und einem Kino. Ich bewegte mich also in meiner Jugend ständig sozusagen zwischen „Kultur und Suff".

Diese Konstellation muss offenbar prägend gewesen sein.. für meine späteren Bühnenaktivitäten.. wobei der „Suff" dann zwar überwiegend aus Alkoholika bestand.. aber immer nur aus rein medizinischen Gründen.. genauer gesagt zur Bekämpfung eines sehr unangenehmen Nervenleidens: Ich litt nämlich am so genannten „Morbus lampinus".. auf deutsch: an ganz profanem „Lampenfieber".

Inzwischen jedoch.. da leide ich nicht mehr darunter.. keineswegs.. ganz im Gegenteil.. ich genieße es. Nach der Devise:

„Trinkst du Fernet jedes Mal.. is dir alles scheißegal!"

(holt Flasche aus dem Requisitenkoffer, trinkt einen Schluck und stellt sie zurück)

Dieses äußerst wirkungsvolle Medikament hat mir aber auch sehr geholfen bei vielen anderen nervlichen Belastungen.. zum Beispiel: wenn ich mal teilnehmen musste.. an diesen unsäglichen „offiziellen Empfängen".. oder noch schlimmer: an einer dieser bis an die Schmerzgrenze gehenden strapaziösen „Familien-Feiern".. oder konkreter: diese „verwandtschaftlich bedingten Naturkatastrophen".

(stellt Koffer auf den Stuhl und holt Weinflasche und Weinglas heraus)

Dass sich hier in meinem Requisitenkoffer auch eine Flasche Wein befindet.. das hat lediglich „dramaturgische Gründe".

(rückt Tisch auf Mitte der Bühne und stellt Flasche und Glas drauf)

Damit möchte ich Ihnen vorführen.. wie diese Flasche mal eine wichtige Rolle spielte.. als ein weitläufiges Familienmitglied von mir geheiratet hat.. und der bedauernswerte Brautvater die schwierige Aufgabe zugeteilt bekam.. die obligatorische „Hochzeitsrede" halten zu dürfen.. zu können.. zu sollen.. zu müssen.

(zieht Jackett an und stellt sich hinter den Tisch)
Das Bühnenlicht geht aus und die Spots auf Mitte an

Die Hochzeitsrede

(Der Brautvater hantiert verlegen auf dem Tisch herum und murmelt vor sich hin)

Mal sehe.. ob ich auch alles hab: also.. en Tisch.. hab ich.

Moi Manuskript.. hab ich. - Beruhigungsmittel.. hab ich.

(schenkt Glas aus Flasche voll) ..und Schiss.. hab ich auch. Und wie!

Alla dann.. probiern mer's einfach mal!

(holt sein Redemanuskript aus der Tasche, stellt sich in Positur und räuspert sich)

Äääääh.. liebes Brautpaar. – Meine liebe Tochter Cornelia!

Lieber Schwiegersohn An.. An.. An..

(guckt in den Text) ..wie heißt der noch schnell? – An.. dreas!

(wendet sich während seiner Rede jeweils nach rechts und links)

Liebe Schwiegereltern.. ääh ..sippe! – Liebe Lisbeth.. „teure" Gattin!

Liebe eigene Familien. .mit.. ääh.. gliedern!

(nach vorne säuerlich lächelnd) Liebe Verwandtschaft.. zweiten Grades!

Liebe.. na ja, was heißt schon: Liebe? Wenn ich euch all so sehe.. dann
kann ich nur feststellen: „Aller Anhang ist schwer.."

(guckt in den Text) – Anfang! Und den habe ich damit schon geschafft..
immerhin auch ein schöner Trost.. in diesem Sinne.. .ääh. .Prooost!

(trinkt das Glas leer und schenkt sich wieder ein)

Liebe Cornelia – lieber Anton..*(stutzt)*..pardon: Andreas. Ich wollt sage:
„An Ton" genügt schon .. und mir verstehe uns. . gelle?

Nach einer äußerst „langwierigen".. sehr „kostspieligen" Verlobungszeit..

(guckt missbilligend) ..habt Ihr euch endlich getraut euch auch emal trauen zu lassen..
und zwar „standrechtlich".. habt Ihr's jetzt sogar schriftlich.. dass Ihr Euch
lieben müsst.

Die Ehe.. sie ist ein „heiliger Stand".. wo's nur so wimmelt.. von Märtyrer.
Ja.. sie ist schon etwas sehr Schönes.. Erhabenes.. Erstrebenswertes.. alleins
schon aus steuerrechtlichen Gründen.

Oder denkt nur mal an später.. an die Hinterbliebenenrente.. oder wenn
gar Schlimmeres passiert.. dass nicht nur der Tod euch scheidet.. sondern
vorher schon so en clevere Anwalt.

Wenn euch also der „Sturm des Lebens" umtost.. dann hilft oft nur noch
eins.. ääh.. Prooost!

(trinkt das Glas leer, schenkt sich ein und spricht mit etwas schwerer Zunge)

Aber ich sage auch.. voller Hoffnung und Zuversicht. Macht euch nix
vor! Ihr werdet euch noch wundern.

(zur Seite) Die Mamma weiß.. was ich damit meine.. gell, Lisbeth?

Auch unsere Ehe hat emal sehr schön angefange.. damals.. bei de
Hochzeit. Aber dann.. sowie mer aus de Kirch draus warn.. ojeeh.. da ging
des Theater schon los.. und nur weil ich zu meim Stammtisch wollt.

Warum.. so fragt mer sich.. warum heiratet der Mensch überhaupt.. hä?
Ganz klar. Man heiratet mangels Erfahrung.. lässt sich scheiden.. mangels
Geduld.. und heiratet dann wieder.. mangels Gedächtnis.

Natürlich ist so eine Hochzeit ein dringendes menschliches Bedürfnis.. aber so eine Ehe.. das ist eine übermenschliche Leistung.

Ich weiß.. von was ich rede. Drum.. lieber An.. An.. angeheirateter Schwiegersohn.. wenn du mal dadurch Probleme host.. denk immer nur an eins.. an.. ääh.. Prost!

(trinkt das Glas leer, schenkt sich ein und spricht mit sehr schwerer Zunge)

Liebe „Festgänse".. Festgäste! - Zu dieser wunderschönen.. aber sehr teuren Hochzeitsfeier..

(guckt drohend) ..habe ich euch eingeladen.. so gern wie mir des leid tut.. aber..

(wendet sich zur Seite) ..da hätten sich die Herrn Schwiegereltern auch ruhig ein bisjen mehr dran beteiligen können.

Ich weiß: Sparsamkeit ist eine sehr schöne Tugend.. vor allem wenn's nix kost.. und mer immer nur eins hört.. ääh.. Pro-pro-pro... is ja auch egal!

(wendet sich nach vorne und beginnt zunehmend mehr zu lallen)

Ihr braucht garnit so hämisch zu lache.. Ihr seid ja nit hier herkomme.. aus Liebe zur Familie.. sondern weil's umsonst zu esse und zu trinke gibt.

Liebe Schnorrer! – Pardong.. liebe Nassauer!

Na und? Was soll's? Habt ihr denn kään Humor? Merkt euch emal eins: Wer über diesen Scherz nicht lacht.. den hat der Herr umsonst gemacht.

Ei, seid doch emal ehrlich.. ausnahmsweise. Ihr schwätzt doch immer all mitenanner bloß von Eurem „hormonischen" Familienleben.. unn wie sieht's in Wirklichkeit aus.. hä? Außen hui.. unn innen fui

Bei uns dagege.. da isses doch ganz genau so. Ich hör se zwar immer: „Wir haben nie Streit. – Wir lieben uns alle." – „Wir sind eine glückliche Familie." Ha! Von wege! Hundskniddel sinn mir!

Und wenn ich mich dadrübber emal lustig mache.. was sagt dann mei Frau?

(deutet zur Seite) – Ich wär ungezogen.. und grob.. und gemein. Na und?

Da kammer doch emal sehe.. wie flexibel ich bin.

Und was is sie.. hä? Mit nix zufriede isse.. noch nit emal mit garnix!

Sechs Freundinne hat se.. sechs.. und mir.. mir gönnt se noch nit emal eine einzige.

Dabei wollt ich garnix von dene.. werklich nit. Wie die schon aussehe.. all in meim Alter.. uwääh!. Da is doch es meiste schon verrosssst.. nää.. nää. dann schon lieber.. Prrrr...

(will trinken, merkt aber, dass das Glas leer ist und die Flasche auch)

Oh.. nix mehr drin. Leer. Fertich. Na ja.. ich bin ja auch fertich... sogar fix unn fertich.

Hat eigentlich ganz gut geklappt.. mit meiner Rede.. odder? Kunststück! Probieren.. probieren.. das geht halt immer noch über studieren.

Aber jetzt.. jetzt wird's ernst.

(deutet schwankend hinter sich)

Gleich werde ich da hinten durch diese Tür treten.. hinein in den Festsaal.. wo unser Hochzeitsgesellschaft sitzt.. die wo da drin schon über eine Viertelstunde auf mich wartet.

Und dann werd ich denen dort eine Rede halten.. die sie ihr ganzes Leben nicht vergessen werden. Wolle mer wette?

(torkelnd lauthals rufend nach hinten)

Macht auf die Tür.. und halt Euch fest..

de Vadder gibt Euch jetzt de Rest!

Blackout

(aus dem Kabarettprogramm: „Da biste sprachlos"
– Experimente mit dem Alltäglichen – 1991)

Predigen im Dialekt

Immer mal wieder hört man: Unsere Kirchen befinden sich in einer gefährlichen Krise. Nicht so sehr was ihre Finanzen betrifft.. die sind eigentlich in Ordnung.. aber ihre Attraktivität.. ihre Anziehungskraft auf die Menschen von heute. O je! Immer mehr Leute treten aus.. viele sind bereits ausgetreten.. ohne zu müssen.

Dagegen sollten die Herren Kleriker möglichst bald mal ganz energisch etwas unternehmen, um ihre Kundschaft bei der Stange zu halten.

Vor allem sollten Sie sich in ihren Predigten etwas verständlicher ausdrücken.. und das bedeutet: mehr in der „Sprache des Volkes".
Wie wäre es zum Beispiel mal mit Predigen.. im Dialekt?

Natürlich muss man dabei sehr darauf achten, dass auch jeder Zuhörer alles versteht. Denn es gibt ja überall „Zugezogene".. oder wie man in Mainz sagt: „Messfremde".. also „auswärtse Leut".. „die wo kää richtisch Deitsch babbele könne".. oder bibelgemäß ausgedrückt: „Menschen.. die nicht von dieser Welt" sind.

Und für die sollte man besonders schwierige Dialektausdrücke während der Predigt ins Hochdeutsche übersetzen.. sozusagen „audio-simultan"!
Bühnenlicht aus und Spots auf Pult an
(geht zum Pult und beginnt salbungsvoll zu predigen)

Die Hochzeit zu Kana

Liebe Diözesanen.. liebe Pfarrgemeinde!

Liebe Schwestern.. und sonstige Brüder!

Liebe Eingeborene.. Ureinwohner.. aber auch: liebe Anderswoherige!

Heut möcht ich Euch emal was erzähle über die „Hochzeit von Kana".. aus em Johannes-Evangelium.. Kapitel 2.. Vers 1 bis 12.

E schee Hochzeit war schun immer e gut Gelechenheit gewese fer all die Schnorrer.. Schmarotzer.. Sparbroocher.. Geizknochen.. Schlabbeflicker.. staabische Brieder.. um sich uff annern Leit's Koste mal so richtig de Wanst vollzuschlage.. unn sich die Huck vollzusaufe.

Ja, ja.. mir Parrer kenne des aus Erfahrung.

Also geschah es dereinsten-stens im ferne Galiläa.. des is da.. wo die alte Judde schon damals gewohnt habbe.. unn da war e ganz groß Hochzeitsfest.. und zwar in Kana. Des is so e klää Kaff bei Nazareth.

Und da war alles versammelt.. was Rang und Name hat: unsern Herr Jesus war da.. soi Mudder.. unn sämtliche Jünger.. also, es war die ganz biblisch Hott-Volee.. die Evangeliums-Prominenz.

Der Gastgeber.. des war de Vadder von de Braut.. der war ganz stolz da druff gewese.. unn der hat sich in die Brust geschmisse.. wie en Spatz in die Kniddele.. wie ein Sperling in die Rossäpfel.

De ganze Ort war zu dere Feier zusamme komme.. abber nit nur die enger Verwandtschaft.. nein, auch anständige Gäst. Und die habbe sich dort dorchgefresse.. als tät e Hungersnot drohe.

Unn Woi gesoffe habbe se.. obwohl's eigentlich bloß so en ganz billige Rambass war.. ein durchgorener Tafelwein. Mit annern Worte: so en richtige Schütteler.. ein Gänsehaut-Erzeuger".. en geschweffelte Sauerampfer.. Marke „Bahndamm Nordlage".

Abber wenn's nix kost.. dann saufe die Leit alles! Und so kam's auch.. wie's komme musste: Um zehn Uhr schon.. war de Woi all...alles all.

Die Mudder von unserm Herrn Jesus.. die hat des Ganze genau beobacht.. die hat kään Troppe getrunke.. weil: die hat den Woi schon gekennt. Und da hat se zu ihrm Sohn gesagt: „Du, Bub.. guck emal.. ich glaab als.. de Woi is all. Kannste da nit was mache?"

Mittlerweile war nämlich schon de Deibel los: Die Kellner sinn ganz uffgerecht erumgerennt.. wie narrische Hinkel.. wie neurotische Hühner. Unn die Gäst habbe geschennt wie die Rohrspatze.. schimpfende Sperlinge.

Da is unsern Herr Jesus uffgestanne und hat gesagt: „Jetz halt emal Eier Mailer.. Ihr zappelisch Bagaasch!" ..ungeduldige Gesellschaft.

„Da hinne in de Eck stehn sechs große Eimer.. die Kellner solle die emal voll Wasser mache! Abber e bisje Tempo, ihr alte Tranfunzele.. verrußte Öllämpchen.. sonst verdorschte uns noch die Leit!"

Die Kellner habbe des auch brav gemacht.. habbe flugs die sechs Eimer ebeigeschleppt und gefragt: „Und jetzt, Meister?"

„Und jetzt!", hat unsern Herr Jesus gesagt. „Ihr seid doch e paar richtige Kleesköpp!".. Knödelhäupter. „Jetzt schenkt dene arme Leit endlich was oi... die habe ja schon all ganz welke Schlapphorn.. vertrocknete Gehörmuscheln."

Unn da habbe se de Leit die Gläser vollgeschenkt.. abber bis obbe hie.. weit über de Eichstrich. Ja, wenn um Wasser geht.. da sinn Kellner immer äußerst großzügig.

Abber die Gäst habbe erst mal ganz mißtrauisch dran geschnuppert.. dann vorsichtig probiert.. unn da warn se abber baff.. verblüfft.

Aus dem labberische Wasser war tatsächlich de allerbeste Woi worrn. Abber diesmal en ganz en edle Troppe.. so en richtige Maultapezierer.. ein Gaumenwandgestalter.

So eine zuckersüße „Trockenbeeren-Frostschutz-Auslese".. en echte Wersching-Bomber.. Marke „Schädelzwicker". Und der hat geschmeckt.. als hätt ääm e Engelche uff die Zung gepi.. gepieselt.. ein Himmelswesen auf die Zunge uriniert.

Ja, und dademit war die Hochzeitsfeier gerettet.. die Gäst warn all voll zufridde.. die meiste sogar voll-gesoffe.

Abber mir hätte des alles ja nie erfahrn.. wenn de Herr Johannes nit so nüchtern gebliebe wär.. der hat des alles gleich mitstenografiert.. fein säuberlich ins Evangelium enoigetippt.. und dann in die Bibel geklebt.

Und seitdem, liebe Diözesanen.. seitdem wird zur Erinnerung an diese Wundertat von unserm Herr Jesus.. wird diese wundersame Verwandlung von Wasser in Wein alljährlich nachvollzogen.. von all den frommen Winzern in unserm Lande!

Blackout

(aus dem Kabarettprogramm: „Na denn – viel Spaß!" – Typisch Bonewitz – 1984)

Kommentare im II. Teil:
„Zwischengerichte"

   Und nun wieder zur Abwechslung zwei kleine Zwischengerichte, die
etwas aus dem Rahmen des Üblichen fallen. Zunächst eine Mischung aus
Rezension und Rezitation, basierend auf einer ausgesprochen surrealen
Geschichte unter dem Titel „Wenn Knottelbeck kommt", die überwiegend
gedacht ist für Feinschmecker exotischer Formulierungen.

   Das zweite Gericht ist das pure Gegenteil davon. Hier wurden frische
Nahrungsmittel vom alltäglichen Zeitungsmarkt speziell zubereitet und
serviert als eine bunte Mischung von schmackhaften Stilblüten und
delikaten Definitionen.

Wenn Knottelbeck kommt

(Vom Tonband hört man Beifall. Er setzt sich an den Tisch)

So.. der erste Teil des Programms ist ohne nennenswerte Pannen über die Bühne gegangen.. glücklicherweise. Jetzt ist eine kurze Verschnaufpause angesagt.. und etwas Ablenkung, bis es wieder weitergeht. Dafür habe ich hier etwas.. ganz frisch von der Buchmesse:

(nimmt ein Buch und blättert darin)

Das ist die Biografie eines ganz berühmten Kleinkünstlers.. namens Emanuel Knottelbeck.. von dem noch nie jemand irgend etwas gehört hatte.. erschienen anlässlich seines 100-jährigen Bühnenjubiläums. Ich lese mal ein paar Passagen vor.

„Eigentlich hatte Knottelbeck nie vorgehabt, Kleinkünstler zu werden. Jeder, der ihn kannte, wunderte sich daher nicht, als er es dann später doch wurde. Und das mit einem ausgesprochen sensationellem Erfolg, was sogar offiziell bestätigt wurde.. mehrfach.. von ihm selbst.

Von Anfang an bekämpfte Knottelbeck die etablierten Kulturbetriebe konsequent, indem er nur Engagements annahm, die man ihm auch anbot. Den Posten eines Kulturreferenten im unteren Oberammergau lehnte er jedoch kategorisch ab, zumal es die Stelle dort gar nicht gab.

Bei seiner Premiere auf einer Kleinkunstbühne im östlichen Süden von West-Nördlingen provozierte Knottelbeck das Publikum mit einem rein pantomimischen Programm. Dabei riefen die Zuschauer immer wieder: „Lauter!" Worauf er aus Protest das Licht löschen ließ und nur noch im Dunklen weiterspielte.

Aufgrund der schlechten Konjunkturlage für Kleinkünstler beschloss er Kabarettist zu werden. Sein erstes Programm nannte er: „Wenn Knottelbeck kommt" – mit dem provokanten Untertitel: „Möglich ist nichts – unmöglich dagegen alles!"

Dabei erklärte er spontan, dass er sein Gehirn zur atomwaffenfreien Zone ernannt habe. Jahrzehntelang erzielte er damit triumphale Erfolge.. überall.. allerdings meist nur.. bevor man das Publikum in den Saal ließ.

Seinen sprachlichen Eskapaden gegenüber zeigte er sich weitaus aufgeschlossener als seine Zuhörer, denen er immer wieder vorwarf, ihm nicht folgen zu können. Vor allem nicht dorthin, wo er als nächstes auftreten würde.

Mit der Zeit jedoch wurden seine eigenen Gedankengänge sogar ihm selbst viel zu kompliziert. Die Folge waren starke Kopfschmerzen, die nach Diagnose eines Ober-Haupt-Arztes offenbar daher rührten, dass ihm sein Hut zu eng geworden war.

Aus diesem Grund beschloss er, seinen gesamten übrigen Körper zur atomwaffenfreien Zone zu erklären.

Die Kritiken waren überall immer nur voll des Lobes, sofern Knottelbeck sie selbst geschrieben hatte. Was er jedoch strikt ablehnte, das war seine Vermarktung im Fernsehen. Mit dieser These war er ein beliebter Gast in sämtlichen Fernsehtalkshows.

Für sein vorläufig letztes Programm, das er seit Jahrzehnten schon des öfteren aufgeführt hatte, wurde ihm der „Förderpreis für angewandte Kleinkunst" verliehen.. den er persönlich gestiftet hatte.

In seiner Laudatio auf sich selbst behauptete Knottelbeck, der wahre Maßstab für die Reife eines Menschen sei nicht, wie weise er sei, sondern wie er reagiere, wenn ihm auf der Bühne die Hose platzt.

Weiter erklärte er, alles sei relativ.. oder auch nicht.. und zwar je nachdem.. oder keinesfalls.. weil: sonst müsse man ja jedes Mal wieder von vorne beginnen.. fügte aber gleichzeitig hinzu.. er wisse absolut nicht.. was er damit meine.

Als das Publikum lautstark protestiert und ihn lauthals zum Aufhören aufforderte, erklärte er sicherheitshalber jeden einzelnen seiner Zuschauer zur atomwaffenfreien Zone.

Das einzige, wovor Knottelbeck sich fürchtete, war der Gedanke, er könne eines Tages auf der Bühne tot umfallen, und die Vorstellung wäre dann nicht ausverkauft. Deshalb trat er in den letzten Jahren nur noch in Telefonzellen auf. Dabei gelangen ihm Aphorismen von seltener Gedankentiefe.. zum Beispiel: Wäre der Mensch unsterblich, wie hoch müssten dann erst seine Telefonrechnungen werden?

Am Ende seiner Lebenszeit war Knottelbeck nur noch von einem völlig überzeugt: persönlich die einzig wahre Verkörperung der kabarettistischen Kleinkunst zu sein. Wer sollte ihm da widersprechen können? Niemand. Noch nicht mal er selbst.

Eins jedoch ist sicher: Man wird bestimmt noch einiges von ihm hören.. vielleicht. Vorausgesetzt, es gibt noch Menschen auf dieser Erde.. und zwar bis zu jenem Tag, an dem die Welt untergeht. Oder noch schlimmer: wenn Knottelbeck kommt."

Blackout

(aus dem Kabarettprogramm: „Da machste was mit!"
– Unterhaltung hinter der Bühne" – 1989)

Der gebildete Zeitungsleser

Bühnenlicht geht aus und Spots auf Mitte an

(kommt auf die Bühne mit Zeitungen unter dem Arm, deutet auf Stuhl)

Mahlzeit zusamme! Entschuldigung.. is hier noch frei? – Ja, mer muss des ja schließlich frage.. denn heut is die Kantine widder mal gestoppte voll.. unn vielleicht is hier dieser Tisch für die Geschäftsleitung reserviert? – Nit? Na gut.. dann bin ich mal so frei.

(setzt sich an den Tisch)

Mein Pause-Imbiss hab ich bereits zu mir genomme.. vorhin.. vorab.. im Büro.. damit ich hier in Ruh moi Zeitunge lese kann. Also, da wolle mer doch emal gucke, was heut widder mal so alles passiert.. worden ist.

(zeigt die Titelseite der örtlichen Tageszeitung und schlägt sie auf)

Das hier ist der hiesige „Weltspiegel".. *(nennt den Namen der Zeitung)*.. die kritische Heimatzeitung! Des is so e Art „Bild-Zeitung" für eingeborene Intellektuelle.. sozusage der „Spiegel" für die aufgeklärte Landbevölkerung. Zwar schlicht in der Aufmachung.. aber dafür anspruchslos im Inhalt.

Da sieht mer wieder mal, wie knapp bei Kasse unser Städte und die Gemeinde all sinn.. die müsse überall sparen.. hier steht: „Aktuelle Änderung der Städtischen Friedhofsordnung: Zwillinge unter einem Jahr galten ab sofort als eine einzige Leiche!"

Bei dieser Finanznot isses ja auch kein Wunder.. wenn überall gejammert wird.. hier zum Beispiel: „Pflegenotstand in unseren Krankenhäusern! – Akuter Personalmangel! Nur noch 78 Prozent aller Krankenschwestern sind weiblich!" Dann müssten zwangsläufig 22 Prozent vom Personal „Krankenbrüder" sein.

Eine merkwürdige Meldung is das: „Medizinstudenten protestieren.. gegen zu hohe Durchfallquoten!" Also, wenn die kein Mittel wisse.. wer sonst? Unser Oma hat immer gesagt: „Am sicherste hilft dagege nur eins.. ein altes Naturheilmittel: en Korkstoppe!"

Komische Stellenangebote gibt's aber auch: „5000 Mark Belohnung! Wer zündet nachts in der Innenstadt Häuser an?"

Endlich mal eine gute Nachricht.. für alle die's angeht: „Impotenz ist heilbar.. durch Weihrauch!" – Da werden sich die Herrn Pfarrer aber freue.. dass in Zukunft widder mehr Männer in die Kirche gehen

(legt lokale Zeitung beiseite und zeigt die „Bild-Zeitung" vom Tage)

Das hier ist eine besonders ergiebige Fundgrube für interessante Informationen: Deutschlands größtes Volksbildungswerk.

Ja.. in der Tat.. denn Wissenschaftler haben festgestellt: Diese Zeitung trägt viel zur Bildung bei.. und wenn's nur Einbildung sein sollte.

(entfaltet die ganze Zeitung)

Und das Blatt hat wenigstens Format.. wie Sie deutlich sehen können: nach Quadratzentimeter gemesse. Und sie hat tatsächlich keinerlei Niveau zu fürchten. Es gibt ja Leut.. wenn die nit jeden Tag diese Zeitung haben.. dann fehlt sie ihnen aber auch.. vorne und hinten.

Die Intellektuelle in unserm Betrieb schimpfe ja immer empört darüber: „So ein Mistblatt!" sage se. „Das ist unter unserer Würde!" Ja.. und dann? Dann komme se zu mir, leihe se sich aus und lesen se heimlich auf em Klo.

Natürlich steht auch viel Unnötiges drin.. zum Beispiel hier über dieser TV-Programm-Übersicht steht: „Fernsehen wird durch Bild erst schön!" Überflüssigerweise.. denn ohne Bild.. da taugt doch der beste Fernseher nix. Des wär ja dann noch schlimmer als.. als wie Radio gucke.

Es gibt sogar eine spezielle Bild-Zeitung für die Autofahrer: „Auto-Bild".. mit praktischen Tipps.. neulich zum Beispiel mit der Überschrift: „Bei 140 platzt der Reifen! Was tun? Auto-Bild lesen!"

Aber auch die Fahrt mit dem Zug kann gefährlich sein.. hier steht: „Schlechte Bilanz für die Bahn: im letzten Jahr haben die 5 Prozent ihrer Fahrgäste verloren!" Sowas ist doch eine Riesenschlamperei!

Am gruseligsten sind ja immer diese Horror-Meldungen.. zum Beispiel: „Vierzehnjähriger wurde zum Würger!" Uwäh! Ein Würger.. mit vierzehn! – Das kommt davon.. wenn man sich nur noch in diesen amerikanischen Schnellimbissstätten ernährt. Des kann ja auf Dauer nit gut gehe.

Oder diese Meldung hier : „Eifersüchtige Ehefrau erschoss ihren Mann.. Doppelpunkt: tot! – Warum?" – Wahrscheinlich hat sie ihn getroffe?

Aber der Text geht noch weiter: „Das Oberlandesgericht hat jetzt entschieden: Ihr Antrag auf Witwenrente wurde abgelehnt!"

Das hier ist ja auch sehr schlimm: „Skandal im Zeltlager! Massenorgie.. im Schlafsack!" – Dabei muss es sich offenbar um einen ganz neuartigen enorm dehnbaren Plastikstoff handele.

Diese Meldung hier überrascht eigentlich nicht sehr: „Leiche im Rhein gefunden.. geknebelt.. gefesselt.. und in einem Sack verschnürt. Die Polizei glaubt nicht an Selbstmord."

Aber das hier lässt auch wieder hoffen: „Sensationell schneller Fahndungserfolg der Polizei: Zwei Bankräuber wenige Minuten nach ihrem Überfall gefasst.. und zwar aufgrund einer exakten Personenbeschreibung: dem einen fehlte ein Arm.. und dem anderen ein Bein!"

Sehr stolz können wir auch sein auf die Formulierungskünste unserer Pädagogen: „Der Deutsche Lehrerverband gibt bekannt: Besteht ein Personalrat nur aus einer einzigen Person, dann erübrigt sich die sonst erforderliche Trennung nach Geschlechtern!"

Oder diese Meldung aus der Medizin ist auch äußerst wichtig: „Eine Obduktion ist nur dann gestattet, wenn ihr der Verstorbene nicht ausdrücklich widerspricht!" Das muss man sich merken!

Ebenso wie diese wichtige Entscheidung des Bundesarbeitsgerichts: „Bei Einstellungsgesprächen darf die Frage nach einer Schwangerschaft nur dann gestellt werden.. wenn sich Frauen bewerben! Bei einem Mann ist die Frage jedoch unzulässig.. weil sie eindeutig ein Verstoß ist gegen das Gleichstellungsprinzip!"

Völlig überraschend ist auch diese aufschlussreiche Meldung hier: „Das Bundesverwaltungsgericht hat jetzt entschieden: Stirbt ein Beamter während einer Dienstreise.. so gilt damit die Dienstreise als beendet!"

So.. und damit bin ich schon auf de letzt Seit angekomme.. und die interessiert mich ehrlicherweise am allermeiste.. wege dem Kreuzworträtsel. Das sind übrigens die einzigen Rätsel auf der ganzen Welt, die wo mer heutzutage als normaler Mensch noch selber löse kann.. und das vor allem im Hinblick auf die Zukunft.. und zwar: senkrecht.. und waagrecht!
(schlägt dabei das Kreuzzeichen)

So.. und was wolle die wisse: „Gesellschaftlich anerkannter Zuhälter"? Fünf Buchstabe! – Stenz? – Louis? – Nein: „Knopf"!
(nimmt Kuli und schreibt nach jeder Frage die Lösung hin)

Und hier: „Arbeitsloser Bauarbeiter"? - Des is leicht: „Freimaurer"!

Oh, das ist schwer: „Lehrling in einer Baubehörde"? – Amts-Azubi? Nein.. das ist ein „Filzstift"!

Na so was: „Eleganter Frauenbegrapscher"? – So ein schmutziges Ferkel kann mer doch nit als „elegant" bezeichne. Halt.. Moment mal.. doch.. das ist: ein „Edelzwicker"!

Was soll denn das da sein? „Kommunikationsfreudige Hülsenfrüchte"? Die könne doch nur Bohne meine! –Nä.. vielleicht Kichererbse? Ich hab's: „Kontaktlinse"!

Die komme abber auch auf Ideen: „Hund auf Rädern"? Meine die vielleicht en Bernhardiner im Rollstuhl? – Nein: ein „Rollmops"!
(guckt auf die Uhr, faltet die Zeitungen zusammen und steht auf)

So, die Paus is erum.. ich muss widder an mein Arbeitsplatz.. und mich langsam vorbereiten auf den Feierabend.

Ja, ja.. wenn nur alle die Rätsel unserer Zeit so leicht zu löse wärn. Abber da müsst mer sich vielleicht mehr anstrenge.. und selber mehr tun als andere.. auch nicht.

Im Grund genomme sinn mir ja alle völlig hilflos.. gege die ganze Ungerechtigkeite uff de Welt.. sogar absolut total hilflos also, mir klääne Leit. Abber was sollte mer denn auch groß dagege mache? Demonstriern? – Konsumboykott? – Leistungsverweigerung? – Hungerstreik? Also, da wär mir persönlich ein „Protest-Essen" schon lieber.

Da frag ich mich doch: Wozu hammer denn unser Politiker? Na ja.. abber die tun wenigstens was.. meistens.. tun die sehr besorgt. Und sie gehen ganz mutig möglichst allen Unannehmlichkeiten.. aus dem Weg.

Regieren tun die schon lang nit mehr.. denn das haben inzwischen die Wirtschaft und die Industrie übernommen. Allerdings: seit kurzem melden sich die Politiker wieder mehr zu Wort.. und warum? Ganz einfach: demnächst is wieder mal Wahlzeit.. Mahlzeit!

(Aus dem Kabarettprogramm: „Na denn, viel Spaß" – Typisch Bonewitz – 1984)

Demonstrationen im II. Teil:
„Bunte Salatteller"

Besondere Aufmerksamkeit verdienen nun zwei speziell zubereitete Salatteller. Der eine bietet ein typisches Beispiel für „Realsatire". Die hier präsentierte „Notfallschutz-Broschüre" wurde tatsächlich im Jahre 1988 von unseren Landesregierungen verteilt. Die Zitate im Text sind zum größten Teil wortwörtlich wiedergegeben und nur geringfügig satirisch bearbeitet.

Das zweite Gericht ist ein „zukunftsvisionäres". Vorgestellt wird in einer praktischen Demonstration, wozu man beim bloßen Lesen eine gesteigerte Vorstellungskraft einsetzen muss: eine so genannte „Lebenszeitmaschine".

Wie man damit sowohl in die Vergangenheit als auch in die Zukunft reisen kann, das ist - um mit dem berühmten Mister Spock vom „Raumschiff „Enterprise" zu reden - ausgesprochen „faszinierend".

Die Notfallschutz-Broschüre

(sitzt in der „Künstlergarderobe" und blättert in einer Broschüre)

Das ist die schlimmste Zeit an so einem Abend: das Herumsitzen in der Garderobe.. bis es endlich losgeht. Man kann ja nicht mehr viel tun.. als nur warten.. warten.. warten. So ähnlich wie beim Zahnarzt.

Und dann sucht man verzweifelt nach irgend einer Lektüre.. und blättert in allem, was Seiten hat. Und dabei ist mir das hier in die Hände gefallen: eine so genannte „Notfallschutz-Broschüre.. für atomare Unfälle".. herausgegeben von der Landesregierung Rheinland-Pfalz.. und die gibt's wirklich.. also, diese Broschüre.

(zeigt die Original-Broschüre)

Eigentlich sehr merkwürdig! Die offiziellen Experten haben uns doch immer wieder versichert: Ein schwerer atomarer Unfall könne höchstens nur alle 10.000 Jahre passieren. Seit Harrisburg und Tschernobyl sieht man mal, wie schnell doch die Zeit vergeht.

Aber diese Orte liegen ja auch im Ausland. Bei uns hier kann so etwas überhaupt nicht passieren. Denn erstens ist das gesetzlich streng verboten.

Und zweitens sind unsere Kernkraftwerke die sichersten auf der ganzen Welt – behaupten die Betreiber – im Ernstfall sogar garantiert „tot-sicher".

Und drittens hat sich bei uns jede Katastrophe unbedingt nach den vorliegenden Schutzplänen zu richten.

Außerdem ist allgemein bekannt, dass von all unseren Kernkraftwerken mindestens die Hälfte wegen Störfälle außer Betrieb ist.. zum Glück!

Denn das wiederum erhöht unser aller Sicherheit zusätzlich automatisch noch mal um 50 Prozent.

Wenn Sie aber dennoch Angst haben sollten, dann werfen Sie bitte nicht gleich die Flinte ins Korn, sondern zuerst mal einen Blick hier hinein.. in diese „Notfallschutz-Broschüre". Die sieht nicht nur glänzend aus.. was die Papierqualität und den Druck betrifft.. sondern die wird auch noch von jeder Landesregierung kostenlos verteilt - nach dem Motto: „Umsonst ist der Tod.. und wir sind die Kosten los!"

(blättert in der Broschüre)

Also, das ist wirklich eine wahre Fundgrube: Hier drin findet man genug Hinweise.. um eine vorzeitige „Fahrt in die Grube" zu vermeiden.

Bereits die Überschrift beruhigt: „Überleben – leicht gemacht!"

Weiter heißt's hier wörtlich: „Bei einem Reaktorunfall muss unter Umständen mit Schwierigkeiten gerechnet werden." Donnerwetter! Das muss man zugeben: offen und ehrlich sind sie.

Dann steht da: „Das Wichtigste ist: Ruhe bewahren und wenn möglich rechtzeitig zu Hause bleiben!" Also bitte, nicht etwa vor dem großen Knall noch mal schnell in Urlaub fahren!

Und das hier ist sicher auch ein wichtige Information: „Bei einem Reaktorunfall ergreifen die jeweils zuständigen amtlichen Behörden alle notwendigen Maßnahmen." Aha! Und damit beginnt dann wahrscheinlich erst die eigentliche Katastrophe.

Weiter heißt es hier: „Die offizielle Bezeichnung für eine so genannte Kernschmelze lautet GAU – das ist der Größte Annehmbare Unfall." Und das bedeutet sicher: Noch größere Unfälle nehmen die einfach erst gar nicht an. So was wird strikt abgelehnt.

Oh, das hier ist auch interessant: „Zuständig für die Organisation bei der Abwicklung einer Katastrophe ist der örtliche Leiter." Mit anderen Worten: der Gau-Leiter. Na ja, so einer hat ja schließlich auch Erfahrungen mit Katastrophen aller Art.

Und dieser Hinweis ist auch ganz wichtig: „Für die Bevölkerung gilt im Katastrophenfall: Wenn Sie bemerken, dass sich eine offenbar radioaktive Wolke nähert..

(blickt ängstlich nach oben).. und zwar von größeren Ausmaßen.."

Wie soll man das denn möglichst schnell messen?

(steht auf, nimmt einen Zollstock, klappt ihn auf und hält ihn hoch)

„...dann begeben Sie sich am besten auf dem schnellsten Weg ins Innere.." Hä? Von wem? – „...Ihres Hauses." Ach so!

„Für den Schutz der Bevölkerung sorgt die Polizei.. und zwar durch verkehrslenkende Maßnahmen." Um was die sich aber auch alles kümmern. Sogar noch um die Lenkung des Verkehrs. Allerdings: Ob da bei einer Katastrophe überhaupt noch jemand Lust dazu hat?

Aber damit vermeiden die Verantwortlichen bewusst den hässlichen Begriff „Evakuierung".. also, wie die Bevölkerung auf legale Weise aus dem Weg geräumt werden könnte.

Aha! Da steht's ja: „Auf welchen Wegen man die verseuchten Zonen am besten verlässt.. siehe Seite 22 bis 33..

(blättert weiter) ..das hängt vor allem von der Windrichtung ab." Toll!

Und dann haben die hier vier Möglichkeiten abgebildet: Norden, Süden, Osten und Westen. Die Frage ist nur: Was macht man bei Wirbelwind?

Oh, das muss ich mir notieren: die Adressen der örtlichen Ausgabestellen für Jodtabletten.. das sei der erstbeste Schutz gegen Strahlungsschäden.. weil: es ist der einzige.

Der Volksmund würde sagen:

„Haste genug Jod gefresse.. kannste jeden Gau vergesse!"

Allerdings.. hier steht auch: „Jodtabletten können nur dann wirken.. wenn sie etwa eine Stunde vor Ausbruch..."

(guckt auf seine Armbanduhr) Tja, da muss man sich halt etwas mehr beeilen.

Aber nur kein Panik! Experten haben ausgerechnet: Bei einem Super-Gau.. der sowieso niemals passieren kann.. müssen im Katastrophenbereich allerhöchsten drei Prozent der Bevölkerung.. überleben.

Nur drei Prozent! Das ist doch wirklich nicht zu viel.

Wenn man sich das mal bildlich vor Augen führt: Hier im Raum..

(deutet aufs Publikum)

..sitzt die gesamte Bevölkerung von Rheinland-Pfalz.. natürlich nur theoretisch.. dann wären drei Prozent davon Sie hier vorne..

(zeigt auf die vorne sitzenden Zuschauer)

.. in der ersten Reihe. Herzlichen Glückwunsch, Sie haben alles überlebt.

(deutet umfassend von vorne bis nach hinten)

Alle anderen haben es „hinter sich". Sie sind sozusagen alle vollzählig.. „aus dem Schneider".. aber endgültig. Es sei denn: Sie würden beim Fernsehen arbeiten.. dann kann Ihnen in dieser Hinsicht überhaupt nichts passieren.. denn Sie kennen doch alle die aktuelle Werbung:

„Bei ARD und ZDF sitzen Sie immer in der ersten Reihe".

In diesem Sinne: toi.. toi.. toi!

Blackout

(aus dem Kabarettprogramm: „Da machste was mit!"
  – Unterhaltung hinter der Bühne – 1989)

Die Lebenszeitmaschine

(stellt Tisch auf Mitte)

In meiner Freizeit bastele ich sehr gerne.. zum Beispiel hier.. das ist meine neueste Entwicklung: eine raffiniert konstruiertes Apparatur.

Darf ich Ihnen das mal vorführen? – Ja? Ich bin so frei!

(stellt ein seltsam aussehendes Gerät auf den Tisch: einen Pappkarton mit aufgemalten Schaltern und Skalen, darin stecken einige Küchengeräte: Schöpflöffel, Sieb, Grillgabel etc.)

Unser ganzes Leben ist im Grunde nichts anderes als eine Frage der Zeit. Menschen werden geboren.. Menschen sterben.. und die Zeit dazwischen verbringen sie hauptsächlich damit, ständig auf die Uhr zu gucken.

Entweder weil die Zeit zu langsam vergeht.. zum Beispiel am Arbeitsplatz oder beim Zahnarzt. Oder aber viel zu schnell: in der Freizeit oder im Bett.. oder auch beim Schlafen.

Und da habe ich mir mal überlegt: Wie könnte man das in den Griff bekommen? Ganz einfach: mithilfe dieser Apparatur hier. Die könnte Ihr ganzes Leben verändern.. auf einen Schlag. Das ist nämlich eine Bombe. Aber nur keine Panik! Das ist lediglich rein symbolisch gemeint. Die kann auf keinen Fall explodieren. Also zumindest nicht allzu oft.

(betrachtet das Gerät misstrauisch von allen Seiten)

Das ist bisher erst zweimal passiert. Moment mal bitte! Ich muss das Gerät erst mal komplettieren.

(holt weitere Küchengeräte heraus und steckt sie in den Karton)

Genauer gesagt ist das hier so eine Art „Zeit-Bombe".. weil: damit kann man „Lebenszeiten" verändern. Das hier ist nämlich eine so genannte „Lebenszeitmaschine". Dadurch lassen sich Zeit-Abläufe steuern.. und zwar hier mithilfe dieses „Timers".

(holt handbetriebenen Dynamo heraus)

Man kann das etwa vergleichen mit einer TV-Video-Fernbedienung.. allerdings zehnmal so leistungsstark. Theoretisch könnten Sie damit ohne weiteres Ihrem gegenüber wohnenden Nachbarn laufend sein Fernsehprogramm wegzappen.

Dieses Basis-Gerät hier sendet Strahlen aus und zwar so genannte „mikro-elektronische Impulse auf bio-visionärer Ebene". Und die fängt dieser Timer hier auf.. und wenn man ihn dann auf einen menschlichen Körper richtet.. werden dadurch permanent „system-immanente Zellstrukturen im Raum-Zeit-Gefüge bilateral manipuliert".

(guckt prüfend ins Publikum)

Man sieht Ihnen ganz deutlich an, dass Sie das alles auf Anhieb verstanden haben.

Kompliment! Dennoch halte ich es für sehr hilfreich.. wenn ich Ihnen das mal in der Praxis vor Augen führe. Nehmen wir mal an: Ich will in die Zukunft reisen.. nicht lange.. zum Beispiel für fünf Minuten. Was wird dann sein?

(stellt sich auf die linke Bühnenseite und betätigt den Dynamo)

Um das festzustellen, drücke ich einfach hier auf dem Timer „Vorlauf".. stelle den Regler auf „5 Minuten".. schalte ein und schwuppdiiii..

Bühnenlicht geht aus
(rennt im Dunkeln auf die rechte Bühnenseite)
Bühnenlicht geht wieder an

..wupp! Schon befinde ich mich hier.. in der Zukunft. Toll, was?

Glauben Sie mir das etwa nicht? Na gut.. dann versetze ich mich einfach wieder zurück.. in die Vergangenheit. Ich stelle den Timer auf „Rücklauf".. und „5 Minuten".. schalte ein.. und schwuppdiiii..

Bühnenlicht geht aus
(rennt im Dunkeln auf die rechte Bühnenseite)
Bühnenlicht geht wieder an

..wupp! – Und schon bin ich wieder hier in der Gegenwart! Sehen Sie? Das ist der Beweis. Sonst wär ich ja jetzt nit hier.

Beeindruckend.. oder? Ich muss nur aufpassen, dass ich den Regler nicht zu hoch einstelle.. zum Beispiel auf „6 Stunden".. das könnte für Sie etwas allzu langweilig werden.. weil: dann läge ich nämlich im Bett.. und vor acht Uhr morgen früh stehe ich nie auf.

Aber man kann damit noch mehr verändern: Wenn ich zum Beispiel möchte.. das die Zeit langsamer ablaufen soll.. dann stelle ich den Timer einfach auf „Zeitlupe", schalte ein und schwuppdiiiiwuuuupp..

Bühnenlicht geht aus und Spots flackern ganz langsam über Zerhacker
(schreitet langsam auf die rechte Bühnenseite und spricht gedehnt)

..s c h o n v e r g e h t d i e Z e i t g a a n z l a n g s a a m!

Zerhacker aus und Bühnenlicht geht wieder an

Wenn dagegen die Zeit schneller vorbeigehen soll, dann stelle ich hier den „Zeitraffer" an, schalte ein und..

Bühnenlicht geht aus und Spots flackern ganz schnell über „Zerhacker"
(schreitet extrem schnell auf die rechte Bühnenseite und spricht hastig)

..verfliegt die Zeit im Eiltempo rasend schnell!!!

Zerhacker aus und Bühnenlicht geht wieder an

Also: praktisch ist das schon.. so eine „Lebenszeitmaschine". Stellen Sie sich nur mal vor: Sie sitzen in Ihrem Auto, sind morgens auf dem Weg zur Arbeit und stehen wieder mal im Stau. Kein Problem mehr! Schalten Sie hier auf „Schnellvorlauf" und schwuppdiwupp.. und schon sind Sie an Ihrem Arbeitsplatz. Aber wenn Sie doch lieber gleich Feierabend haben wollen.. auch kein Problem: Man drückt einfach wieder hier auf „Schnellvorlauf".. und schwuppdiwupp.. schon stehen Sie wieder im Stau.

Fantastisch.. oder? Nur: Das alles funktioniert bisher zwar einwandfrei.. aber leider nur bei mir persönlich. Ehrlich! Ob das allerdings auch bei Ihnen so gut klappt, das weiß ich natürlich nicht. Das müsste man allerdings erst mal ausprobieren: Ich werde also jetzt mal versuchen, Sie in die Zukunft zu schicken. Aber nicht nur für fünf Minuten.. da würden Sie ja hier keine besonders große Veränderungen feststellen. Das müsste schon ein weitaus „spektakulärerer Zeit-Sprung" sein. Sagen wir mal von zwei Stunden.

(schaltet auf dem Dynamo herum)

Ich stelle also ein: „2 Stunden" und „Vorlauf" – dazu „10 Sekunden Aufenthalt" in der Zukunft – länger kann ich Sie hier leider nicht entbehren.. und anschließend sofort wieder „Rücklauf". Und jetzt: Achtung! Halten Sie sich bitte fest. Das Experiment beginnt.

(richtet den „Timer" aufs Publikum)

Ich visiere Sie an.. das dauert etwas.. denn ich muss ja jeden Einzelnen von Ihnen erwischen.. nit, dass einer hier sitzen bleibt. Ich schalte ein.. und schwuppdiwupp..

(betätigt den Dynamo)
Bühnenlicht geht aus und bleibt 10 Sekunden so)
(geht im Dunkeln zum Tisch und setzt sich hin)
Bühnenlicht geht wieder an

Aaah! – Da sind Sie ja wieder. Und? Alle noch vollzählig? Na.. wie war's in der Zukunft? – Wie bitte? – Dunkel? Ja, gut.. das hat die Zukunft nun mal so an sich. Aber durch dieses „zeitgeistliche" Experiment haben Sie etwas ganz Seltenes erlebt.. nämlich: wie es nach einer Vorstellung hier drinnen aussieht. Und dazu: herzlichen Glückwunsch!

Nicht sehr zu empfehlen ist ein größerer Zeitsprung.. sagen wir mal von über 24 Stunden. Denn wenn ich Sie so lange in die Zukunft schicke.. ich will ja hier nicht den Teufel an die Wand malen.. aber wer weiß.. in welchem Zustand Sie dann vielleicht.. nein.. also, doch lieber nicht.

Auch ein längerer Zeitsprung in die andere Richtung ist nicht sehr ratsam. Nehmen wir mal an: Ich würde Sie zum Beispiel nur zwei Stunden in die Vergangenheit zurückschicken.. dann kämen Sie ja gerade hier in den Raum rein.. nähmen Platz.. und dann? Dann müssten Sie den ersten Teil dieser Vorstellung noch einmal über sich ergehen lassen.

Eine grauenvolle Vorstellung!

Übrigens: Probleme mit der Zeit haben bekanntlich nur wir Menschen.. im Gegensatz zu den Tieren.. die leben ohne jeglichen Zeitbegriff. Wissenschaftler haben nach jahrelangen Forschungen herausgefunden:

„Gib einem Affen eine Armbanduhr..

und schon hat er keine Zeit mehr!"

Blackout

(aus dem Kabarettprogramm: „Ich bin so frei!" – Zeitgeistliche Experimente – 1998)

Ausstiege und 𝄞 Finales: „Nachtische"

So ganz allmählich nähert sich unser Menü seinem Ende, und es wird Zeit sich mit den Nachtischen zu befassen. Es gibt verschiedene Arten davon: rein verbale, rein musikalische und gemischt verbal-musikalische.

Von allem habe ich etwas ausgewählt. Zunächst als Ausstieg aus dem letzten Tourneeprogramm ein ausführlicher Kommentar über die vielzitierte „schweigende Mehrheit".

Sodann ein so genanntes „sa-tier-isches" Finale mit einem Besuch in der Vollversammlung der „Vereinten Nationen der Tiere", gefolgt von einer apokalyptischen Vision vom Bau einer neuen Arche auf dem Berge Ararat.

Dazu passt die satirische Bilanz aus dem Abschiedsprogramm auf Tournee mit dem verbal-musikalischen Fazit „Nach uns die Sintflut".

Den Schluss dieses Nachtisch-Arrangements bildet eine sehr persönlich gehaltene philosophische Betrachtung über den Sinn des Lebens unter dem Titel „Gelebte Scherze", verbunden mit einer utopischen Vision: wie es denn wäre, wenn das Leben mal umgekehrt ablaufen würde.

Die schweigende Mehrheit

Wenn man sich mal betrachtet, was sich heutzutage auf dem Unterhaltungssektor so alles tut, dann fällt einem ganz deutlich auf: Anspruchsvolle Themen werden zunehmend ausgespart.

Das gilt sogar für die Kleinkunstbühnen. Wo früher gesellschaftspolitisch engagierte Kabarettisten agierten, beherrschen zunehmend die harmlosen Spaßmacher die Szene. Und womit? Mit Recht!

Denn eins ist klar: scharfzüngige Gesellschaftskritik, das ist längst überholtes „Betroffenheits-Kabarett". Wer will denn so was heut noch hören? Das passt heute einfach nicht mehr in ein zeitgemäßes Kabarettprogramm. Das moderne Erfolgsrezept richtet sich nach den Unterhaltungsangeboten im Fernsehen. Und da regiert zunehmend das so genannte „Dreifach-S": Simpel.. Sinnlos...und Saudoof!

Ja, Sie lachen, aber nur damit kriegt man heutzutage die höchsten „Einfaltquoten". Das erinnert an das Beispiel mit dem großen Misthaufen.. dessen Beliebtheit damit begründet wird.. dass Millionen Fliegen doch wohl nicht irren können.

Ja, die Masse bringt's eben.. die sogenannte „schweigende Mehrheit". Die heißt so, weil: von denen gibt's immer „mehr heit"!

Nicht dass die Leute ihren Mund nicht mehr aufmachen würden.. ach wo.. das Gegenteil.. ist falsch! Die reden über alles, selbst wenn ihr Mund oft den Kontakt zum Gehirn verliert.

Die schwätzen.. von morgens bis abends. Vorausgesetzt: Man riskiert nichts dabei und vor allem, wenn man dabei nicht allzu viel denken muss. Denn zu viel Denken ist äußerst gefährlich, weil: das gibt Muskelkater.. im Gehirn. Natürlich nur.. so weit der kleine Vorrat reicht.

Das Einzige, was diese Leute denken: „Hauptsache, mir geht's gut.. Wie's de Annern geht, des geht mich nix an!"

Allerdings: was „Politik und Gesellschaft" betrifft, da sind sie sehr interessiert.. aber nur, wenn's um „Königshäuser" geht. Ja.. da kennen sie sich gut aus. Darüber kann man ja auch alles nachlesen.. ausführlichstens.. in diesen einschlägigen „Fachzeitschriften".. bei jedem Frisör. Zum Beispiel über die „englisch Lisbeth" mitsamt ihrer missratenen Sippschaft: die reinste „Royal Horror Familiy"!

Aber wie hier bei uns die Probleme gelöst werden sollen.. das interessiert da weniger: die Arbeitslosigkeit.. die Rentenfrage.. die Steuerreform.. das Gesundheitswesen..der Umweltschutz.. und.. und.. und. Auch wenn es paradox klingen sollte, aber die schweigende Mehrheit sagt dazu etwas.

Und zwar zu sich selbst: „Was solle mir uns jetzt schon unsern Kopf zerbrechen.. über die nächste fuffzich Jahr? Da lebe mer vielleicht garnit mehr!"

Sind wir doch mal ehrlich: Was interessiert denn die Mehrheit unserer Bevölkerung in erster Linie? Das sind die drei Grundfragen unserer Existenz. Erstens: „Wie nehm ich ab?" Zweitens: „Wo find ich en Parkplatz?" Und drittens: „Wo warn mer denn noch nit in Urlaub gewese?"

Das Einzige, was die Leute wirklich bewegt, das ist ihr Auto.

Es ist fast schon so was wie eine „Reliquie" geworden. Völlig zu Recht sagen die Schwaben dazu: „Heilig's Blechle".

Ansonsten wollen die Leute nur ihr Ruh: „Ei, loss mer doch moi Ruh!"

Und warum? Wahrscheinlich damit.. wenn sie mal gestorben sind.. der Unterschied nicht so groß ist.

Aber die sollen nur so weitermachen.

Eines Tags ist Zahlzeit.

Mahlzeit!

(aus dem Kabarettprogramm „Blick zurück nach vorn"
– Eine sati(e)rische Invent(o)ur – gespielt auf der Abschiedstournee 1999)

Sa-tier-isches Finale

(wühlt im Requisitenkoffer)

    So, ich glaube, jetzt muss ich allmählich Schluss machen.. denn hier in meinem Koffer ist nichts mehr drin, keine weiteren Requisiten.. bis auf diese merkwürdigen Teile da.

(holt ein Paar Socken und ein Papiertüte heraus, betrachtet sie kopfschüttelnd)

    Eine seltsame Tüte und ein paar Socken! Wozu hab ich denn die mal gebraucht? – Moment! Jetzt fällt's mir wieder ein: das war 1981 in meinem „musikabarettistischen" Programm mit dem Titel: „Flügel-Schläge".

    Und damit hatte ich damals das Finale eröffnet.. und das war auch ausgesprochen „tierisch" gewesen.. stellenweise sogar „sa-tierisch"!

Blackout

(stellt im Dunkeln Stuhl auf Mitte, setzt Tüte als „Schnabel" auf, steigt auf den Stuhl und beginnt deklamatorisch zu reden)

    Ich bitte um Ihre Aufmerksamkeit für den ehrenwerten Herrn Präsidenten der „Ju-En-Äi" - der „United Nations of Animals".. der „Vereinten Nationen der Tiere"! Das Wort hat der weise Marabu aus Mesopotamien.

Ein blauer Spot auf Mitte wird aufgeblendet und Echohall eingeschaltet

(in Storch-Haltung über Schnabel guckend, Arme wie Flügel bewegen)

    Verehrte Mitglieder der U.N.A-Vollversammlung!

    Liebe Mit-Tiere.. und.. äh.. Tierinnen aus aller Welt!

    Zunächst möchte ich in euer aller Namen meinen Dank abklappern.. klack-klack.. an die Experten-Kommission, die in unserem Auftrag in jahrelanger Arbeit eine umfassende Zukunftsprognose erstellt hat für unser Überleben auf diesem Planeten.. klack-klack!

    Das Ergebnis wird euch nun mitteilen: unser hochverehrter Generalsekretär, der dalmatinische Hirtenhund! Applaus.. klack-klack-klack!

(dreht sich um, setzt „Schnabel" ab, hängt sich die beiden Socken rechts und links wie Ohren an die Brille, dreht sich nach vorne und hockt sich auf die Stuhllehne und beginnt „bellend" zu reden)

    Wau-wau! – Verehrte U.N.A.-Vollversammelte.. wuff-wuff!

    Unsere Studie ergab ganz eindeutig: Die Menschen sind dabei uns allmählich sys-te-ma-tisch auszurotten... huuuh!

    Es ist er-schüt-ternd! – Ich möchte Euch hier nur einige der unzähligen Klagen vortragen.. wuff-wuff!

    Den Leoparden ziehen sie das Fell über die Ohren.. und schmücken ihre Weibchen damit.

    Die Seehund-Babys erschlagen sie ganz brutal.. aus gleichen Gründen.

Die Nashörner töten sie.. und nur um dann aus ihrem Horn ein angebliches Potenz-Mittel gewinnen zu können.

Die Krokodile enthäuten sie.. und stellen daraus Handtaschen für ihr arroganten Damen her.

Die Elefanten knallen sie ab.. nur um aus ihren Stoßzähnen Klaviertasten zu machen und aus ihren Beinen Papierkörbe.

Welch ein himmelschreiendes un-tierisches Verbrechen.. huuuh!

Aber, liebe Mit-Tiere, die Natur steht auf unserer Seite. Sie wird diesem schändlichen Treiben der Menschheit ein Ende bereiten: durch verheerende Naturkatastrophen, Wirbelstürme, Regengüsse und Überschwemmungen.

Ein regelrechte Sintflut steht uns bevor, die alles Leben auf dieser Erde vernichten wird.. wuff-wuff!

Um wenigstens von jeder Tierart ein Paar zu retten, lasst uns daher flugs eine große Arche bauen.. an historischer Stätte: auf dem Berge Ararat.

Bis dahin nur Mut.. alles wird gut.. hoffentlich.. huuuh! Wuff-Wuff!

Blackout und Echohall aus
(steigt vom Stuhl, hängt Socken ab und setzt sich ans Piano)
Spots für Piano werden aufgeblendet

𝄞 Auf dem Berge Ararat

Pünktlich fängt die Arbeit an, jeder schafft mit Macht,
packt mit zu, wo er nur kann, emsig Tag und Nacht:
auf dem Berge Ararat – auf dem Berge Ararat.

Nach vier Wochen ist's so weit.. endlich fertig.. seht:
tausend Fuß lang, hundert breit, stolz die Arche steht.
auf dem Berge Ararat – auf dem Berge Ararat.

Die Entscheidung trifft das Los: Wer darf mit hinein?
Und bald ziehen Klein und Groß in die Arche ein:
auf dem Berge Ararat – auf dem Berge Ararat.

Der Puter und die Putin, ein Hengst mit seiner Stutin,
zwei Kolibris sind auch dabei, ein Papa- und ein Mamagei.

Der Spatz und seine Spätzin, der Kater mit der Kätzin,
die Fliege und der Fliegerich, die Ziege mit ihrm Ziegerich.

Der Emu und E- mu-lia, das Zebu und Ze-bu-lia,
die Natter und ihr Natterich, die Ente mit ihrm Gatterich.

Als alle Tiere drinnen sind, erscheint das Menschen-Paar:
„Macht Platz, jetzt kommen wir, geschwind,
der Schöpfung Krone.. klar?"
Die Tiere rufen all geschockt: „Ohoo.. was fällt Euch ein?"
Ihr habt uns all das eingebrockt, drum sagen wir laut: NEIN!
Was Ihr gemacht mit der Natur, so kann der Mensch nur hausen.
Ihr seid zwar klüger als wir – nur: diesmal, da bleibt Ihr draußen!"

Die Tür knallt zu: peng!
Ein Schild: „Tabu!"
Im Innern lacht ein Kakadu.. ho-ho-ho-hoo-ho!
Und dann is Ruh.
Auf dem Berge Ararat – auf dem Berge Ararat.

Vom Himmel leises Raunen klingt:
der Herr die Tiere segnet..
ein Engel „Halleluja" singt.. dann fängt es an..
(flüsternd) – es regnet!
Aber nur keine Panik!
Was ist das schon.. das bisjen Gepiesel!
Deshalb: weiterhin angenehme Ruhe..
und schlaft recht schön. .
und auf Wiedersehn..
bis später dann..
beim großen Regen!
Das Licht wird langsam ausgeblendet

(aus dem Kabarettprogramm: „Blick zurück nach vorn"
– Eine sati(e)rische Invent(o)ur – gespielt auf der Abschiedstournee 1999)

𝄞 Nach uns die Sintflut

Vielen Dank.. für die mehrfachen.. äh.. Appläuse.. im Laufe dieses Abends! Für mich höchst erstaunlich, weil: Das war ja heute gar kein normales Kabarettprogramm gewesen, sondern eigentlich nur ein „satirisches Suchprogramm".. eine kabarettistische Inventur.. mit einem kritischen „Blick zurück.. nach vorn".

Und was bei so einer Prozedur herauskommt, das weiß man vorher nie. Und die Bilanz danach.. na ja.. die muss jeder für sich selbst ziehen. Nur: Wer zieht heute schon gern Bilanzen.. geschweige denn Konsequenzen?

𝄞 „Wie lautet heut das Motto?

Das Leben ist wie Lotto:

Die Hauptsach, man gewinnt gut..

und dann?

(zuckt ratlos die Achseln)

Nach uns die Sintflut!"

Ja, das ist offenbar die Devise unserer Zeit: Nach uns die Sintflut! Deshalb sollten wir in unserem Testament einen Passus einfügen:

„Im Vollbesitz meiner geistigen Kräfte habe ich mein Geld ausgegeben, solang ich noch am Leben war."

𝄞 „Nach uns die Sintflut! Ja, so leben wir.

Nach uns die Sintflut! Danach streben wir.

Was danach kommt, soll uns egal sein,

mag auch die Zukunft eine Qual sein.

Und kriegt die Welt durch uns de Dalles.. na und?

Wir leben jetzt und wollen alles."

(faltet die Hände und blickt nach oben)

Lieber Gott, gib mir bitte etwas mehr Geduld.. aber sofort!

Wo man aber auch hinguckt auf unserm Globus.. überall herrscht Handlungsbedarf. Es müsste baldmöglichst etwas getan werden: gegen die drohende Klimakatastrophe.. gegen den Hunger in der dritten Welt.. gegen die Umweltzerstörung.. gegen Terror und gegen Unterdrückung.

Und was tun die Politiker dieser Welt? Sie veranstalten einen Gipfel nach dem anderen.. und verlangen energisch sofortige Problemlösungen.. spätestens jedoch.. im nächsten Jahrzehnt.

Die Bürger in den reichen Länder dagegen sagen: „Gewiss, gewiss.. das ist ja alles sehr schlimm.. aber was können wir schon groß dagegen tun? Wir kleinen Leute!"

Ja, ja.. es ist Immer wieder das gleiche Lied. Hatten wir das nicht schon mal? Ich kann mich noch gut erinnern an meine Kindheit im Dritten Reich.. welche Lieder damals gesungen wurden:

𝄞 „Das kann doch einen Seemann nicht erschüttern.."

Ja.. bis die Matrosen auf ihren Schiffen endgültig erschüttert wurden.. durch Wasserbomben und Torpedos. In der Heimat dagegen erklang bis zum Schluss das optimistische Lied:

𝄞 „Davon geht die Welt nicht unter.."

Welch eine Illusion! Und wie sie unterging.. diese Welt. Aber ein ganzes Volk hatte damals diesen ganzen Irrsinn mitgemacht.. oder zumindest stillschweigend geduldet.. die damalige „schweigende Mehrheit".

𝄞 „Nach uns die Sintflut! Ja, so leben wir.

Nach uns die Sintflut! Danach streben wir.

Mag auch die Zukunft eine Qual sein,

was danach kommt, soll uns egal sein."

Es lebe die Spaßgesellschaft! Und zwar ohne Rücksicht auf Verluste! Lasset uns tanzen und springen.. konsumieren und singen:

𝄞 „Wir versaufen unsrer Oma ihr klein Häusjen,

und dann schieben wir sie ab ins Altersheim!"

Das ist natürlich wieder mal nur so eine satirische Übertreibung. Denn auf Verantwortung wird bei uns stets großen Wert gelegt.. allerdings immer nur bei den anderen. Schließlich stehen an der Spitze unseres Staates mutige Politiker.. auf die jederzeit absolut Verlass ist.. wenn es um ihre Karriere geht.

Aber ich befürchte.. im Ernstfall werden wir etwas Ähnliches hören wie: „Meine Damen und Herren, hier spricht Ihr Flugkapitän. Wir haben da ein kleines Problem mit unseren Triebwerken. Aber nur keine Panik! Ich springe nur schnell mal mit dem Fallschirm ab und hole Hilfe."

Ja, meine Damen und Herren.. viel Zeit ist jetzt nicht mehr.. dann ist es endlich zu Ende.. dieses dramatische 20. Jahrhundert. Dann heißt es für uns alle: Abschied nehmen.. nicht nur ich von Ihnen.. und Sie von mir.. nein.. auch wir alle.. von uns.

Aber nicht nur von diesem Jahrtausend müssen wir uns endgültig verabschieden.. nein, eines Tages auch ganz privat.. von unserem ganz persönlichen Leben.

Ja, so ist es.. auch wenn Sie's nicht wahrhaben wollen: die wenigsten von Ihnen werden es überleben.. das nächste Jahrhundert.

Doch man soll die Hoffnung nie aufgeben.

Egal, was noch alles kommen wird.. man muss immer positiv denken.. immer positiv.. bis zum Schluss.

Wie damals die Leute auf der „Titanic".. oder „Teitännik".. wie die Engländer sagen: „Sink positiv!"

𝄞 „In diesem Sinne: Macht's mal gut!

Verliert auf keinen Fall den Mut!

So weit ist's ganz bestimmt noch nicht,

dass uns die Sintflut heut' erwischt."

(spielt Schlussakkorde, steht auf und geht zum Bühnenausgang)

Ich geh mal raus.. nur mal nachschauen..

ob's schon angefangen hat..

zu regnen.

Das Bühnenlicht geht langsam aus

(aus dem Kabarettprogramm: „Blick zurück nach vorn"

– Eine sati(e)rische Invent(o)ur – „Abschiedsprogramm auf Tournee" 1999)

🎼 Gelebte Scherze

In einer stillen Stunde überlege ich mir manchmal: „Na , war's das jetzt gewesen mit meinem Leben.. oder kommt da noch was? Und was wird das wohl sein?" Wenn man sich mal umblickt in unserer Gesellschaft, dann könnte einem mitunter Angst und Bange werden. Dann bleibt im Grunde nur eins übrig: sich selber trösten.. mit der optimistischen Lebensdevise:

„Nur keine Angst.. noch nit emal vor nix!"

Vor allem nicht vor dem Alter.. denn das ist etwas, was auf jeden von uns zukommt.. unweigerlich.. ob reich oder arm. Und das tröstet einigermaßen.

Nur eins ist mir aufgefallen: Alt werden will jeder.. aber älter werden? Davor fürchten sich die meisten. Mir ist nur aufgefallen: Je älter ich werde.. desto weniger Antworten habe ich auf immer mehr Fragen.

Dabei hat man mir früher immer erzählt: „Im Alter wird man klüger!"

Ha! Na ja, immerhin weiß ich mittlerweile: Die Anderen werden's auch nicht.

Bühnenlicht aus und Spots auf Piano an

(setzt sich ans Piano)

Aber was soll's? Da muss man durch.. egal wie.. oder wohin!

Getreu der alten Volksweisheit, die da lautet:

„Lebe, wie du, wenn du stirbst, wünschen wirst gelebt zu haben!"

Guter Spruch, gell?

(auf jemanden in erster Reihe ausdeuten) – Wiederholen Sie bitte!

🎼 „Gelebte Scherze – verscherztes Leben?
Im Grund egal ist's, wonach wir streben!
Die Uhren ticken, und das ist wichtig,
auch Menschen ticken.. doch selten richtig!

Leben ist der Lauf der Jahre,
von der Wiege bis zur Bahre,
doch fänd ich's bedenkenswert,
wenn's mal ablief.. umgekehrt:

Wirst geboren, kommst heraus
als ein Greis.. im Krankenhaus,
gehst ins Altersheim sodann,
wo gesund man werden kann,
trittst dann ein.. ins Rentnerleben,
darfst schon öfter einen heben,

kannst dann arbeiten.. für Geld,

reist im Urlaub um die Welt,

Kinder werden klein.. statt groß,

auch im Bett ist viel mehr los,

heiratest.. gelegentlich

danach erst.. verliebste dich,

gehst zur Tanzstunde mit Schwung,

fühlst dich straffer.. endlich jung,

lernst deinen Beruf verstehn,

darfst danach zur Schule gehn,

spielst.. erlebst des Säuglings Glück,

schlüpfst in Mutters Schoß zurück,

endest schließlich.. Lustgestöhn..

als Orgasmus.. das wär schön!

Oh, wär das schön!"

Tja.. die moderne Wissenschaft hat schon viel erreicht.. aber ich glaube, auf so einen erstrebenswerten Lebenslauf.. da werden wir sicher noch eine ganze Weile warten müssen.

Bis dahin bleibt unser Leben auch weiterhin nur eine große Illusion.. hinter der sich die Realität unserer Träume verbirgt.

𝄞 „Gelebte Scherze – verscherztes Leben?

Müsst es nicht mehr noch.. als alles geben?

(gibt sich energisch einen Ruck) – Na ja!

Ein Mann muss tun, was ein Mann tun muss!

Drum mach ich endlich..

na, was wohl?

Wie bitte? – Richtig! Wie haben Sie das bloß erraten?

Schluss!"

(Jazz-Akkorde zum Ausklang)

Spots auf Piano aus und Bühnenlicht an

(aufstehen, verbeugen und abgehen)

(aus dem Kabarettprogramm: „Kopfsalat und Sperrmüll" – Gelebte Scherze – 1993)

Zugaben:
„Desserts nach Art des Hauses"

Wer glaubt, mit den „Nachtischen" sei auch das Ende des Menüs gekommen, der war noch nie in einem meiner Programme. Denn ganz egal ob im Mainzer „unterhaus" oder auswärts auf Tournee: Es war noch nie der Fall gewesen, dass nicht noch Zugaben erforderlich gewesen wären.

Aus der Fülle der Titel, die schon als Zugabe herhalten mussten, habe ich einige der originellsten als „Dessert" ausgewählt - natürlich „nach Art des Hauses". Und das bedeutet: An dieser Stelle haben politische, kritische oder satirische Texte keinen Platz mehr. Hier wird hemmungslos drauf los gesponnen, gekalauert und gealbert.

Ob es sich um das Verlesen einer „Zugabenverordnung" handelt oder um die musikalische „Er-Schöpfung" von Haydn, ob es „Die Wildsau im Aquarium" ist oder „Das Ferkel in der Lederhose". Ganz egal, selbst vor dem schlimmsten Nonsens wird dabei nicht zurückgeschreckt.

Also, machen Sie sich auf was gefasst!

Die Zugabenverordnung

(kommt nach längerem Applaus wieder auf die Bühne und winkt ab)

Ich unterbreche Sie ja höchst ungern. Ich will auch nicht aufdringlich erscheinen, aber in anbetracht der schon reichlich fortgeschrittenen Stunde würde mich nur mal eins interessieren: Wissen Sie eigentlich, wie spät es inzwischen schon ist? – Wie.. nein? – Aber den Sinn dieser Frage verstehen Sie schon.. oder?

Aber das scheint Ihnen total Wurscht zu sein. Sonst würden Sie ja nicht weiter so völlig unbeeindruckt hier rumhocken.. ohne jegliches Zeitgefühl.. ohne einen Funken Heimweh.. ohne ein Zeichen von Angst.. dass Sie von Ihren Angehörigen zuhause mittlerweile als vermisst gemeldet worden sind.

Ganz schön mutig.. muss ich schon sagen. Respekt! Aber die Menschen sind ja oft auch viel mutiger als man glaubt. Die wissen zum Beispiel ganz genau: Die meisten Leute sterben im Bett.. und trotzdem legen Sie sich Abend für Abend wieder rein.

Das ist so ähnlich wie bei so einer Veranstaltung: Man kriegt die Leute zwar relativ leicht hier rein.. aber umso schwerer wieder raus

Und dann verlangen sie auch noch: Man solle hier was zugeben.

Dabei ist das immer ein großes Problem mit den sogenannten „Zugaben".

Es gibt nämlich im Grunde nur zwei Möglichkeiten:

Entweder: so eine Zugabe ist schlecht.. dann isse nit gut.

Oder aber: sie ist gut.. dann isses ganz schlecht.. weil: dann wolle die Leut noch eine.. und noch eine.. und noch eine.. ein Ende ist dann nicht abzusehen.. es sei denn, der Künstler stirbt vorzeitig.. an Altersschwäche.

(geht zum Tisch, holt ein Schriftstück und hält es hoch)

Um dieser Gefahr zu entgehen, habe ich vorsorglich in meinem Vertrag hier eine Zusatzklausel eingefügt.. die sogenannte „Zugabenverordnung". Und da heißt es unter anderem:

1. Zugaben können nur dann gebracht werden, wenn sich im Saal mehr Personen befinden als auf der Bühne.

(schaut prüfend in den Saal)

Na ja.. das scheint ja bis jetzt noch der Fall zu sein.

2. Die Dauer der Zugaben sollte nach Möglichkeit nicht sehr viel länger sein als das gesamte Programm vorher.

Also, da können Sie sich fest drauf verlassen: Dafür werde ich schon sorgen.

3. Eine Zugabe wird nur dann gewährt, wenn das Publikum mehrmals und deutlich zu verstehen gibt, dass es unbedingt noch was hören will.

Na und? Ist das vielleicht hier der Fall?

(dämpft den Beifall energisch ab)

Genug.. genug! Das hab ich befürchtet. Deshalb habe ich hier noch vorsichtshalber eine Ergänzung eingefügt.. sozusagen eine zusätzliche „Zusatzklausel".. zur Zugabenverordnung:

4. In Städten unter 500.000 Einwohner..

(schaut erstaunt auf bei dem Gelächter)

Wie? Gibt's hier vielleicht mehr? – Na.. sehen Sie!

Also, in Städten unter 500.000 Einwohner gilt bereits das Verlesen dieser Zugabenverordnung als Zugabe.

(verbeugt sich und geht winkend ab)

(aus dem Kabarettprogramm „Nur keine Panik"
– Eine real-satirische Beruhigungstherapie – 1987)

𝄞 Die Wildsau im Aquarium

Nachdem das Programm nun vorüber ist.. kann ja jetzt eigentlich nicht mehr viel passieren. Daher wage ich es.. Ihnen ein Geständnis zu machen: Tief in mir drin schlummert schon lange etwas: ein latentes musikalisches Kreativitätspotential.

Na, gut.. jetzt werden einige von Ihnen sagen: Lass es schlummern! Aber irgendwann muss es einfach raus.. und wenn nicht jetzt.. wann dann? So schnell können Sie ohnehin nicht hier aus dem Saal flüchten.

Vor kurzem habe ich ein revolutionäres Werk geschrieben.. und zwar eine moderne Oper.. am Stück. Es ist ein sehr ernstes Werk geworden.. mit dem anspruchsvollen Titel „Die Wildsau im Aquarium".

(guckt erstaunt ins Publikum)

Nanu.. ist Ihnen das nicht ernst genug? Oder haben Sie eventuell was gegen Aquariumse? Etwas seriöser klingt der Titel allerdings auf italienisch: „Il ferkula furiosa in aqua destillata".

Es ist ein ausgesprochenes „Spätwerk" von mir.. ja.. schauen Sie nur mal auf Ihre Uhr! Wie gesagt.. es ist eine sehr moderne Oper.. das bedeutet: der Inhalt ist zweitrangig.. aber zumindest der Titel ist erstklassig.

Zunächst mal etwas zum Szenarium. Meine Oper hat zwei verschiedene Handlungsorte: der erste Akt spielt hier in Mainz.. der zweite in Salzburg.. und der dritte wieder hier.. als krönendes Finale.

(setzt sich ans Piano)

Die Ouvertüre überspringen wir mal.. denn dazu fehlen mir hier die notwendigen Instrumente: zwei Reisewecker.. vier Luftpumpen.. und eine Kuckucksuhr.. digital natürlich.. ja.. die macht dauernd digi-digi-digi-dig!

Aber dann geht's los: Der erste Akt bricht an.. mit einem ganz leisen.. dezenten.. fast ätherischen Vorspiel..

(laut donnernden Wirbel in tiefen Tönen)

.. ein echtes „Prelüde".. fürs Gemüte! Das ist gleichzeitig ein Signal für die Sänger.. dass sie die Kantine verlassen. Dann öffnet sich der Vorhang.

(Glissando nach links)

Oh, pardon.. der geht ja zur anderen Seite auf.

(Glissando nach rechts)

Dann ertönt ein donnerndes Furioso.. ein wahres Ungewitter..

(leises Geklimper in oberen Tönen)

Ja.. ich brauche doch noch eine Reserve. Was glauben Sie.. was da im Laufe der Oper noch ein Sauwetter auf uns zukommt.

Auf der Bühne erblickt man ein großes.. pompöses.. Nichts. Das ist nicht etwa nur Absicht.. nein.. das ist so gewollt: Die Konfrontation des Publikums mit der nicht-existenziellen Minus-Substanz unseres negativen Seins.

Und dann endlich erscheint sie: die Wildsau persönlich.. in einem großen Aquarium schwimmend.. wird sie hereingezogen.. von einem Chor elegant verkleideter Vagabunden.. und singen das ergreifende Lied:

♪ „Was tut die Wildsau im Aquarium?

Sie schwimmt darin herum und glotzt ins Publikum!"

Sie intonieren ganz tief ein rhythmisches Grunzen.. während von der anderen Seite Vagabundinnen hereinstürzen und ein Klagelied anstimmen:

♪ „Wer hat bloß unsre Sau geklaut.. Sau geklaut.. geeeklaut?"

Die haben nämlich das Aquarium samt Sau noch nicht gesehen. Ganz im Vertrauen: Natürlich haben sie.. aber im Theater muss man immer simulieren.

Darauf ringen die Vagabunden verzweifelt die Hände.. und singen:

♪ „Jetzt ist die ganze Schau versaut.. Schau versaut.. veeersaut!"

Dieser monotone Klagegesang wiederholt sich dann etwa drei bis zwei Stunden lang.. je nach Kondition des singenden Klangkörpers.

Danach verlassen alle die Bühne.. mitsamt der Wildsau im Aquarium.. und begeben sich zum Hauptbahnhof. Von dort aus fahren sie.. erschöpft.. aber gemeinsam.. mit dem ICE um 23 Uhr 54.. ab nach Salzburg.

Sie erinnern sich noch? Zwei Handlungsorte.. und das ist der zweite. Und dort passiert im Grunde noch mal das Gleiche wie hier im ersten Akt. Aber in einer ganz anderen Tonart: zwei Takte tiefer.

Den eigentlichen Höhepunkt meiner Oper erlebt man dann im dritten Akt: in einem furiosen Finale.. ein wahrer „Orgasmus musikalikus".. und der spielt wiederum hier bei uns. So etwas haben Sie garantiert noch nie erlebt.

(steht auf und stellt sich vors Piano)

Aber das kann ich Ihnen natürlich nur vorführen.. wenn die Sänger alle wieder aus Salzburg zurückgekommen sind. Und das kann noch eine ganze Weile dauern.. denn der nächste Zug aus Salzburg.. der trifft erst morgen Abend hier ein.. um 22 Uhr 17.

Also.. wenn Sie nichts Besonderes vorhaben.. dann können Sie gerne hier sitzen bleiben.. und darauf warten. Bis morgen dann.. auf Wiedersehn.. und angenehme Ruhe!

(geht winkend ab)

(aus dem Kabarettprogramm: „1,2,3... wo ist der Mensch?"

– Ein gutbürgerliches Gesellschaftsspiel – 1979)

Klassischer Versuch

(kommt nach Ende des offiziellen Programms noch mal auf die Bühne)

Sie sind offenbar unersättlich! Was erwarten Sie denn jetzt noch von mir? Soll ich noch mal von vorne anfangen?

Aber ich habe so das dumpfe Gefühl: Freiwillig hören Sie niemals auf.. mit dieser ständigen Klatscherei. Da gibt's nur eine Möglichkeit: Ich muss zum letzten Mittel greifen.. zur klassischen Musik.

(deutet in den Saal)

Da.. sehen Sie: jetzt haben sich einige zu Tode erschrocken!

Ich weiß.. klassische Musik ist das allerletzte.. womit ich mein Publikum begeistern kann. Natürlich gibt es auch Ausnahmen: Sie zum Beispiel

Ja.. diese Drohung scheint Sie überhaupt nicht zum Weglaufen bewegen zu können. Dann gehe ich mal davon aus: Sie sind alle profunde Kenner klassischer Meisterwerke. Dann kennen Sie auch sicher dieses berühmte Oratorium von Joseph Haydn „Die Schöpfung"? Wer nicht.. aufstehen!

(schaut prüfend in die Runde)

Respekt! Hätte ich nicht geglaubt. Ehrlich.. ich glaub's immer noch nit!

So.. und jetzt die nächste Frage: Wer von Ihnen hat das auch gehört?

(guckt in den Saal)

Genau das hab ich mir gedacht. Sehen Sie.. dann werden Sie's halt jetzt zu hören kriegen.. dass Ihnen Hören und Sehen vergeht. Ich habe mir nämlich erlaubt.. dieses monumentale Werk etwas zu bearbeiten.. das heißt: ich hab's völlig umgeschrieben.

Es ein gewaltiges Opus geworden.. von geradezu monströsen Ausmaßen: mit fünfzehn Kilo Noten. Ja.. fünfzehn Kilo! Nur die Noten.. dann kommt noch das Papier dazu. Jetzt lachen nur die Musiker.

Ich gebe Ihnen noch eine halbe Stunde.. ja.. um sich mit Getränken und belegten Brötchen zu versorgen. Na, was ist? Wollen Sie nicht?

Gut.. auf Ihre Verantwortung! Dann müssen Sie halt sehen.. wie Sie hier die Nacht überstehen. Ja, natürlich.. das Konzert geht bis zum Grauen.. zum Morgengrauen. Übrigens: Schlafsäcke gibt's draußen im Foyer.

(stellt sich ans Piano)

Sie erleben jetzt.. eine einmalige Uraufführung.. ein Humoratorium: „Die Schöpfung".. von Joseph.. *(verbeugt sich)* - und Herbert *(verbeugt sich)*

Das war eine „Haydn"-Arbeit.. kann ich Ihnen sagen: äußerst schwierig zu spielen.. und dazu auch noch zu singen. Vor allem am Schluss eines solchen Mammutprogramms.

(setzt sich ans Piano)

Deshalb sollte man das Werk vielleicht besser umbenennen: „Die Er-Schöpfung".

𝄞 Die Er Schöpfung

(spielt einige Takte im klassische Stil)

      Das war nur die Ouvertüre. Es folgt der Hauptteil.. den ich bereits etwas gekürzt habe.. Ihnen zuliebe.. von drei Stunden.. auf zwei.

      𝄞 „Am Anfang.. der Herr..

    er schuf Himmel und Sterne,

    die Sonne.. den Mond..

    die Nähe und Ferne.

      Danach schuf er die Meere..

      die Berge.. das Land..

      dann das Paradies..

      auch „Gunsenum" genannt.

    Und schließlich als Krönung

    der Mensch ward erbaut..

    und seitdem.. die Schöpfung..

    ja.. schaut euch nur um..

    da war se versaut!"

(steht auf, verbeugt sich und geht ab)

(aus dem Kabarettprogramm: „Alles nur halb so wild!"

– Lebenshilfen für den Alltag – 1980)

Der Anfang vom Ende

(geht nach mehrmaligen Abgängen mit Verbeugungen zur Mitte)

Tja, meine Damen und Herrn, in mir wächst allmählich das dumpfe Gefühl: Sie denken anscheinend.. das ginge hier laufend so weiter. Klassisch ausgedrückt:

„Schier unersättlich scheint die Menge hier zu sein!"

Aber ich kann mir schon denken, warum Sie immer noch hier rumsitzen, völlig unbeeindruckt von der mittlerweile erheblich vorgerückten Stunde. Wahrscheinlich sind Sie der Meinung von Goethes „Tasso".. wo es heißt:

„Ein edler Mensch zieht edle Menschen an..

und weiß sie festzuhalten!"

(stolziert in gespreizter Pose herum, winkt dann aber bescheiden ab)

Ich weiß.. ich weiß.. das klingt etwas arrogant, aber bei Shakespeare heißt es: „Erlaubt ist, was gefällt!" Und Ihnen gefällt's hier offenbar so gut, dass ich Sie ernsthaft fragen muss.. vor allem wegen der späten Uhrzeit:

„Habt Ihr denn kää Better dehääm?"

Da gibt's garnix zu lachen! Bei Ihrem Anblick hier denke ich an Schillers „Wallenstein", als er ausrief:

„Daran erkenne ich meine Pappenheimer!"

Oder sind Sie aus Bodenheim? – Nein? Sie sind aus Budenheim? Ach so! - Selbst dann möchte ich klassisch fragen:

„Egal, woher der Weg Euch führt,

dass Ihr mit mir kein Mitleid spürt?

Zwei Seelen wohnen, ach, in meiner Brust..

(deutet jeweils drauf)

..das is die rechte.. das die linke.

Die eine will befried'gen Eure Lust..

die andre will e Bierche trinke!"

Auch dieses Dilemma von mir scheint Sie nicht zu beeindrucken.

Stellen Sie sich doch mal vor: Sie sitzen im Theater.. Shakespeare.. „Sommernachtstraum".. und nach drei Stunden kommt da einer raus.. und verkündet: „Das ist der Anfang..".. und alles erschrickt: „Uwaah!!" Nur keine Panik, denn im Original geht's weiter:

„Das ist der Anfang.. vom Ende!"

An solchen Kernsätzen merkt der erfahrene Theaterbesucher sofort: „Aha.. die berühmten Schlusszitate fallen.. jetzt fällt bald der Vorhang!"

Und während auf der Bühne der Othello zu seinem berüchtigten Würgegriff ansetzt und fragt: „Hast Du zu Nacht gebetet, Desdemona?" fragt unten ein Mann seine Frau: „Host du die Garderobemark, Lisbeth?"

Und während auf der Bühne der Wallenstein flüstert: „Ich gedenke einen langen Schlaf zu tun!".. gähnt unten im Parkett einer laut und vernehmlich: „Der Mann hat ja sooo recht!"

Und während oben einer sich am Boden windet und röchelt: „Vorbei.. vorbei.. es ist zu spät!".. hält unten einer seine Uhr ans Ohr und meint: „Des stimmt! Ich mään sogar.. moi Uhr is stehe gebliebe! Mir kimmt's vor, als wär's schon längst Mitternacht!"

Da fällt mir grad was ein: Wäre das nicht ein praktischer Zusatzservice im Theater: eine automatische Zeitansage? Aber natürlich nicht so profan und prosaisch: „Mit dem Gongschlag ist es jetzt genau elf Uhr zehn und zwanzig Sekunden - boiiiiig!".. sondern ganz romantisch.. mit einer wunderschönen Melodie.. voller Poesie.

(setzt sich ans Piano)
Bühnenlicht aus und Spot auf Piano an

𝄞 Serenade zur Nacht

(nach einem romantischen Vorspiel singt er)

> 𝄞 „Des Tages letzte Stund' hat angefangen,
> der Mond dreht seine Runden durch den Raum.
> Der Abend, er ist längst nach Haus gegangen,
> die Nacht sitzt gähnend im Kastanienbaum.
> All die Frommen und die Braven..
> längst schon schlafen.. längst schooon schlaaafen.."

(gähnt und schaut dabei prüfend ins Publikum)

> Offenbar scheinen ausgerechnet Sie nicht zu dieser Kategorie zu gehören. Sie sind anscheinend weder fromm noch brav genug.

(schlägt ein paar Töne an und spricht mit schnarrender Automatenstimme)

> „Mit dem nächsten Ton des Zeitzeichens ist es jetzt genau..

(sieht auf seine Armbanduhr)

> ..zweiundzwanzig Uhr.. dreizehn Minuten und elfeinhalb Sekunden!"
> Sie brauchen jetzt nicht auf Ihre Uhr zu gucken.. das stimmt!
> Aber Sie scheinen mir das nicht zu glauben.. oder? Dafür glauben Sie offenbar, Sie seien noch nicht müde genug.. um endlich nach Hause zu gehen. Na gut, vielleicht schläfert Sie dieses Lied hier allmählich etwas ein.

(nach einem romantischen Zwischenspiel singt er)

> 𝄞 „Geduldig wandern Träume durch die Gassen,
> auf leisen Sohlen, ohne einen Ton.
> Wir sollten sie nicht länger warten lassen,
> sonst fliegen sie am End uns noch davon.

Selbst die Nachteulen hab'n Pause,

gehn nach Hause.. gehn nach Hause..

(schaut streng ins Publikum)

Ja.. daran sollten Sie sich mal ein Beispiel nehmen! Aber heute Abend
scheinen nicht sehr viele Eulen hier zu sein.

(schlägt ein paar Töne an und spricht mit schnarrender Automatenstimme)

„Mit dem nächsten Ton des Zeitzeichens ist es jetzt genau.. zwei..

(sieht auf seine Armbanduhr)

..undzwanzig Uhr.. fünfzehn Minuten und dreiundsechzig Sekunden!"

So.. und jetzt haben Sie Ihren letzten Bus verpasst. Ätsch!

Na gut, ein allerletzter Versuch: Probieren wir's mal mit Hypnose!

(spielt eine langsame Weise und singt beschwörend)

„Auch hier wird für ein Ende mancher froh sein..

die Augen.. fallen.. ganz allmählich zu.. klipp.. klapp!

Zuerst.. da schlafen.. Füße.. dann der Po ein..

(schnarcht leise)

..und auch die Ohren.. hätten gern.. ihr Ruh.."

(schnarcht lauter, schreckt hoch, steht auf und verneigt sich nach allen Seiten)

Drum.. ein letztes Wort:

„Mylady.. Mylord!"

(erklärt mit normaler Stimme)

Das ist aus „Maria Stuart".. letzter Akt.. letzte Szene.. allerletzter Satz.

Haben Sie das auch alle gut verstanden? Allerletzter Satz!

(deklamiert)

„Der Lord lässt sich entschuldigen.. wie dumm..

er muss zu Fuß zurück..

nach Gunsenumm!"

(geht ab)

Bühnenlicht aus und Saallicht an

(aus dem Kabarettprogramm „Faust im Sack"

– Klassiker werden geliftet – von 1985)

Zeit zum Schlafengehen

(schleicht nach mehreren Zugaben noch mal „erschöpft" auf die Bühne)

Ich habe so das dumpfe Gefühl: Sie haben während dieses Abends vor lauter Begeisterung offenbar völlig die Orientierung verloren. Da will ich Ihnen gerne behilflich sein. Also aufgepasst!

(zeigt jeweils in die angegebene Richtung)

Das hier.. das ist die Bühne.. und das da ist der Saal.

Ganz oben.. das ist die Decke.. und ganz unten.. das ist der Boden.

Dort hüben und drüben.. das sind die Wände.. und ganz da hinten.. das ist der Ausgang. Alles klar?

Also, wenn Sie sich jetzt bitte auf den Weg dorthin machen wollen?

Na? – Kein Lust dazu? Erstaunlich! Wie sagte einst der große griechische Philosoph Diogenes aus seiner Tonne.. zum noch größeren Alexander:

„Zeige mir deine Uhr.. und ich sage dir, wie spät es ist!"

(guckt auf seine Armbanduhr und deutet darauf)

Ich kann's Ihnen ganz genau sagen: Es ist allerhöchste Zeit.. für Ihrer aller Heimgang.

Oh.. pardon! So war das nicht gemeint. Für Ihren Abgang.. Ausgang!

Ich weiß ja nicht, was Sie für Schlafgewohnheiten haben.. aber ich geh immer früh ins Bett, weil: ich muss jeden Morgen schon um halb sechs raus.. ehrlich.. dann geh ich aufs Klo und dann wieder ins Bett.

(schaut in den Saal, schüttelt resigniert den Kopf und setzt sich an den Tisch)

Sie haben offenbar ganz andere Schlafenszeiten.. so wie Sie es sich hier gemütlich gemacht haben. Es scheint fast, als wollten Sie hier übernachten.

Ja, ja.. Sie haben's gut.. weil: Sie können sich immer vorher aussuchen.. zu wem Sie in so eine Vorstellung gehen. Aber ich? Ich muss immer nehmen was kommt. Und was da manchmal kommt. Na ja.. Sie sehen's ja selbst!

Aber ich bin ja auch selber schuld. Warum hab ich mir nur so einen albernen Beruf ausgesucht: Kabarettist.. auch noch freischaffend!

Von wegen! Da kann man den ganzen Abend schaffen.. hat aber zu so später Stunde immer noch nicht frei.

Wär ich nur zum Fernsehen gegangen.. da hat man wenigstens pünktlich Feierabend.. und auch nicht so viel Arbeit wie im Kabarett: Aus einer einzigen Pointe machen die doch gleich eine ganze Comedy-Serie.

Am beliebtesten sind jedoch immer noch Unterhaltungssendungen.. mit Gewinnspielen.. sogenannte „Quize". So etwas würde ich auch gern mal machen: aber nicht einfach nur totalen Blödsinn.. nein, sondern auch absoluten Quatsch.. denn ich glaube: so etwas hat Zukunft!

𝄞 Das Ferkel in der Lederhose

(setzt sich ans Piano)

Das Rezept dafür is ja allgemein bekannt: Viel Nichts.. um Lärm!

(steht auf und deklamiert)

„Zu Risiken oder Nebenwirkungen lesen Sie bitte
die Programmzeitschrift.. oder fragen Sie
den Arzt Ihres Apothekers!"

(setzt sich wieder und untermalt die Aufzählungen mit Jazz-Akkorden)

Man nehme: reichlich Konsens.. mit etwas Nonsens..
gebe dazu eine große Portion Blasmusik..
mit ihren rhythmischen Blähungen..
garniert mit zahlreichen Prominenten..
die kaum einer kennt..
dazu ein überaus „einfaltreiches Rate-Quiz"..
und als Krönung: ein spektakulärer Hauptgewinn..
möglichst etwas ganz was Originelles..
und das wäre dann auch gleichzeitig der Titel meiner „Game-Show":
„Das Ferkel in der Lederhose"!

(steht auf und spricht verschwörerisch zum Publikum)

Ganz im Vertrauen gesagt.. kommen Sie mal her.. wir sind ja unter uns:
Das ist medien-psychologisch ganz raffiniert.. weil: der Begriff „Lederhose"
spricht beim breiten Zuschauer zweifellos die „heimatschwärmerische
Volksdümmlichkeit" an.. und mit dem schlüpfrigen Ausdruck „Ferkel" werden
unterschwellig sexuelle Erwartungen geweckt. Ja.. so etwas wirkt immer!
Heutzutage muss man im Fernsehen einfach die Sau rauslassen.. sonst guckt
wieder mal kein Schwein!

(setzt sich wieder ans Piano)

Achtung! Das Spiel geht los.. die Sau beginnt.. pardon.. die Schau!
Einblendung des Sponsors: „Diese Sendung wird Ihnen präsentiert von
der rheinhessischen Metzger-Innung!"
Es erklingt die „Euro-Vivisektions-Melodie"

(spielt die Eurovisionshymne)

Licht aus! Spot an! Der Showmaster betritt die Bühne.: Es ist kein
Geringerer als der berühmte Entertainer Gottschalk-Lippert-Schmidt!
Auf einer großen Anzeigentafel erscheint ein wichtiger Hinweis..
für das Saalpublikum:

(steht auf und hält ein Schild hoch, auf dem steht groß: Applaus!)

Na, was is? Sie folgen ja aufs Wort. Hervorragend! Danke.. das genügt!

(setzt sich wieder)

Sie waren offenbar schon mal bei so was dabei gewesen?

Nach der Begrüßung.. jedes einzelnen Zuschauers.. beginnt der große Unterhaltungsteil.. und zwar gleich mit einer Sensation:

Placebo La Karotti.. der Wildecker Herzbube unter den Tenören.. singt die Arie des „Papagallo".. aus der Oper „Ein gebratener Storch":

♪ „Der Frosch springt hoch, der Frosch springt weit,
    warum auch nicht? – Er hat ja Zeit!"

(animiert Publikum zum Mitsingen)

Dann fält der ganze Saal ein:

♪ „Vidirallala – vidirallala – vidiralla-lalla-laa!"

(springt auf und applaudiert) – Großartig! Hervorragend!

(setzt sich wieder) - Es folgt ein kleiner Werbeblock.. von 10 Minuten!

Dann kommen die Bummsdorfer Blasmusikanten herein.. am der Spitze Maria Hellwig.. der Dirndl-Callas.. mit dem Lied:

♪ „Das Klo ist zu, der Magen brodelt.. holleradihü, holleradiho!
    Da lernt ein jeder, wie man jodelt.. hollerdiehüaho!"

Dann wird's endlich erotisch: sechs sexy aufgebrezelte Damen.. mit dem frühreifen Charme von dreißigjährigen Volksschülerinnen.. und alle „oben ohne".. also, ohne Hut.. singen einen „Schulmädchen-Report" über ihre Erfahrungen:

♪ „Sollt rutschen am Abend dem Lehrer die Hose.. hi-nab!
    war morgens bestimmt schon das Gummiband lose!
    Schnipp-schnapp!"

Zum Abschluß dieses multikulturellen Gesamtkunstwerks erscheint der größte „Fernseh-Babbeler" aller Zeiten: Heinz Schenk.. der berühmteste blaue Bock von ganz Frankfurt.. mit seinen „singenden Bembeln".. und mit einem Loblied auf den Äppelwoi:

♪ „Wir trinken – bumms – bis morgen früh..
    und machen Durchfallera.. pffffrz!"

Es folgt ein kürzerer Werbeblock.. von 15 Minuten. Und danach.. der absolute Höhepunkt: Das Ratequiz bricht los!

Von der Decke herab schwebt – Überraschung! – Rudi Carell.. verkleidet als „fliegender Holländer": Er schwingt sich auf das „Glücksrad" und dreht eine Ehrenrunde: Ab geht die Post! – Danach erscheint ein Pulk abgrundtief schöner „Moddels".. beiderlei Geschlechts. Wer hat das schon?

Ausgesprochen cool gestyltes Jungvolk.. mit programmiertem Jubel und von erbarmungsloser Fröhlichkeit.

Sie tragen eine Sänfte herein.. und darin sitzt? – Richtig!

Das Ferkel.. in der Lederhose.. und das singt auch noch dazu:

𝄞 „Mein idealer Lebenszweck..

is Knutscherei mit Wutzespeck!"

Dann werden drei schwierige Quizfragen gestellt:

1. Wie lange dauerte der Siebenjährige Krieg?

2. Wer sagte von sich selbst: Ich bin Karl.. der Große?

und 3. An welchem Fluss liegt Mainz am Rhein?

Der erste Zuschauer, der anruft und die Antworten weiß.. wird gekürt zum „Tor des Monats" und gewinnt das Ferkel. Alle anderen haben halt kein Schwein gehabt.

So, das war's.. jetzt brauchen wir eigentlich nur noch ein möglichst publikumswirksames Finale.. zum absoluten Schluss der Sendung.

(steht auf, geht nach vorne und ruft laut in den Saal)

Haben Sie das alle gehört? Ja? - Und auch alles verstanden?

Zum ab-so-lu-ten Schluss..

(setzt sich wieder) ..erscheint der berühmteste Männer-Chor meiner Vaterstadt.

Ich sage nur die drei berühmten Worte:

„Die.. Mainzer.. Batschkapp!"

Es wird dunkel im Saal, und es erklingt ein knallharter „Hard-Rock-Song":

𝄞 „Weißt du wieviel Sternlein stehehen..

an dem blauhauen Himmelszelt"

Übrigens: Wissen Sie vielleicht.. ja, Sie.. wieviel Sternlein.. zur Zeit.. da draußen.. am Himmel..? – Nein, nicht „ungefähr"! Die genaue Zahl? Nein? – Ich weiß es leider auch nit! Aber man sollte das eigentlich wissen.. so was gehört einfach zur Allgemeinbildung.

Die Frage ist nur: Wie kann man das feststellen? Haben Sie da vielleicht eine Idee? – Wie bitte? Nachzählen? Ausgezeichnet! Nix haha! Da muss man ja erst mal drauf kommen!

(steht auf und deutet zum Ausgang)

Also bitte! – Na? Ja, von hier drinnen aus sehe Sie natürlich nicht viel!

(guckt prüfend in die Runde und schüttelt den Kopf)

Offenbar will sich keiner vordrängeln. Das ehrt Sie ungemein.

Ich mach Ihnen mal einen Vorschlag: Ich nehme das schwere Los auf mich.. und geh als Erster.. Sternchen zählen! Wenn Sie mir bitte alle folgen wollen?

(geht winkend ab)

(aus dem Kabarettprogramm „Kopfsalat und Sperrmüll" – Gelebte Scherze – 1993)

absolute Schlüsse:
„Allerletzte Betthupferl"

Erfahrungsgemäß hat es noch nie was genutzt, die albernsten Zugaben dem Publikum zuzumuten, um die Leute endgültig zu vergraulen. In den allermeisten Fällen sind sie stur sitzen geblieben. Im Gegenteil: Sie wollten meist immer noch mehr davon.

Natürlich geht das nicht endlos so weiter. Denn irgendwann muss man mal Schluss machen, schon aus rein biologischen Gründen. Was also tun? Da hilft alles nichts: Das Publikum muss ganz einfach aus dem Raum „hinauskomplimentiert" werden.

In meinen Programm hatte ich schon die unterschiedlichsten Methoden angewandt, um endlich Feierabend machen zu können. Davon habe ich hier einige dieser „Absacker" ausgesucht, die man auch als „Betthupferl" bezeichnen kann. Auf jeden Fall ist es das garantiert das Allerletzte im Programm – in jeder Hinsicht.

Das können alberne Gedichte sein oder auch der Bühnenmeister mit einem skurrilen „Check-out". Sehr wirkungsvoll sind auch musikalische „Rausschmeisser", wo man das Publikum sogar (oh je!) mitsingen lässt. Wenn selbst ein „Gewaltgedicht" nichts nützt – das sind Verse, die sich nur mit aller Gewalt reimen –, dann hilft nur noch eins:

Licht aus!

Der Bühnenmeister mit dem „Check-out"

(kommt auf die Bühne im grauen Kittel und mit Mütze, in der Hand eine Klemmtafel mit der Checkliste und einen Kuli)

Nä, nä.. also hörn Se mal.. so geht's ja hier nit weiter. Gucke Se sich doch mal um: so viel „Sitzfleisch".. zentnerweise.. in geballter Form.. und keinerlei Bewegung. Also auf Dauer.. da is so was äußerst ungesund.

Deshalb werd ich jetz mal die Sache in die Hand nehmen.. und zwar hier.. mithilfe meiner „Check-Liste".

(zeigt Checkliste)

Vorhin.. am Anfang.. das war der sogenannte „Check-in'".. und was kommt jetzt.. zwangsläufig? – Na.. na? Richtig: der „Check-out"! Bravo!

Sie sinn schon auf em richtige Weg.. zumindest geistig. Jetzt muss nur noch es Körperche nachfolge.

(deutet zum Ausgang)

Na.. was is? Wolle Sie nit? – Na gut.. dann mach ich Ihne en annern Vorschlag.. wie man diesen Vorgang erheblich beschleunigen könnte: Wir spielen e bisje was.. ja.. zum Beispiel.. Nachlauf. Einer von Ihne läuft jetzt da hinne zur Tür enaus.. und alle annern.. die laufe ihm nach.

(guckt erwartungsvoll)

Aha.. offenbar habbe Sie nit allzu viel Lust dazu. Na gut.. wie wär's mit was Schwierigerem: Sackhüpfe.. oder Eier-Laufe? – Na? Da könne sich ruhig auch Fraue dran beteilige.

(schaut im Raum herum und winkt resigniert ab)

Na ja.. gut! Es hätt zumindest optisch en Mordsspaß gemacht.

Aber anscheinend habbe Sie absolut noch kei Lust dezu.. endlich emal heimzugehe. Also, wenn ich mir Sie so betrachte.. wie Sie da so gemütlich erumhocke.. zu so später Stunde.. völlig unbeeindruckt.. und so was von stur.. da drängt sich unwillkürlich die Frage auf.. die ich schon an vielen Orten stellen musste: Habt Ihr denn hier ebenfalls kei Better deheim?

(guckt forschend herum)

Offenbar nit! Das hat mer sehr selten: so viel Obdachlose.. in einem einzigen Raum. Einer aktuellen Umfrage zufolge liegt ja die Mehrheit unserer Bevölkerung um diese Zeit schon längst im Bett. Leider scheint ausgerechnet heut Abend hier die Minderheit zu sein.

Am meiste bedauer ich all die.. die wo.. da in der Mitte drinsitze.. weil: die wolle vielleicht schon längst enaus.. nur: sie könne nit.

Andererseits: Es soll ja auch Leut gebe.. die wolle einfach nit ins Bett. Entweder habe se Angst davor.. alleins zu schlafe.. oder sie habe en Partner.. und der schnarcht.

Bei mir drängt sich ja allmählich ein Verdacht auf: Offenbar scheine Sie all noch nit müd genug zu sein? Dann kann ich Ihnen nur etwas empfehlen: ein wirksames Schlafmittel. Habbe Sie keins debei? – Moment emal!

(geht zum Koffer und wühlt drin herum)

Vielleicht is in dem Krempel-Koffer da was drin.. womit man Sie einschläfern könnte.

(hält CD hoch) Aaaha! Hier habbe mer schon was: em Bonewitz sei CD:

„Das Beste aus 20 Jahren Kabarett". Natürlich dauert des kää 20 Jahr.. höchstens 60 Minute.. und schon habbe Sie's hinner sich.

Und wenn Se sich die mal abends anhörn.. aber zehnmal hintereinander.. dann schlafe Se garantiert.. wie en Ratz.

Oder noch besser: Lese Se mal widder was.. zum Beispiel.. sein Buch..

(hält Buch hoch „Typisch Bonewitz")

„Satiren von B bis Z".. das bedeut: von Prinz B-B-Bibi bis Z-Z-Zuklappe. Manch einer is da schon beim „B" eingeschlafe.. sofern er des Buch bereits schon mehrmals gelese hat.

Oder das hier.. abber nää.. des ist nit so gut geeignet.. zum Einschlafe.. weil: das is mehr ein „Anregungsmittel"

(hält Buch „Zwischen allen Stilen" hoch)

Das ist sein neuestes Werk.. fast noch druckfrisch.. mit dem Titel: „Zwischen allen Stilen". Darin berichtet er über allerlei „kuriose Erlebnisse und lehrreiche Erfahrungen". Aber das scheint mir doch mehr ein Fachbuch zu sein.. für Kfz-Mechaniker.. das ist nämlich eine „Auto-Biografie".

Na ja.. wie auch immer.. in meiner momentanen Tätigkeit als „medizinischer Berater" ist es mir leider untersagt.. hier Reklame zu mache. Aber wer interessiert is.. an diesen wirkungsvollen Medikamenten.. der braucht dafür nur eins zu tun: schnellstens diesen Raum zu verlasse.

Im Foyer drauße.. erinnern Sie sich noch? Des is da.. wo sie mal eroikomme sinn.. mir kommt des wie eine Ewigkeit vor. Dort gleich links befindet sich die reich bestückte „unterhaus-Apotheke". Falls Sie „Kasse-Patiente" sind.. dann kriegen das alles sogar kostenlos. Tatsache! Lediglich gegen eine ganz geringe „Rezept-Gebühr".

Und selbst wenn Sie sich persönlich nix draus mache sollte.. aus solchen literarischen Kostbarkeiten.. dann könne Sie se ja immer noch verschenke. Vielleicht gibt's jemand.. den Sie absolut nit leide könne?

Dann haben Sie ein sehr schönes Geschenk.. zum Beispiel zu einem
Geburtstag.. oder zu eme Jubiläum.. oder zu besonderen Anlässen..
wie Weihnachte.. oder Ostern. Bei all diesen Anlässen wird ja oft so viel
Mist verschenkt.. da kommt's auf des bisje hier auch nit mehr an.

(guckt ungeduldig im Raum herum)

Na.. was is? – Also.. besonders eilig scheine Sie's ja nit zu habbe.

Was soll mer denn dazu sage? Bei so einem hartnäckigen Publikum..
da habe ich nur noch einen einzigen Wunsch:

„Der Raum is voll.. und ich bin leer..

ach.. wenn es umgekehrt doch wär!"

Damit dieser Wunsch möglichst bald in Erfüllung geht.. gehe ich schon
mal raus.. möchte Sie aber noch emal erinnern.. vorhin beim „Check-in"..
hier an Punkt sechs der Checkliste.

(deutet auf die Checkliste)

Denn der gilt auch für diesen „Check-out".. und da heißt es:

„Abgang Bühnenmeister" – Des bin ich!

„Danach ist langanhaltender Applaus vorgesehen." – Des sinn Sie!

Na, wie? - Alla dann! Auf, auf.. lasse Se sich nit länger aufhalte!

Saallicht an und Bühnenlicht aus

(aus dem Kabarettprogramm: „Lauter liebe Leut"

– Lebenszeitliche Reflexionen – 2000)

♪ Heimgang mit Sang und Klang

(kommt nach der letzten Zugabe erschöpft auf die Bühne)

So eine peinliche Situation haben Sie sicher auch schon mal erlebt.. bei einer Party mit Bekannten.. oder einer Familienfeier.. bei sich zuhause. Nur: wie haben Sie es denn geschafft.. Ihre unverdrossen da rumhockenden Dauergäste zu später Stunde zu überreden zu ihrem baldigen Heimgang?

Wie bitte? Die Fenster aufgemacht? Toll! Probieren Sie das mal hier in diesem Raum. Dazu bräuchte man schon einen Presslufthammer.

Man kann doch nicht sagen: „So.. meine Damen und Herrn.. meine Frau und ich.. wir gehen jetzt ins Bett. Wollen Sie uns nicht bald folgen?"

Aber man kann auch nicht einfach sein Glas erheben und ausrufen: „Ich bitte nun meine lieben Gäste.. auf mein Wohl.. den Raum zu leeren!"

Nein.. so geht's natürlich nicht! Die eleganteste Methode ist immer noch: diskret.. aber deutlich. Am besten funktioniert so was mit Musik.

(holt einen Kassettenrekorder und zeigt ihn)

Das Rezept dafür ist ganz einfach. Man nehme: so einen Rekorder.. besorge sich eine Kassette.. mit bekannten Abschiedsmelodien.. und die spielen Sie Ihren Gästen vor. Dazu singen Sie .. ein paar aufmunternde Texte.. sozusagen als „strafverschärfende Maßnahme"..

(setzt sich ans Piano)

..wie zum Beispiel einen bekannten Schlager aus den 50er Jahren:

♪ „Auf Wiedersehn, auf Wiedersehn, wann wollt Ihr endlich gehn?"

Oder diese volkstümliche Weise:

♪ „Geht heim, Ihr Mombacher Bauern,
ihr ward schon zu lange hier!"

Sehr hilfreich kann auch diese traditionelle Hymne sein:

♪ „So ein Tag, so wunderschön wie heute!
Höchste Zeit.. für euch nach Haus zu gehn!"

Natürlich gibt es dann immer noch welche.. die weiterhin hocken bleiben.. eigensinnig.. stur.. weil sie denken: „Jetzt muss doch noch Sassa komme!"

Dann hilft nur noch eins: Sie müssen die Leute nur noch dazu bringen.. bei einem geeigneten Abschiedslied lauthals mitzusingen.. und dabei ganz spontan.. hinaus zu marschieren!

Das funktioniert am besten mit dieser bekannten volkstümlichen Weise.. die jeder auf Anhieb mitsingen kann: das berühmte Lied von der „Musi".. das kennen Sie doch alle:

♪ „Muss i denn.. muss i denn.. „ – Na also!

Am besten probieren wir es gleich mal zusammen.

(spielt zunächst das Lied und animiert dabei das Publikum zum Mitsingen)

𝄞 Muss i denn, muss i denn zum Städele hinaus, Städele hinaus,
und du, mein Schatz, bleibst hier!" – Und jetzt alle noch mal!

(steht auf, geht zur Mitte und dirigiert das singende Publikum)

Stop! Moment! – Das nutzt doch nix.. wenn der Schatz noch hier bleibt.. der sollte ebenfalls rausgehn.

Außerdem: Sie singen viel zu zaghaft. Da hört man ja kaum etwas. Schließlich müssen das auch die Gäste mitkriegen.. die mittlerweile schon längst eingeschlafen sind.

Also.. wenn ich bitten darf.. noch mal von vorne.. aber diesmal möglichst laut und deutlich. Und damit Sie sich auch gehörig anstrengen.. werde ich das sicherheitshalber zur Kontrolle auf Kassette aufnehmen..

(holt den Rekorder)

..und diesen Live-Ton-Mitschnitt werde ich Ihnen dann anschließend vorspielen. Also.. bitte.. geben Sie sich Mühe! Alle jetzt kräftig mitsingen! Achtung! Aufnahme.. und Start!

(schiebt Kassette ein, drückt Tasten und setzt sich ans Piano)

(spielt „Muss i denn", animiert Publikum, bricht nach Wiederholung ab)

Also.. zu Ihrer gesanglichen Meister-Leistung.. da möchte ich mich lieber jeglichen Kommentars enthalten. Am besten: Sie hören sicherst mal selber an.. wie das klingt.

Dazu muss ich erst mal zurückspulen. Moment.. so! – Achtung!

(spult Kassette zurück, spielt sie ab und lauscht schmerzverzerrt)

Na ja! Also.. ich will Ihrem Urteil ja nicht vorgreifen.. aber Sie hören es ja selber.. das Sie kaum was hören. Damit können Sie garantiert keinen einzigen Ihrer Gäste vertreiben.

Ganz im Gegenteil.. da kommen vielleicht auch noch Ihre Nachbarn herein.. weil sie nix verstehen konnten.

Also gut.. noch eine Chance.. allerletzter Versuch! Aber bitte jetzt ganz mutig.. laut und deutlich mitsingen.. und dabei ja nicht das Allerwichtigste vergessen: während des Gesangs.. alle geschlossen hinaus marschieren!

(Kassette nehmen und „Aufnahme" nur simulieren)

Achtung! Aufnahme.. und Start!

(spielt „Muss i denn", animiert Publikum , bricht nach Wiederholung ab)

(simuliert „abschalten")

Nein.. nein.. nein! Sind Sie mir bitte nicht böse.. so geht das wirklich nit! Sie haben ja das Allerwichtigste dabei vergessen.. nein.. nit den Text.. viel wichtiger: das Hinausmarschieren!

(geht kopfschüttelnd zur Mitte)

Offensichtlich scheinen ausgerechnet heute Abend nur lauter notorische Sesshafte hier zu sein.

(deutet auf Zuschauer in vorderer Reihe)

Nebenbei bemerkt: Der Herr da vorne.. der schon vor einer halben Stunde mehrfach auf seine Uhr geguckt hat.. und sie sich dann vor einer Viertelstunde ans Ohr gehalten hat, ob sie vielleicht stehen geblieben ist.. der blättert jetzt in einem Kalender!

Ich kann Ihnen aber auch ohne Kalenderet was verraten: spätestens um Mitternacht.. da ist der Tag endgültig rum.

Leider weiß ich nicht.. welche Arten von CDs Sie zuhause haben.. aber darunter befinden sich bestimmt auch geeignete Lieder.. mit denen Sie sogar die hartnäckigsten Besucher garantiert in die Flucht jagen können: mit solchen „gäste-vertreibenden Ohrenschmäusen".

(nimmt Rekorder und hält ihn hoch)

Es sei denn: hier.. mit diesem Live-Mitschnitt.. von Ihrem wahrhaft schauerlichen Chor-Gesang! Wenn Sie wollen..: ich kann Ihnen gerne ein paar Kopien davon machen lassen. Wollen Sie? Damit haben Sie dann eine hundertprozentige Garantie für eine panikartige „Gäste-Massenflucht".

Aber dann sollten Sie sich sicherheitshalber vorher erst noch mal Ihren Singsang anhören Ich will Sie natürlich nicht dazu zwingen. Wir können gerne ganz demokratisch drüber abstimmen. Also. Wer ist dafür? Der soll jetzt mal ganz schnell.. sitzen bleiben!

(schaut prüfend in die Runde)

Sehr gut! Alle dafür! – Also gut.. auf Ihre Verantwortung!

(sadistisch grinsend) Dann müssen Sie jetzt ganz tapfer sein!

(hantiert am Rekorder herum und simuliert „Rückspulen" und „Wiedergabe")

Moment.. ich muss erst mal zurückspulen.. auf Anfang.. so!

Jetzt machen Sie sich aber auf was gefasst!

(simuliert „Start" und hält Rekorder hoch) Achtung.. gleich geht's los!

vom Band wird eingespielt: „Muss i denn.." gesungen von den Fischer-Chören

(schaut erstaunt auf den Rekorder und zum Publikum, hält ungläubig Rekorder ans Ohr, schüttelt den Kopf, nickt dann beifällig und verlässt die Bühne, respektvoll dem Publikum applaudierend und zum Hinausmarschieren animierend)

Saallicht an und Bühnenlicht aus

(aus dem Kabarettprogramm: „Ich bin so frei" – Zeitgeistliche Experimente – 1998)

Des Königs Fluch

Ich kann mich des Eindrucks nicht erwehren.. dass Sie offenbar immer noch nicht genug haben? – Sollten Sie gar eventuell die Erwartung hegen.. ich könnte hier noch etwas zugeben?

Ja? – Also, gut.. hiermit gebe ich zu: Das habe ich zwar nicht erwartet.. aber fest damit gerechnet.

Sie sind offenbar ein ganz cleveres Publikum.. Sie sagen sich bestimmt: „Bezahlt hammer ja schon.. bis zum offiziellen Ende des Programms.. alles was danach noch kommt.. das is umsonst.. also nix wie her damit!"

Um der Gefahr zu entgehen.. dass diese Veranstaltung hier noch bis Mitternacht dauert.. gibt's jetzt nur noch eine Möglichkeit.. eine allerletzte.. Ihnen hier ein „baldiges Ende" zu bereiten: es geht leider offenbar nur noch mit Gewalt.

Keine Angst.. ich meine das nit „körperlich".. dem wären Sie bestimmt all gewachsen.. nein.. ich meine das geistig.. geistig werde ich Sie jetzt alle fertigmachen.. und zwar mit einem Gedicht.

Wir Deutsche sind ja bekanntlich das „Volk der Dichter und Denker".. das heißt: die meiste Denker sinn nit ganz dicht.. so wie ich.. so kann garantiert keiner dichte.. weil: Ich mache nämlich mit Vorliebe so genannte „Gewalt-Gedichte". – Die reimen sich zwar.. aber nur mit Gewalt.. besonders jeweils am Schluss jeder Zeile.. da muss sich's gewaltig reimen.. weil: sonst dichtet's ja nit.. also hinten!

Sie hören jetzt.. zur literarischen Einstimmung auf Ihren baldigen Heimgang.. pardon.. Abgang.. ein erschütterndes Drama.. aus dem späten Mittelalter.. fast schon zu spät.. wenn Sie mal auf Ihr Uhr gucke!

Es trägt den Titel: „Des Königs Fluch".. gewidmet all denen.. die partout nit dran denke.. freiwillig heimgehe zu wolle.. zu solle.. zu müsse!
(stellt sich auf Mitte in Positur und beginnt dramatisch zu deklamieren)

Es lebte einst auf einer Burg
ein König.. stolz und trutzig..
der hielt als Hofnarr einen... Zzzwurg...
und der war äußerst.. wwwutzig.

Der machte Späße.. mit Verlaub..
dem König zum Entzücken..
der hatte auch ein lieblich... Wwwaub...
mit langen, blonden.. Lllücken.

Der Hofnarr liebte diese Frau..
schlich einst auf ihre Stube..
dort fiel er vor ihr auf die.. Kkknau...
gestand ihr seine.. Llluube.

Da kam der König angespurtet..
und schrie.. mit wildem Grausen:
„Halt ein, du Wicht, genug.. geffflurtet..
die Finger weg von ihrem.. Bbbausen."

„Mein Fluch gilt dir.. du Weiberraffer!
Der Tod soll dich nie packen!"
Der „Zwurg" nahm traurig seine.. Kkkaffer..
und macht sich auf die.. Sssacken.

Der Sage nach zieht er noch heut..
durchs Land.. tagein.. tagaus..
als „Wander-Zwurg".. in Ewigkkkeut...
mit müdgelaufene.. .Fffauss.

Manchmal erscheint er.. wie ein Spuk..
so um die Zeit.. da sieht man ihn.
Versuchen Sie doch mal Ihr.. Gggluck...
Sie müssten nur nach draußen... gggiehn.
(deutet auffordernd zum Ausgang)
    Na gut.. wenn Sie partout nit wolle!

Ich geh mal vor.. nur gucke will ich..
ob er schon da ist.. im Vertraun:
Sie folgen mir.. all... unaufffällig..
In diesem Sinn: Auf Wieder... sssaun!
(verbeugt sich und geht ab)
Saallicht geht an und Bühnenlicht aus

(aus dem Kabarettprogramm: „Na denn, viel Spaß!"
        – Typisch Bonewitz – Erstes Tournee-Programm 1984)

Reinhard Hippen (Gründer des Deutschen Kabarett-Archivs)
Weh dem, der lacht

Der Grundkonflikt zwischen Publikum und Kabarett besteht seit eh und je darin, dass der eine etwas anderes geben als der andere haben will. Einerseits von oben, also diesseits der Bühne: Aufklärung und Stimulans. Andererseits von unten, jenseits der Bühne: Unterhaltung und Amüsement. Der Satiriker will „die Bretter von fremden Hirnen reißen". Das Publikum hingegen will „mal wieder herzlich lachen" und sich daran ergötzen, wie Andere mit ihren Marotten und Unzulänglichkeiten kräftig „durch den Kakao gezogen werden". Je spektakulärer, desto besser.

Sollte der Zuschauer jedoch merken, dass damit eigentlich er selbst gemeint ist, dann entzieht er sich dieser „satirischen Aggression" durch spannungsmildernde Abwehrmechanismen: Er filtert einfach mit Hilfe des befreienden Lachens die Komik aus der bedrohlichen Nummer und nimmt die bittere Pille, die im Grunde ihm zugedacht war, nicht zur Kenntnis.

In den Kabarettprogrammen von Herbert Bonewitz trifft man in seinen gesellschaftskritischen Sketchen immer wieder auf solche kleinbürgerlichen Prototypen. Im Detail trifft er dabei oft genug ins Schwarze, gelingen ihm verblüffend prägnante Zuspitzungen. Und da, wo er ansetzt aufs Ganze zu gehen, wo er versucht dem Zeitgeist die Perspektiven auszumessen und die Widersprüche aufzuzeigen, da entrichtet er hohen Tribut: Er glaubt an die Veränderbarkeit seines Publikums.

Gilt es zum Beispiel die geschmierten Beziehungen zwischen Geld und Macht auszuleuchten, lässt sein kabarettistischer Bescheid an drastischer Unverblümtheit nichts zu wünschen übrig. Ebenso ist seine Komik der Mundart, seine Genre-Bildchen über Kleinbürger (eine Art frühe Comedy?), eine Flucht in die Wirklichkeit, die ihm die Themen liefert.

Herbert Bonewitz ist einer, der seinem Publikum auf lustige Weise vermittelt, dass es eigentlich nichts zu lachen gibt. Seine Programme leben von dem Missverhältnis zwischen verkündeter und tatsächlich gelebter Wirklichkeit. Er hat sich immer wieder Figuren ausgedacht (nein, eben nicht: er kennt die Vorbilder!) von so ausufernder Lust am heimisch Brutalen, wie sie aus Bosch- und Dix-Gemälden vorstellbar sind: biedere Typen, die sich nach und nach zu Ochsenfröschen aufpumpen.

Mögen bei anderen Menschen zwei Seelen in ihrer Brust wohnen, den Bonewitz bewohnt ein ganzes Volk. Sein Schädel ist wie ein Ballhaus voll menschlicher Versager. Und er lässt sie alle miteinander aus seiner Kehle auferstehen: die autoritären Hausmeister, die Stammtischfanatiker, die Postfaschisten, die Opportunisten, die tyrannischen Familienväter und die alltäglichen gedankenlosen Schwätzer.

Er wandelt in seinen Kabarettprogrammen die Selbstzufriedenheit des Kleinbürgers, die Feier der eigenen Beschränktheit, die Gemütlichkeit des Zu-kurz-gekommen-Seins, aus dem die Gewalt-Orgiastik unserer Zeit entspringt, in die lachende Selbstverspottung, die lauthals Abschied nimmt von der Suche nach fremder Schuld und Verantwortung.

Bei dieser Art der Vorgehensweise bedient er sich bewusst bestimmter Schablonen, Eingefahrenheiten und Zwänge im Vorstellungskreis der Angesprochenen. Somit haben die Satiren des Herbert Bonewitz stets einen Gegner, und der sitzt nicht selten in der ersten Reihe. Und für den gilt:

Weh dem, der lacht – und nicht merkt, worüber.

Kabarettprogramme-Übersicht

ab 11.11.75 im „unterhaus" nur als Amateur aufgetreten, da im Hauptberuf Werbeleiter
1. „Ein Narr packt aus" – Narrenspiegeleien –
   von 1975 bis 1976 mit 40 Aufführungen

2. „Spaß muss sein!" – Ein Humoratorium –
   von 1977 bis 1978 mit 36 Aufführungen

3. „1,2,3... wo ist der Mensch?" – Ein gutbürgerliches Gesellschaftsspiel –
   von 1979 bis 1980 mit 30 Aufführungen

4. „Alles nur halb so wild!" – Lebenshilfen für den Alltag –
   von 1980 bis 1981 mit 30 Aufführungen

5. „Wahn-sinnig.. komisch!" – Aus deutschen Landen frisch auf's Tablett –
   von 1981 bis 1982 mit 36 Aufführungen

6. „Total im Bild" – Makabarettistische Realvisionen –
   von 1983 bis 1984 mit 36 Aufführungen

ab 01.01.84 im „unterhaus" und auswärts nur noch als Profi aufgetreten
7. „Na denn, viel Spaß!" – Typisch Bonewitz – (das 1. Tournee-Programm)
   von 1984 bis 87 mit 112 Aufführungen

8. „Faust im Sack" – Klassiker werden geliftet –
   (unter dem Titel „So ein Theater!" auch als Tournee-Programm gespielt)
   von 1985 bis 1987 mit 33 Aufführungen, auf Tournee 17 Aufführungen

9. „Mund auf – Ohren zu!" – Ein Sprachseminar für sprachlose Zeitgenossen –
   von 1986 bis 1988 mit 31 Aufführungen

10. „Nur keine Panik!" – Eine real-satirische Beruhigungstherapie –
    von 1987 bis 1990 mit 100 Aufführungen (auch auf Tournee gespielt)

11. „Da machste was mit!" - Unterhaltung...hinter der Bühne -
   von 1989 bis 1990 mit 28 Aufführungen

12. „Flügel-Schläge" - Ein Musikabarett für Unmusikalische -
   von 1990 bis 1993 mit 31 Aufführungen

13: „Da biste sprachlos!" - Experimente mit dem Alltäglichen -
   von 1991 bis 1993 mit 52 Aufführungen (auch auf Tournee gespielt)

14. „Kopfsalat und Sperrmüll" - Gelebte Scherze -
   von 1993 bis 1997 mit 26 Aufführungen im „unterhaus" und 46 auf Tournee

anlässlich „20 Jahre Bonewitz im Kabarett" und „Abschiedstournee" bis 1999
15. „Blick zurück nach vorn" - Eine sati(e)rische Invent(o)ur -
   von 1995 bis 1999 mit 26 Aufführungen im „unterhaus" und 16 auf Tournee

16. „Ich bin so frei!" - Zeitgeistliche Experimente -
   von 1998 bis 2000 mit 23 Aufführungen im „unterhaus"

das allerletzte Repertoire-Kabarettprogramm, gespielt bis zum 24.03.2001
17. „Lauter liebe Leut" - Lebenszeitliche Reflexionen -
   von 2000 bis 2001 mit 12 Aufführungen im „unterhaus"

= insgesamt 17 Kabarettprogramme in 27 Jahren mit 760 Aufführungen

Das erste Tourneeprogramm-Plakat 1984

Die wichtigsten Auftrittsorte (in vielen Häusern mehrmals aufgetreten)

Alzey, Stadthalle (RhPf)

Andernach, Mittelrheinhalle (RhPf)

Aschaffenburg, Stadttheater (Bay)

Babenhausen, Stadthalle (Hess)

Bad Breisig, Hotel weißes Ross (RP)

Bad Camberg, Kath.Pfarrheim (Hess)

Bad Dürkheim, Salierhalle (RhPf)

Bad Ems, Kurtheater (Hess)

Bad Homburg, Café Kurpark (Hess)

– dito – , Evangelische Kirche

Bad Kreuznach, Kurhaus (RhPf)

Bad Neuenahr, Kurhaus (RhPf)

Bad Schwalbach, Stadthalle (Hess)

Bensheim, Parktheater (Hess)

Bergisch-Gladbach, Löwensaal (NRW)

Bernkastel-Kues, Mosellandhalle (RP)

Bingen, Kulturzentrum (RhPf)

Bingen, Rheintal-Kongreßzentrum

Birkenfeld, Bürgerhaus (RhPf)

Bischofsheim, Bürgerhaus (Hess)

Bitburg, Bürgerhaus (RhPf)

Bockenem, Schulsaal (NS)

Bodenheim, Dolleskeller (RhPf)

Böblingen, Oberhaus (BaWü)

Bonn, Springmaus-Theater (NRW)

Bous, JOMI (Saarl)

Braunschweig, Kino „Lupe" (NS)

Bremen-Syke, Kreismuseum (HB)

Budenheim, Waldsporthalle (RhPf)

Bretzenheim/Nahe (RhPf)

Büdingen, Stadthalle (Hess)

Büttelborn, Volkshaus (Hess)

Butzbach, Filmtheater (Hess)

Buxtehude, Kleinkunstforum (NS)

Cochem, Schule (RhPf)

Dahn, Bürgerhaus (RhPf)

Dansenberg, Landhaus Wedl (RhPf)

Dannstadt, Schulzentrum (RhPf)

Darmstadt, ½ 9-Theater, (Hess)

Deidesheim, Stadthalle (RhPf)

Dieburg, Posthochschule (Hess)

Dormagen, Schulhaus (NRW)

Dortmund-Wischlingen, Revierpark

Dreieich-Sprendlingen, Bürgerhaus (Hess)

Düsseldorf, Schumann-Saal (NRW)

Düsseldorf-Garrath, Freizeitstätte (NRW)

Duisburg, Mercatorhalle (NRW)

Ebersheim, Töngeshalle (RhPf)

Eisenberg, Gemeindehaus (RhPf)

Elsoff, Lasterbachhalle (Hess)

Emmershausen, Zentrum am Park

Essenheim, Domherrnhof (RhPf)

Framersheim (RhPf)

Frankenthal, KIM (RhPf)

– dito – Albert-Einstein-Gymnasium

Frankfurt, Römerkeller (Hess)

– dito – Alte Oper, Mozartsaal

Freinsheim, vom-Busch-Hof

Friedrichsdorf (Hess)

Gaggenau, Hotelbar(!) (BaWü)

Gau-Algèsheim, Turnhalle (RhPf)

Gernsheim, Stadthalle (Hess)

Gladbeck, Kino+Stadtbücherei (NRW)

Gummersbach, Bruno-Goller-Haus

Groß-Gerau, Arena-Gymnasium (Hess)

– dito – Jahnhalle

Gundersweiler, Disco (RhPf)

Griesheim, Hegelsberghalle (Hess)

Geisenheim, Dom-Center (Hess)

Hachenburg, Schulaula (Hess)

Hanau, Comedienhaus Wilhelmsbad

Hargesheim, evgl.Gemeindehaus (RP)

Hattersheim, Posthoftheater (Hess)

Heddesheim, Schluckspecht

Heilbronn, Bürgerhaus Böckingen
Hochheim, Theater im Keller (Hess)
Hockenheim (RhPf)
Höchst, Schulaula (Hess)
– dito – Neues Theater
Hohenstein-Born (RhPf)
Hohenstein-Breithaupt (RhPf)
Homburg, Saalbau (Saarl)
Idar-Oberstein, Aula Göttenbach (RP)
Idstein, Stadthalle (Hess)
Ingelheim, Kleinkunstkeller (RhPf)
Kaiserslautern, Pfalztheater (RhPf)
Katzenellenbogen, Schlossbühne (Hs)
Kelsterbach, Bürgerhaus (Hess)
Kiedrich, Bürgerhaus (Hess)
Kirchberg (RhPf)
Kirn, Gesellschaftshaus (RhPf)
– dito – Bürgerhaus
Klein-Gerau, Volkshaus (Hess)
Klein-Winternheim, Radsporthalle (RP)
Koblenz, Kulturfabrik (RhPf)
Köln, Senftöpfchen (NRW)
Kreuznach, Kurhaus (RhPf)
Kriftel, Schwarzbachhalle (Hess)
Lambrecht (RhPf)
Lampertheim, Zehntscheune (RhPf)
Landau (RhPf)
Langen, Stadthalle (Hess)
Langenhagen, Jugendzentrum (NS)
Lantershofen, Winzervereinssaal
Lauterbach, Adolf-Spieß-Halle (Hess)
Leverkusen, Bayer-Saal (NRW)
Liederbach, Liederbachhalle (Hess)
Limburg, Thing (RhPf)
Limburger Hof, Theater (RhPf)
Ludwigsburg, Zelt (BaWü)
Ludwigshafen, Pfalzbau (RhPf)
– dito – Wilh.Haack-Museum
Lünen, Centralhof Schlops (NRW)

Mainz, Frankfurter Hof (RhPf)
Mainz-Bretzenheim, Turnhalle (RhPf)
Mannheim, Spiegelzelt (BaWü)
– dito – Treff, Passage
– dito – Klapsmühle
Marktdorf, Scheune (BaWü)
Maxdorf, Carl-Bosch-Haus (RhPf)
Mayen, Soldatenheim (RhPf)
Moers, Schlosstheater (NRW)
Mörfelden-Walldorf, Bürgerhaus (Hess)
Monsheim, Gemeindezentrum (RhPf)
Montabaur, Stadthalle (RhPf)
Münster, Gersprenzhalle (Hess)
– dito – DJK-Halle
Münster-Sarmsheim, Turnhalle (RP)
Nastätten, Bürgerhaus (RhPf)
Nauort, Turnhalle (Rh-Pf)
Neuhofen, Gasthof (RhPf)
Neu-Isenburg, Bürgerhaus (Hess)
– dito – Hugenottenhalle
Neustadt, Bürgerhaus (RhPf)
Neuwied, Stadthalle (RhPf)
– dito – Heimbach-Weiß
Nieder-Olm, Festhalle (RhPf)
Nieder-Roden, Bürgerhaus (RhPf)
Nierstein, Saalbau Linde (RhPf)
Ober-Rohden, Mehrzweckhalle (Hs)
Obrigheim, Rosengarten-Hotel (RP)
Oestrich-Winkel, Bürgerhaus (Hess)
Offenbach, Büsing-Palais (Hess)
Offenheim, Turnhalle (RhPf)
Osthofen, Realschule (RhPf)
Ottweiler, Schlossheater (Saarl)
Pirmasens, Wasgau-Halle (RhPf)
Puderbach, Bürgerhaus (RhPf)
Püttlingen, Sporthalle (Saarl)
– dito – Trimm-Treff-Halle
Quierschied, Lokal Sängerheim (Saarl)
Ramstein-Miesenbach, Bürgerhaus (R)

Rastatt, Fruchthalle (BaWü)
Ravensburg, Zehntscheune (BaWü)
Riedstadt-Goddelau, Bürgerhaus (Hs)
Rüsselsheim, Stadttheater (Hess)
Rodgau-Jügesheim (Hess)
– dito – Niederroden, Bürgerhaus
Rummelsheim, Trollbach-Halle (RP)
Saarbrücken, Sendesaal SRF (Saarl)
Saarlouis, Theater am Ring (Saarl)
Sankt Georgen (BaWü)
Sankt Wendel (Saarl)
Saulheim, Bürgerhaus (RhPf)
Schlüchtern, Stadthalle (Hess)
Schorndorf, Kino (BaWü)
Schornsheim, Gemeindehalle (RhPf)
Schwetzingen, Kino (BaWü)
Schlangenbad, Hist.Lafehalle (Hess)
Schwalbach, Stadthalle (Hess)
Seligenstadt-Froschhausen (Hess)
Selzen, Turnhalle (RhPf)
Siefersheim, Schulsporthalle
Sippersfeld, Turnhalle (RhPf)
Sobernheim, Malteser-Kapelle (RP)
Solingen, Schule Vogelsang (NRW)
Speyer, Stadthalle (RhPf)
Stockstadt, Altrheinhalle (Hess)
Stuttgart, Landespavillon (BaWü)
– dito – Renitenz-Theater

– dito – Landespavillon
Sulzbach, Bürgerhaus (Saarl)
Sulzbach, Bürgerhaus (Hess)
Taunussstein, Kulturzentrum (Hess)
Traben-Trarbach, Forum Weinkeller
Uelversheim, Dorfgemeindehaus (RhPf)
Urberach, Turnhalle (Hess)
Waiblingen, Bürgerzentrum (BaWü)
Waldmohr, Kultur+Festhalle (RhPf)
Waltrop, Stadthalle-Foyer (NRW)
Weiler, Rhein-Nahe-Halle
Weinheim, Mehrzweckhalle (RhPf)
Weiterstadt, Bürgerzentrum (Hess)
Wiesbaden, Volkstheater am Park (Hs)
– dito – Tattersaal
Wilhelmshaven, Kulturfabrik
Winkel, Allendorf-Hoftheater (Hs)
Wirges, Bürgerhaus (RhPf)
Wöllstein, Schulturnhalle (RhPf)
Worms, Stadthalle (RhPf)
– dito – Festhaus, Mozartsaal
– dito – Festhalle
Zell, Moselhalle (RhPf)
Zellertal-Niefenheim, Alte Scheune (RP)
Zornheim, Turn-und Festhalle (RhPf)
Zweibrücken, Pfarrer-Kreuz-Heim (RP)
– dito – Festhalle
– dito – Gasthof „Zum roten Ochsen"

Beim Aufbau der eigenen Mikrofon-
anlage einschließlich Verstärker und
meines elektronischen Pianos sowie
beim notwendigen „Soundcheck"
stand mir stets meine Frau Barbara
hilfreich zur Seite.

Die bange Frage eines jeden Kabarettisten vor dem Auftritt lautet nicht etwa:
„Kommt auch genug vom Programm beim Publikum an?", sondern umgekehrt:
„Kommt überhaupt auch genug Publikum an?"
Der Anblick des noch leeren Rüsselsheimer Stadttheaters mit seinen 875 Plätzen ist
da schon reichlich beängstigend. Erst das volle Haus beruhigt dann wieder.
Zumindest so lange, bis man merkt, ob es auch ein voller Erfolg geworden ist.

Bedeutsame Lebensstationen

1933 – am (historischen) 9.November in Mainz geboren und dort aufgewachsen

1940 bis 1944 – Volksschule und Klavierunterricht
 im Peter-Cornelius-Konservatorium

1945 bis 1953 – Schlossgymnasium und Abitur

1942 bis 1944 – als „Domspatz" im Mainzer Domchor gesungen

1945 – am 27. Februar ausgebombt und Umzug nach Gonsenheim
 zu den Großeltern

1950 – am 11.11. erster Auftritt beim Gonsenheimer Carneval-Verein (GCV)

1953 – als Pianist mit Gesangstrio „Dippelbrüder" erster Fastnachtsauftritt
 am 11.11. beim Mainzer Carneval-Verein (MCV)

ab 1953 – musikalischer Leiter der Gesangs- und Showgruppe „Gonsbach-Lerchen"

1953 bis 1955 – Jura und Psychologie-Studium an Johannes-Gutenberg-Universität

1955 – erster Fernsehauftritt in „Mainz, wie es singt und lacht" als Musikalclown

1955 bis 1958 – Lehre als Industriekaufmann und als Reisender bei Blendax

1958 – Hochzeit mit Frau Barbara, geborene Heye

1959 – Tochter Ulrike geboren

ab 1959 – als Werbeassistent zu Hakle und Fernlehrstudium „Werbung und PR"

ab 1960 – Leiter der Redaktion und Gestalter der Hakle-Hauszeitschrift „Die Rolle"

1961 – Sohn Michael geboren

1961 bis 1963 – Fernstudium „Grafik Design"

1966 – Beginn publizistischer Tätigkeiten mit Glossen und Cartoons

1967 – Ausstieg mit den „Gonsbach-Lerchen" als Aktiver beim MCV

1968 – Ernennung zum Prokuristen und Werbeleiter der Hakle-Werke

1973 – Gast in erster Talkshow der ARD „Je später der Abend"
 mit Dietmar Schönherr

1975 – erstes Kabarettprogramm im Mainzer Forumtheater „unterhaus"

seit 1981 – regelmäßige Beiträge für die „Mainz Vierteljahreshefte"

1982 – Enkelin Julia geboren

seit 1984 – alljährliche Glossen für die „Narrhalla" des MCV

1983 – Kündigung bei Hakle und Beginn als freiberuflicher Kabarettist
 und Publizist sowie gleichzeitig Ausstieg als Aktiver aus der Fastnacht
 – vom GCV zum „Ehrenmitglied" und vom MCV zum „Ehrenaktiven" ernannt
 – Verleihung der Rheingoldplakette von der Stadt Mainz

1985 – Ausstieg als musikalischer Leiter bei den „Gonsbach-Lerchen"
 – Enkelin Eva-Maria geboren

1991 – Enkel Lukas geboren

1992 bis 2003 – monatliche aktuelle Glossen in der Stadtillustrierten „Der Mainzer"

1993 – Enkelin Hannah geboren

1993 – erstes Buch veröffentlicht: „Typisch Bonewitz – Satiren von B bis Z"
   – Verleihung der Gutenbergplakette von der Stadt Mainz

1993 bis 1997 – Live-Kommentare zum „Mainzer Rosenmontagszug"
   in ARD/SWR zusammen mit Redakteur Günter Jung

1997 – von den Stammtisch-Fassenachtern „Die Allerscheenste"
   zum zweiten „Aller-allerscheensten" nach Ex-OB Jockel Fuchs gekürt
   – vom GCV zum „Ehrenmitglied" ernannt

1998 – Entwurf von zwei Narrenfiguren aus Bronze „Komiteter" und der „Till"
   für den „Verein schöneres Gonsenheim" auf dem Platz zum Eingang der
   großen Turnhalle

2000 – anlässlich des 50-jährigen Bühnenjubiläums Veröffentlichung
   einer Autobiografie „Zwischen allen Stilen"
   – Ernennung zum „Ehren-Aktiven" des GCV

2001 – letztes Kabarettprogramm im „unterhaus" aufgeführt
   und Verleihung der „Ehrenglocke des unterhauses"
   – Comic-Band „Asterix und der Kupferkessel" ins Määnzerische
   übersetzt unter dem Titel „Kuddelmuddel ums Kupperdibbe".

2002 – am 10. Dezember das Bundesverdienstkreuz am Bande erhalten
   – erstes Konzert am Flügel mit der Harry-Hach-Jazzformation im
   Frankfurter Hof
   – Entwurf einer Symbolfigur aus Bronze: der „Schnorreswackler"
   zum 11-jährigen Jubiläum des GCV aufgestellt in Gonsenheim

2004 – Ernennung zum Ehrenmitglied des „Vereins Deutsche Sprache"
   – drittes Buch erschienen: „Gereimtes Leben" mit Liedern und Gedichten

2005 – beim 50-jährigen Jubiläums der Mainzer Fernsehsitzung
   Gestaltung eines Auftritts mit „Altstars" und Vortrag als „Uralt-Aktiver".
   – Moderation eines Sinfoniekonzerts der „Sinfonietta Mainz" im Schloss:
   u.a. mit dem „Karneval der Tiere" von Saint-Saëns.

2006 – am 7. Juli Verleihung eines „Sterns der Satire" auf dem „Walk of Fame"
   des Kabaretts vor dem Eingang zum „unterhaus"
   – Eröffnung einer Ausstellung „Typisch Bonewitz" im Rathaus
   – viertes Buch veröffentlicht: „BoneWitziges Satirikum" mit Glossen und Cartoons

Bisherige Publikationen:

Typisch Bonewitz
– Satiren von B bis Z –
Sketche und Vorträge / Songs und Gedichte
Glossen und Kommentare / Essays über den Autor
240 Seiten mit Fotos und Cartoons
Herausgeber: Reinhard Hippen
Gründer vom „Deutschen Kabarett-Archiv"
Verlag Hermann Schmidt Mainz, 1993
ISBN 3-87439-306-2

*

Typisch Bonewitz
Ausgewählte Sketche und Songs
aus 20 Jahren Kabarettprogrammen
von und mit Herbert Bonewitz
CD mit 20 Titeln
Verlag „merkton" – Wolfgang Zinke, 1993
Bestell-Nr.876 567-907 merkton/Aris
mittlerweile vergriffen

*

Zwischen allen Stilen
Herbert Bonewitz
– Kuriose Erlebnisse & lehrreiche Erfahrungen –
120 Seiten mit Fotos und Cartoons
Herausgeber: Mainzer Bibliotheksgesellschaft e.V.
Verlag Edition Erasmus Mainz, 2000
ISBN 3-295131-02-7
mittlerweile vergriffen

Herbert Bonewitz
Gereimtes Leben
Gedichte und Lieder zwischen Scherz, Satire und Poesie
176 Seiten mit 12 Illustrationen
Druck & Herstellung:
gzm – Grafisches Zentrum Mainz Bödige GmbH
Herausgeber: Michael Bonewitz
Satz & Layout / Verlag & Vertrieb:
Bonewitz Communication GmbH, Bodenheim, 2004
ISBN 3-00-014820-5
mittlerweile vergriffen

*

Herbert Bonewitz
BoneWitziges Satirikum
mit scharfer Zunge und spitzer Feder
208 Seiten mit zahlreichen Cartoons
Druck & Herstellung:
gzm – Grafisches Zentrum Mainz Bödige GmbH
Herausgeber: Michael Bonewitz
Satz & Layout / Verlag & Vertrieb:
Bonewitz Communication GmbH, Bodenheim, 2006
ISBN 3-00-020244-7

Urkunde

Ehrenpreis

„Wider den leeren Stuhl"

für

Herbert Bonewitz

Der Volkskabarettist
erhält die unterhaus-Ehrenglocke
„Wider den leeren Stuhl".
Das unterhaus zeichnet damit einen Künstler
und Publikums-Magneten aus,
dem es in 25 Jahren
mit rund 450 unterhaus-Auftritten gelungen ist,
jeden Theater-Stuhl
seiner eigentlichen Bestimmung zuzuführen.

Mainz, den 24. März 2001

Für das unterhaus:

Artur Bergk   *Renate Fritz-Schillo*   *Carl-Friedrich Krüger*

TYPISCH BONEWITZ

Blick zurück nach vorn

Eine sati(e)rische Invent(o)ur
von & mit Herbert Bonewitz

Mitwirkende:

ein umweltbewußter Waldspaziergänger
ein schweigender Mehrheitserklärer
ein nationaler Hymnenspieler
ein Opernberichterstatter
ein Steuerreformberater
ein pietätsbewußter Vereinsvorsitzender
ein alternativer Heimatdichter
ein angewandter Handy-Experte
ein schwangerer Großvater
ein dialektischer Bluessänger
sowie
ein jubiläumsprogrammatischer Kabarettist
und sein persönlicher Bühnenmeister

Texte, Musik und Inszenierung:
Herbert Bonewitz

Der Kabarettist Herbert Bonewitz unterwegs auf „Abschiedstournee"

Zum ersten Mal betrat der Volkskabarettist Herbert Bonewitz 1975 die Kabarettbühne. Im Mainzer Forumtheater „unterhaus" gab er damals sein Debüt unter dem Titel: „Ein Narr packt aus".

In den Anfangsjahren war der gebürtige Mainzer noch Amateur. Als „Feierabendkabarettist", der nur in seiner Heimatstadt auftrat, verdiente er sich jede Menge Lorbeeren, das nötige Geld zum Leben dagegen als hauptberuflicher Werbefachmann. Für bundesweites Aufsehen sorgte Herbert Bonewitz als „Hackethal der Mainzer Fastnacht" (Zitat: Rolf Braun), wo er seit 1950 unter anderem als Musiker, Redner und

Chorleiter der legendären Gonsbach-Lerchen aktiv war.

1984 gab der damals 50jährige seinen Beruf auf, stieg aus der Fastnacht aus und machte sich selbständig – sozusagen als „Deutschlands ältester Nachwuchskabarettist". Seine überregionalen Gastspiel-Tourneen führten ihn mit großem Erfolg durch die gesamte Bundesrepublik. Insgesamt hat er bisher 16 abendfüllende Kabarettprogramme geschrieben, inszeniert und aufgeführt mit selbstkomponierten Liedern und eigenen Texten.

Im Jahre 2000 wird Herbert Bonewitz sein 50jähriges Bühnenjubiläum begehen und gleichzeitig sein 25jähriges als Kabarettist. Er war schon immer der Meinung gewesen, daß man aufhören sollte, so lange die Leute noch sagen: „Wie schade!" – und nicht „Na endlich!"

Zur Jahrtausendwende beendet der Mainzer „Mundartist" daher seine Auswärtsgastspiele und startet jetzt, seine „Abschiedstournee". Analog zu seinem Debüt könnte man sagen: „Aha! – Ein Narr packt ein!" Aber so ist es keineswegs, denn danach möchte Bonewitz auch weiterhin Satirisches schreiben, zeich-

nen und auch mal aufführen – aber nur noch in seiner Heimatstadt Mainz. Sein aktuelles Programm nennt er: „Blick zurück nach vorn". Dann führt er unter aktiver Mithilfe seines „Bühnenmeisters" – nes „satie)rische Inventur" in seinem Archiv durch – mit kritischen Rückblicken, mit Vergleichen zum heutigen Zeitgeist, aber auch mit realsatirischen Ausblicken in die Zukunft.

Dabei erlebt das Publikum, wie der „schlitzohrige Mundwerker" besondere attraktive Höhepunkte seines Repertoires aus 25 Jahren Kabarett auswählt und präsentiert.

Fotos: Werner Feldmann

In seiner unverwechselbaren Art zielt Herbert Bonewitz wieder mal vordergründig auf das Zwerchfell des Publikums, um durch die Erschütterungen des Körpers auch das Gehirn (soweit es möglich ist) stellenweise in Bewegung zu setzen. So entsteht pralles Kabarett – gesellschaftskritisch und überaus unterhaltsam.

TYPISCH BONEWITZ

Unter dem Titel „Typisch Bonewitz" ist ein Buch erschienen: „40 Jahre Satiren von B bis Z" im Verlag Hermann Schmidt, Robert-Koch-Str.6 – 55129 Mainz und eine CD mit dem Titel: „Ausgewählte Sketche und Lieder" bei merkton, Lange Str. 89 – 76630 Baden-Baden

Inhaltsverzeichnis

So, das war's gewesen. Ich hoffe sehr, dass Ihnen das Menü gemundet hat. Auch wenn das eine oder andere Gericht vielleicht nicht voll und ganz Ihren Geschmack getroffen haben sollte. Aber das ist ja auch sehr oft bei einer „echten" Mahlzeit der Fall.

An dieser Stelle möchte ich mich auch bedanken bei all denen, die an der Herstellung dieses umfangreichen „Dinners" beteiligt waren. Aufgeführt sind sie zwar alle im Impressum, dennoch gilt mein besonderer Dank dem Mann, der von der Konzeption über das Layout bis zum Druck maßgebliche Arbeit geleistet hat. Er ist nicht nur ein sehr guter Bekannter von mir, sondern auch mein langjähriger Sohn Michael.

Dass er immer noch großes Vertrauen in die Schaffenskraft seines betagten Vaters setzt, zeigt seine Frage, als wir das erste Exemplar dieses Werkes in die Hand bekamen: „...und wann schreibst Du das nächste Buch?"

Nur gemach, mein lieber Sohn, es ist bereits in Arbeit.

Und Ihnen rufe ich zu: „Also dann.. auf baldiges Wiederlesen!"

Herbert Borawitz